U0139697

《国学经典藏书》丛书编委会

国学经典藏书

大唐西域记

李勤合 刘 玲 译注

中国出版集团有限公司
研 究 出 版 社

图书在版编目（CIP）数据

大唐西域记 / 李勤合，刘玲译注. —— 北京: 研究
出版社，2024.1
　（国学经典藏书）
　ISBN 978-7-5199-1483-7

　Ⅰ.①大… Ⅱ.①李… ②刘… Ⅲ.①西域—历史地
理—唐代②《大唐西域记》—译文③《大唐西域记》—注
释 Ⅳ.①K928.6②K935.06

　中国国家版本馆 CIP 数据核字（2023）第 088784 号

出 品 人：赵卜慧
出版统筹：丁　波
责任编辑：谭晓龙

国学经典藏书：大唐西域记
GUOXUE JINGDIAN CANGSHU：DATANG XIYUJI
李勤合　刘　玲　译注
研究出版社 出版发行
（100006　北京市东城区灯市口大街 100 号华腾商务楼）
河北松源印刷有限公司　新华书店经销
2024 年 1 月第 1 版　2024 年 1 月第 1 次印刷
开本：880毫米×1230毫米　1/32　印张：12
字数：248 千字
ISBN 978-7-5199-1483-7　定价：40.00 元
电话：（010）64217619 64217652（发行部）

编者的话

经典是人类知识体系的根基,是人类的精神家园,是我们走向未来的起点。莎士比亚说过:"生活里没有书籍,就好像没有阳光;智慧里没有书籍,就好像鸟儿没有翅膀。"21世纪中国国民的阅读生活中最迫切的事情是什么?我们的回答是阅读经典!

中国有数千年一脉相传、光辉灿烂的文化,并长期处于世界文化发展的前列,尤其是在近代以前,曾长期引领亚洲乃至世界文化的发展方向。长期超稳定的社会发展形态和以小农生产为基础的、悠闲的宗法农业社会,塑造了中华民族注重实际、偏重经验、重视历史的文化心理特征。从殷商时代的"古训是式"(《诗经·大雅·烝民》),到孔子的"述而不作,信而好古"(《论语·述而》),可以清楚地看出这种文化心理不断强化的轨迹。于是,历史就被赋予了神圣的光环,它既是人们获得知识的源泉,也是人们价值标准的出处。它不再是僵死的、过去的东西,而是生动活泼、富有生命力,并对现世仍有巨大指导作用的事实。因而就形成了这样一种固定的文化思维方式,也就是"以铜为鉴,可正衣冠;以古为鉴,可知兴替;以人为鉴,可明得失"(《新唐书·魏徵传》)。中国的文化人世代相承,均从历史中寻求真理,寻求"修身、齐家、治国、平天下"的崇高理想模式。这种对于历史所怀有的深沉强烈的认同感,正是历史典籍赖以发展、繁荣的文化心理基础。历史上最初给历史典籍的研究和整理工作涂上政治、道德和伦理色彩的是春秋时期的孔子。当时的孔子因感"周室微而礼乐废、《诗》《书》缺",于是删订了《诗》《书》《礼》《乐》《易》《春秋》等"六经"（见《史记·孔子世家》），寄托了自己在政治上"复礼"和道德上"归仁"的最高理想。孔子以后，历史典籍的编撰无不遵循着这一最高原则。所以《隋书·经籍志》总序中就说："夫经籍也者，机神之妙旨，圣哲之能事。所以经天地，纬阴阳，正纲纪，弘道德，显仁足以利物，藏用足以独善……其王者之所以树风声，流显号，美教化，移风俗，何莫由乎斯道？……其教有迸，其用无穷，实仁义之陶钧，诚道德之橐籥也。……夫仁义礼智，所以治国也；方技数术，所以治身也。诸子为经籍之鼓吹，文章乃政化之黼黻，皆为治国之具也。"（《隋书·经籍志一》）由此可见，历史典籍的编撰整理工作，已不仅仅是文化技术问题，更重要的是它还负有"正纲纪，弘道德"的政治和道德使命。于是，在两千多年的历史发展过程中，先人们为我们留下了汗牛充栋的文化典籍。这些宝贵的精神财富，不仅是我们中华民族的骄傲，也是全人类的骄傲，并已成为世界文化宝藏的重要组成部分。

中国的先哲们一向对古代典籍充满崇敬之情，他们认为，先王之道、历史经验、人伦道德以及治国安邦之术、读书治学之法等等，都蕴藏于典籍之中。文献典籍是先王之道、历史经验、人伦道德等赖以传递后世的重要手段。离开书籍，后人将无法从前朝吸取历史经验，无法传承先王之道。在日新月异的当代，如何对待这份优秀的文化遗产？毛泽东同志早就指出："中国的长期封建社会中，创造了灿烂的古代文化。清理古代文化的发展过程，剔除其封建性的糟粕，吸取其民主性的精华，是发展民族新文化、提高民族自信心的必要条件。……中国现时的新文化也是从古代的旧文化发展而来，因此，我们必须尊重自己的历史，决不能割断历史。但是，这种尊重是给历史以一定的科学地位，是尊重历史的辩证法的发展，而不是颂古非今。"（毛泽东《新民主主义论》）古代典籍，不仅对中华民族的形成与发展历史地发挥了巨大的凝聚力作用，而且在当今中华民族伟大复兴中，依然会发挥无可替代的重要作用。

在科学技术迅猛发展的当代社会，人们的生活、观念正在发生着巨大而深刻的变革，面对蓬勃发展的现代科技和汹涌而至的各种思潮，人们依然能深切地感受到中华传统文化无所不在的巨大力量。人们渴望了解这种无形的力量源泉，于是绚丽多姿的中华典籍就成了人们首要的选择。它能够使我们在精神上成为坚强、忠诚和有理智的人，成为能够真正爱人类、尊重人类劳动、衷心地欣赏人类的伟大劳动所产生的美好果实的人。所以，在今天，我们要阅读经典；当数字化、网络化带来的"信息爆炸"占领人们的头脑、占用人们的时间时，我们要阅读经典；当中华民族迈向和平崛起和民族复兴的伟大征程时，我们更要阅读经典。因此，读经典，这个我们习以为常的平凡过程，实际上就成了人的心灵和上下古今一切民族的伟大智慧相结合的过程。但由于时代的变迁，这些经典对现代人来说已仿佛谜一样的存在。为继承这份优秀的文化遗产，帮助人们更好地利用这些经典，在全国学术界诸多专家学者的支持下，我们策划了这套"国学经典藏书"丛书。

丛书以弘扬传统、推陈出新、汇聚英华为宗旨，以具有中等以上文化程度的广大读者为对象，从我国古代经、史、子、集四个部类的典籍中精选 50 种，以全注全译或节选的形式结集出版。

在书目的选择上，重点选取我国古代哲学、历史、地理、文学、科技、教育、生活等领域历经岁月洗礼、汇聚人类最重要的精神创造和知识积累的不朽之作。既注重选取历史上脍炙人口、深入人心的经典名著，又注重其适应现代社会的人文价值趋向。丛书不仅精校原文，而且从前言、题解，到注释、译文，均在吸收历代学者研究成果的基础上精心编撰。在注重学术性标准的基础上，尽量做到通俗易懂。我们相信，本丛书的出版，对提高人们的古代典籍认知水平，阅读和利用中华传统经典，传播中华优秀文化，提高人们的民族自信心和文化自豪感，进而为中华民族伟大复兴作贡献，均将起到应有的作用。高尔基说："书籍是人类进步的阶梯。""要热爱读书，它会使你的生活轻松，它会友爱地帮助你了解纷繁复杂的思想、感情和事件；它会教导你尊重别人和你自己；它以热爱世界、热爱人类的情感，来鼓舞智慧和心灵。""当书本给我讲到闻所未闻、见所未见的人物、感情、思想和态度时，似乎是每一本书都在我面前打开一扇窗户，并让我看到一个不可思议的新世界。"（《高尔基论青年》，中国青年出版社，1956 年版）。流传千年的文化经典，让我们受益匪浅，使我们懂得更多。正如德国著名作家歌德所说："读一本好书，就是和一位品德高尚的人谈话。"的确，读一本好书，就像是结交了一位良师益友。我们真诚希望，这套经典丛书能够真正进入您的生活，成为人人应读、必读和常读的名著。

陈　虎

庚子岁孟秋

前　言

　　《大唐西域记》是我国唐代高僧玄奘撰写的一部经典著作，在中国文化史和世界文化史上都具有重要价值。

玄奘其人

　　由于小说《西游记》的影响，人们常常把《西游记》的主人公唐僧和《大唐西域记》的作者玄奘混为一谈。民间对唐僧的形象很熟悉，而对唐僧的原型玄奘本人却知之甚少，或者多有误解。如果要真正理解玄奘本人，《大唐西域记》必须读，而《西游记》不必读。

　　《西游记》的成熟要到明代，而记载玄奘的传记资料在唐代已有多种，比较重要的是慧立与彦悰所撰《大慈恩寺三藏法师传》十卷、道宣所撰《续高僧传》卷四《唐京师大慈恩寺释玄奘传》、冥祥所撰《大唐故三藏玄奘法师行状》一卷、靖迈所撰《古今译经图纪》卷四《玄奘传》、智升所撰《开元释教录》卷八《玄奘传》、刘轲所撰《大唐三藏大遍觉法师塔铭》等。《旧唐书·方伎传》中也有玄奘的传记，已经是五代后晋时期的事情了。这里略略介绍玄奘其人和主要事迹。

　　玄奘，俗姓陈，名祎，河南缑氏（今河南偃师缑氏镇）人，原籍陈留（今河南开封东南）。祖父陈康，任北齐国子博士，食邑周南，于是移居缑氏。父亲陈慧，精通经术，潜心坟典，州郡举他为官，都以疾病为由推辞不就。玄奘出生于隋文帝开皇二十年（600），在兄弟四人中年龄最幼。他的二哥长捷法师当时出家在东都洛阳的净土寺，玄奘就随长捷法师居住在寺院。玄奘十三岁时正式出家，此时是隋炀帝大业八年（612）。

出家后，玄奘开始了较为系统和正式的佛学学习。他在净土寺修学六年，向景法师学习《涅槃经》，向严法师学习《摄大乘论》。隋朝末年，天下饥乱，玄奘与长捷法师同行，先抵长安，后往成都。在蜀地，他更加广泛地学习各种经论，几年间，博通诸部。唐朝武德五年（622），玄奘在成都受具足戒，坐夏学律。之后，他离开蜀地，泛舟三峡，来到荆州。在荆州天皇寺，玄奘为当地僧俗讲《摄论》《毗昙》各三遍。之后，他在相州向慧休法师请益，在赵州就道深学习《成实论》，又入长安，跟随道岳学习《俱舍论》，听法常、僧辩讲《摄大乘论》，誉满京都。

经过多年的游历学习，特别是在向南北各地的法师请教之后，玄奘感到汉地法师对佛教经典的解释有不少地方多有冲突，又了解到印度那烂陀寺佛学的盛况，所以萌发了像东晋高僧法显一样到印度访学的愿望。

《大慈恩寺三藏法师传》中说：

法师既遍谒众师，备餐其说，详考其理，各擅宗途，验之圣典，亦隐显有异，莫知适从。乃誓游西方，以问所惑，并取《十七地论》以释众疑，即今之《瑜伽师地论》也。又言，昔法显、智严亦一时之士，皆能求法导利群众。岂使高迹无追，清风绝后，大丈夫会当继之。于是结侣陈表,请求西行,然而诏令不许。诸人皆退,唯玄奘矢志不移。

贞观二年(628),玄奘上书朝廷,请求留学印度,未获准许。贞观三年,北方遭遇霜灾,朝廷允许僧人到外地就食。玄奘跟随在长安学习的秦州僧人孝达,经秦州、兰州,来到凉州。因朝廷禁令,他在凉州停留月余,无法西进。这时,河西慧威法师秘密地派遣弟子慧琳、道整,将玄奘护送到瓜州。在瓜州,玄奘又幸运地得到胡人相助,深夜从瓠芦河上游绕度玉门关,继而只身穿越上无飞鸟、下无走兽的八百里大沙漠——莫贺延碛,抵达高昌。高昌王麴文泰闻讯,将玄奘迎入白力城,并约为兄弟。玄奘在高昌停留一个月时间,为高昌王讲解《仁王般若经》。临行,高昌王麴文泰为玄奘度了四个沙弥作为侍伴,并为他准备了大量用品和钱帛供路上使用。不仅如此,高昌王麴文泰还派遣使臣携带国书和礼物前往阿耆尼、屈支等国,为玄奘开路,一直将玄奘送到突厥统领叶护可汗所在的素叶城,又请叶护可汗敕告所统各国,递送玄奘过境。

这样,玄奘在高昌王和叶护可汗等人的护送下,经过千辛万苦,进入了北印度。他一边访师求学,一边瞻礼圣迹。自贞观三年秋八月发轫高昌,经过三年时间,玄奘最后到达当时全印度最著名的寺院——摩揭陀国的那烂陀寺。在这里,玄奘成为著名的大乘瑜伽行派学者、寺主戒贤法师的弟子,广泛地学习大小乘各种经论,也学习了印度其他经典,是当时能讲解五十部经论的十位大德之一。

在那烂陀寺学习五年，玄奘继续游访中印、南印、东印、西印、北印的三十多个国家，足迹遍布五印度，沿途学习各部派的佛法理论。之后，他重回那烂陀寺，为众人讲解《摄大乘论》和《唯识抉择论》，调和大乘中观派与大乘瑜伽行派之间的争论。玄奘还与顺世外道和南印度小乘正量部辩论，维护大乘教法。在戒日王专为他举行的曲女城无遮大会上，玄奘树立大乘义，十八天内无人问难，被大乘僧众誉为"大乘天"，小乘僧众也称誉玄奘为"解脱天"。之后，在参加戒日王于钵逻耶伽国举行的五年一次的印度无遮大施会后，玄奘启程回国。途经三十余国，玄奘到达于阗（瞿萨旦那国）。这是《大唐西域记》中正式记载的最后一个国家。玄奘在于阗停留了七八个月，一边为当地僧众讲解《瑜伽》《对法》《俱舍》《摄大乘》四论，一边向大唐朝廷上书报告自己在西域和印度等地的经历。

贞观十九年（645）正月，玄奘回到长安，受到大唐朝廷的盛大欢迎。至此，他历时十七年，行程数万里，完成了世界交通史上空前的伟大旅行。玄奘随身带回大量珍贵佛像和佛教经典，包括佛陀舍利一百五十粒，金银和檀木佛像七尊，大小乘经律论共六百五十七部。

回国以后，玄奘得到了唐太宗的重视，一度还被劝说还俗从政，但玄奘婉拒了唐太宗的这一要求，开始全力从事佛经翻译。他没有忘记自己的初心，他要把从印度带回的佛经翻译出来，还要将在印度和沿途所学习的成果贡献出来。在唐太宗的支持下，唐朝在长安弘福寺成立了专门的翻经院，由玄奘主持，官府供给所有用品，遴选各地名僧参加。这些名僧中，有人担任"证义"，有人担任"缀文"，有人担任"字学"，有人担任"证梵语梵文"，有人担任"笔受"，有人担任"书手"，分工明确而谨严。从贞观十九年七月到龙朔三年（663）十月，前后十九年，玄奘领导群僧译出佛教经论七十五部，一千三百三十五卷。玄奘的翻译成为中国佛经翻译史上的分水岭，他的翻译被称为"新译"，而之前的翻译则被称为"旧译"。唐太宗为玄奘所翻译的经典专门写了《大唐三藏圣教序》，皇太子李治则写了一篇《述圣记》。

麟德元年（664）二月五日，玄奘在玉华宫寺病逝，终年六十五岁。

《大唐西域记》其书

玄奘将其后半生精力全部用在了翻译所带回来的佛教经典上，《大唐西域记》是他留给后人唯一的一部自己的作品。

玄奘于贞观十九年正月抵达长安时，正在洛阳的唐太宗迫不及待地召见玄奘。唐太宗当时已经征服东突厥和高昌地区，迫切需要了解西域情况，他知道玄奘是最了解西域的人，所以嘱托他将亲身见闻记录下来。于是由玄奘口述，沙门辩机协助整理，《大唐西域记》于第二年五月成书进呈。

《大唐西域记》现存版本多题为玄奘法师奉诏"译"，沙门辩机"撰"。其实唐代的各种版本都只署名玄奘一人，从北宋开始才出现辩机的名字。这大概是受了一般佛经翻译题款的影响，把《大唐西域记》也当作玄奘法师的译著来题名了。

《大唐西域记》全书文笔简明流畅，体例严谨。每记载一个国家,大多都是按照一种固定的顺序,只是详略不同而已:国名、面积、四方形势、都城面积及形势、农作物、矿产、气候、风俗、语言文字、艺术、服饰、货币等,最后是宗教情况。如果对比一些介绍得比较简略的国家,就会更加明显地看出全书这一风格。比如卷一记载的弭秣贺等国:

弭秣贺国周四五百里,据川中,东西狭,南北长,土宜风俗,同飒秣建国。从此北至劫布呾那国(唐言曹国)。

劫布呾那国周千四五百里,东西长,南北狭。土宜风俗,同飒秣建国。从此国西三百余里,至屈霜你迦国(唐言何国)。

屈霜你迦国周千四五百里,东西狭,南北长。土宜风俗,同飒秣建国。从此国西二百余里,至喝捍国(唐言东安国)。

喝捍国周千余里。土宜风俗,同飒秣建国。从此国西四百余里,至捕喝国(唐言中安国)。

捕喝国周千六七百里,东西长,南北狭。土宜风俗,同飒秣建国。从此国西四百余里,至伐地国(唐言西安国)。

伐地国周四百余里,土宜风俗,同飒秣建国。从此西南五百余里,至货利习弥迦国。

货利习弥伽国顺缚刍河两岸,东西二三十里,南北五百余里。土宜风俗,同伐地国,语言少异。从飒秣建国西南行三百余里,至羯霜那国(唐言史国)。

这种严谨得近乎苛刻或者机械的叙述体例,应该是后期整理的痕迹。这个整理者应该就是辩机。

《大唐西域记》内容丰富,用《序二》中于志宁的话来说,那就是"遐方异俗,绝壤殊风,土著之宜,人伦之序,正朔所暨,声教所覃",无不在其中。不过,《大唐西域记》记载的内容仍偏重于佛教。例如,书中卷六结合劫比罗伐窣堵国(迦毗罗卫国)、蓝摩国、拘尸那揭罗国等国地理详细记述了释迦牟尼的生平事迹以及相关的本生故事。特别是书中对于释迦牟尼出生日、出家日、成道日、涅槃日等日期的记载,成为确定佛教史以及印度历史中许多重大史实的关键文献。其他国家有关释迦牟尼以及佛陀弟子和各时期佛教著名论师如龙猛、世亲、陈那等人的遗迹,也是本书记载的重点。这些有关佛教的记载都是非常重要的文献。

此外,由于本书记载的范围广泛,且来源于玄奘本人的亲身践履,因而对他所经历的西亚、中亚、南亚这一地区(西到地中海,南达斯里兰卡,北至阿富汗东部,东到印度尼西亚一带)的历史、地理、文化,本书都是非常重要的文献。特别是由于这一地区古代历史文献较少,因而更显得《大唐西域记》珍贵。现代在这一地区的考古发现有许多都是在《大唐西域记》的帮助下得以成功实现的,同时也更加证明了《大唐西域记》的重要价值。以至于当代印度史学家阿里教授在致季羡林先生的信中说道:"如果没有法显、玄奘和马欢的著作,重建印度史是完全不可能的。"现代西方学术界之所以重视《大唐西域记》,主要是从这个角度出发的。

从版本和文字上对《大唐西域记》进行研究的主要是中、日学者,特别是新中国建立以来中国学者对之进行了深入的研究。

比较重要的有吕澂先生校点本，1957年由金陵刻经处刻印；章巽先生校点本，1977年由上海人民出版社出版；季羡林等先生校注本，1985年由中华书局出版；范祥雍汇校本，2011年由上海古籍出版社出版等。季羡林先生为校注本撰写的前言《玄奘与〈大唐西域记〉》长达十多万字，有兴趣的读者可以找来进一步阅读。

时代在变化，《大唐西域记》却历久弥新，总能带给人们无限的启迪，尤其是今天，中华民族正阔步走在伟大复兴的征程上，玄奘西行和他的《大唐西域记》表明我们的民族是一个敢于踏上征程和能够取得胜利的民族，激励着我们奋勇向前。

由于《大唐西域记》记载的内容十分丰富，仅从某一门学科或者某几门学科角度对之进行研究都是不够的，甚至需要我们抛弃学科研究的角度，而回归到《大唐西域记》本身，从这本书出发，而不是从学科知识出发，把《大唐西域记》作为一个整体，从根本上建立起符合《大唐西域记》自身逻辑体系的"《大唐西域记》学"。

当然，最关键的还是从读懂这本书开始。

本书底本及标点，参考了范祥雍先生校本（范祥雍汇校：《大唐西域记汇校》，"范祥雍古籍整理汇刊"本，上海古籍出版社2011年），并参考了章巽、季羡林等先生的校本。

关于译注，本书遵循先译后注的顺序，译文首重信，不敢云达与雅，意在帮助读者准确理解原文；注释以解释疑难专有名词为主，用以疏通原文，对少数语法、校勘上的问题也加以提醒。建议读者将主要精力用在原文上，能够尽量多阅读原文则少用译文、注释。诚望读者不可得指忘月。

原著内容丰富,体量较大,为突出阅读体验,将一些相对碎片化的内容作了删减处理。删减内容在全书目录中以"存目"字样标注,以保持原著全貌。

李勤合

2023 年 9 月

目　录

序 一

　　窃①以穹仪方载②之广，蕴识怀灵③之异，《谈天》④无以究其极，《括地》⑤讵足辩其原？是知方志所未传、声教所不暨者，岂可胜道哉！

〔译文〕

　　个人浅见以为苍穹大地广阔无垠，有情众生各不相同，《谈天》之书无法穷究其极致，《括地》之图如何足以辨别其渊源？据此可以知道，地方志中所未能记载的事情、声威教化所不能到达的地方，怎么可能讲得完呢？

〔注释〕

　　①窃：谦辞，指自己、私下等。
　　②穹仪方载："穹仪"指天，"方载"指地。"穹"意为中间隆起的拱形，又古人将天、地视为两仪，故称天为穹仪。《梁书·元帝纪》："凿河津于孟门，百川复启；补穹仪以五石，万物再生。"古人以为天圆地方，地在下承载万物，所以称地为"方载"。蔡邕《明堂月令论》："圆盖方载，六九之道也。"
　　③蕴识怀灵："蕴识"即"含识"，"怀灵"即"有情"，因为一切众生皆蕴含心识，故指有情众生。
　　④《谈天》：齐人邹衍之书。刘向《别录》："驺衍之所言，五德终始，天地广大，尽言天事，故曰'谈天'。"
　　⑤《括地》：传说中大禹所得地理图，又称"括地象图"，或"河图括地象"等。纬书《尚书刑德放》曰："禹长于地理水泉九州，得《括地象图》，故尧以为司空。"

详夫①天竺之为国也，其来尚矣。圣贤以之叠轸②，仁义于焉成俗。然事绝于曩代，壤隔于中土，《山经》③莫之纪，《王会》④所不书。博望凿空，徒置怀于邛竹；昆明道闭，谬肆力于神池⑤。遂使瑞表恒星⑥，郁玄妙于千载；梦彰佩日⑦，秘神光于万里。暨于蔡愔访道，摩腾入洛⑧。经藏石室，未尽龙宫之奥；像画凉台，宁极鹫峰之美⑨？自兹厥后，时政多虞。阉竖乘权，溃东京而鼎峙；母后成衅，剪中朝而幅裂⑩。宪章泯于函、洛，烽燧警于关塞，四郊因而多垒，况兹邦之绝远哉！然而钓奇之客，希世间至。颇存记注，宁尽物土之宜？徒采《神经》⑪，未极真如之旨。有隋一统，实务恢疆，尚且眷西海⑫而咨嗟，望东离而杼轴⑬。扬旌玉门之表，信亦多人；利涉葱岭之源，盖无足纪。曷能指雪山而长骛，望龙池⑭而一息者哉！良由德不被物，威不及远。我大唐之有天下也，辟寰宇而创帝图，扫搀枪而清天步⑮，功侔造化，明等照临。人荷再生，肉骨豺狼之吻；家蒙锡寿，还魂鬼蜮之墟。总异类于藁街⑯，掩遐荒于舆地，苑十洲而池环海，小五帝而鄙上皇。

〔译文〕

若要详细推考起天竺这个国家的建立，其由来已经很久了。圣贤在这里不断涌现，仁义在那里蔚然成俗。然而其事迹不见记载于前代，国境又隔绝于中国，《山海经》中不曾记载，《王会》

篇中也没有书写。博望侯张骞开通西域，只能徒然寄希望于借助邛山竹杖而与之沟通；昆明国的道路被堵塞，汉武帝只能枉费精力在昆明池演练水军。这就让佛陀虽然有种种瑞兆，但他那玄妙的佛法却被郁封千年之久；汉明帝梦见神人身有日光，其神光仍被秘藏阻隔在万里之外。等到蔡愔访求佛道，摄摩腾才随他来到洛阳。藏于汉家石室的经文，终究不能穷尽天竺龙宫中佛法的奥秘；绘在汉宫凉台的佛像，又怎能极尽鹫峰上佛陀形相的庄严？从此以后，政事多变。宦官专权，祸害东京洛阳而造成三国鼎立；后宫干政，酿成灾患，割据中原而造成国土分裂。朝章典制泯灭于函谷关、洛阳一带，烽火烟燧报警于边关要塞，京城四郊因而战垒密布，何况印度这一处在绝远之地的外邦，哪里还顾得上呢？然而，钓奇猎异的人仍偶尔前往那里。颇留下一些记述，但哪里能够详尽那里的物产人情？只是徒然采摘一些经文，却没有深入研究佛法的要旨。隋朝统一天下之后，致力于拓展境土，也只能对着西海而咨嗟叹息，望着东离之国而空自筹划罢了。能够让玉门关外飘扬胜利战旗的，诚然也有很多人；而顺利翻越葱岭探索源头的，却未见记载。如何能够向雪山而长驱，望龙池行进而在那里憩息呢？这实在是由于隋朝的德泽不能遍及万物，声威无法传布到远方。我大唐拥有天下以来，开辟境土而创造帝国蓝图，扫除叛逆而整理国家气运，功业犹如天地化育万物，光明等同于日月照耀天下。人民获得新生，如同从豺狼之口夺回骨肉；家庭蒙恩添寿，好比从鬼蜮之墟还魂归来。各民族人士汇聚在薰街，远方绝远之地纳入版图，以十洲为我国范围，以四海为大唐池沼，上古的三皇五帝都要被小看鄙视了。

〔注释〕

①详:审议。夫:发语词。

②叠轸:"轸"是古代车厢底部四面的横木,这里借指车。叠轸意指车辆众多,来往不断。

③《山经》:《山海经》,这里指各种山志、地志。

④《王会》:《逸周书》中的一篇,记载旧时诸侯、四夷或藩属朝贡天子的聚会盛况。

⑤博望凿空,徒置怀于邛竹;昆明道闭,谬肆力于神池:博望指张骞,他曾被封为博望侯,其出使西域,沟通道路,史称"凿空","空"即"孔"也。《史记·大宛列传》:"于是西北国始通于汉矣,然张骞凿空,其后使往者皆称博望侯。"张骞在大夏国见到转购自印度的四川邛山所产邛竹,断定蜀地可通印度,建议汉武帝经营西南。据《汉书》,汉武帝在长安模拟昆明国之滇池,操练水军,准备经过巴蜀、昆明国联通印度,惜乎最后未能成功。

⑥瑞表恒星:佛教创始人释迦牟尼降生时的种种瑞象,诸如恒星不见,星陨如雨等。

⑦梦彰佩日:《牟子理惑论》等书记载,汉明帝梦见神人,项有日光,通人傅毅告知这是印度的佛。

⑧蔡愔访道,摩腾入洛:《冥祥记》等书记载,汉明帝派遣使者蔡愔出使西域,求取佛道,携西域僧人摄摩腾及经书等回归洛阳。

⑨经藏石室,未尽龙宫之奥;像画凉台,宁极鹫峰之美:《高僧传·摄摩腾》记载:"(摄摩)腾译《四十二章经》一卷,初缄在兰台石室第十四间中。"所谓"经藏石室"即指此也。又《高僧传·兴福篇》后论中说:"蔡愔、秦景自西域还至,始传画甄释迦,于是凉台、寿陵,并图其相。自兹厥后,形像塔庙与时竞列。"所谓"像画凉台"即指此也。

⑩阉竖乘权,溃东京而鼎峙;母后成衅,剪中朝而幅裂:此指东汉时代宦官和后宫乱政之事。

⑪《神经》:当指《神异经》之类,题为东方朔撰,所记为神怪之事,当为

六朝文士所托。

⑫西海:《后汉书·西域传》记载班固派遣甘英出使大秦(罗马帝国),至条支国西海(今波斯湾)受阻返回:"安息西界船人谓英曰:'海水广大,往来者逢善风三月乃得度,若遇迟风,亦有二岁者,故入海者皆赍三岁粮。海中善使人思土恋慕,数有死亡者。'英闻之乃止。"

⑬东离:《后汉书·西域传》:"东离国,居沙奇城,在天竺东南三千余里,大国也。其土气、物类与天竺同。"杼(zhù)轴:杼和轴是旧式织布机上管经纬的两个部件,多比喻文章的组织构思,这里指运用心思。

⑭龙池:当指印度境内的龙族所居之池。

⑮搀抢:亦作"搀枪",彗星之名,即天搀、天抢。古人以搀抢为妖星,主兵祸。天步:天之行步,指时运、国运等。《诗·小雅·白华》:"天步艰难,之子不犹。"朱熹注云:"步,行也。天步,犹言时运也。"

⑯藁街:汉代街名,在长安城南门内,为属国使节馆舍所在地。

法师幼渐法门,慨祇园①之莫履;长怀真迹,仰鹿野②而翘心。寨裳净境,实惟素蓄。会淳风③之西偃,属候律④之东归,以贞观三年,杖锡遵路。资皇灵而抵殊俗,冒重险其若夷;假冥助而践畏途,几必危而已济。暄寒骤徙,展转方达。言寻真相,见不见于空有⑤之间;博考精微,闻不闻于生灭⑥之际。廓群疑于性海⑦,启妙觉于迷津。于是隐括⑧众经,无片言而不尽;傍稽圣迹,无一物而不窥。周流多载,方始旋返。十九年正月,届于长安。所获经论六百五十七部,有诏译焉。

〔译文〕

玄奘法师幼年时期就进入佛门,感慨没有亲身到过祇园精舍;长大后缅怀佛陀的真迹,仰慕鹿野圣地而常常心中悬想。整顿衣裳去朝拜佛陀圣境,实在是他一直的愿望。正赶上大唐的淳风向西传布,西方顺从时令节律而东归的时候,法师于是在贞观三年,手持锡杖踏上路程。依仗着大唐皇帝的威灵而抵达异俗之邦,冒着重重险阻如同踏上坦途;凭借着神明的暗中佑助而踏上可畏的路途,几近必危之地而得以克济危难。酷热与严寒骤然转变,辗转多次方才到达印度。寻找万物真相,在空有之间看到了看不见的真谛;广泛考索精微,在生灭之中听到了听不到的精义。他廓清了对真如理性的种种疑惑,启发众生从迷途中得到无上妙觉。于是法师楷正群经,没有只言片语而不曲尽其意;到处礼拜佛陀圣迹,没有一件遗物而不去瞻仰。周游多年之后,方才返回。十九年正月,到达长安。所获得的经论共六百五十七部,皇帝下诏让他翻译出来。

〔注释〕

①祇园:即"祇树给孤独园",印度佛教圣地,故址在当今塞特马赫特。相传释迦牟尼成道后,给孤独长者用大量黄金购置舍卫城南祇陀太子园地,建筑精舍,请释迦说法。祇陀太子则奉献了园内的树木,故以二人名字命名该园。玄奘去印度时,祇园已毁。

②鹿野:或作仙人鹿野苑、鹿野园、鹿苑、仙苑、仙人园等,为释尊成道后初转法轮之地,故址在当今北印度瓦拉那西市以北约六公里处。

③淳风:淳厚朴实的风气。晋代葛洪《抱朴子·逸民》:"淳风足以濯百代之秽,高操足以激将来之浊。"唐代黄滔《代郑郎中上兴道郑相启》:"扇浇薄为淳风,激逡邪归直道。"

④候律:或作"律候",即"律管候气"。律管是古代音乐用来确定音高的标准器,以管的发音来调校音高,简称律。古人占验节气的变化,将苇膜烧成灰,放在律管内,到某一节气,相应律管内的灰就会自行飞出,据

此，可预测节气的变化。唐代罗让《闰月定四时》诗："律候行宜表，阴阳运不欺。"《旧唐书·音乐志三》："律候新风，阳开初蛰。"

⑤空有：诸法依因缘而生，可称之为有；诸法既因缘和合而生，则本无自性，故称之为空。空、有为佛法两大门系，为破凡夫执相而立因缘生法为空；再立唯识法相，胜义为有，空有两遣方得真谛。

⑥生灭：依因缘和合而有，即生；依因缘分散而无，即灭。有生有灭，谓有为法，不生不灭，谓无为法。依据佛教中道思想来说，一切有为法的生灭，都是假生假灭，不是实生实灭，若是实生实灭，便是无生无灭。

⑦性海：真如之理性，深广如海，故云性海。

⑧隐括：亦做"隐栝"，用以矫正邪曲的器具，引申为标准、规范；矫正，修正。

亲践者一百一十国，传闻者二十八国，或事见于前典，或名始于今代。莫不餐和饮泽，顿颡而知归①；请吏革音，梯山而奉贶②。欢阙庭而相抃③，袭冠带④而成群。尔其物产风土之差，习俗山川之异，远则稽之于国典，近则详之于故老。邈矣殊方，依然在目。无劳握椠，已详油素⑤。名为《大唐西域记》，一帙十二卷。

窃惟书事记言⑥，固已缉于微婉，琐词小道，冀有补于遗阙。秘书著作佐郎敬播序之云尔。

〔译文〕

法师亲自到达的国家有一百一十个，传闻而知道的国家有二十八个，其中有的事迹已经见载于前朝典籍，有的国家名字到今天方才知道。这些国家没有不饱受大唐的恩泽，顿首而请求归附；请求官吏革除旧音，翻山越岭而来进奉贡品。欢聚于朝廷而相互击掌,穿戴着大唐服装而成群结队。至于这些国家风土的不同,习俗、山川的差异,年代久远的就稽考其国典籍,近的就详细询问耆旧故老。遥远的殊方他国,宛然如在眼前。不必再烦劳拿着书板去采访,已经详细地记载在白绢上。命名为《大唐西域记》,一函十二卷。

个人以为书中记载的事迹和言辞,确实已经够精微婉曲了;我这篇序文琐琐碎碎,虽属小道,希望对一些遗漏阙略有所补充。秘书省著作佐郎敬播谨序于此。

〔注释〕

①顿颡(sǎng):指屈膝下拜,以额角触地。多表示请罪或投降。颡,额头。

②赆:临别时赠送或馈赠的财物。

③抃:拍手,鼓掌。

④冠带:帽子与腰带,本指服制,引申为礼仪、教化。《韩非子·有度》:"兵四布于天下,威行于冠带之国。"

⑤无劳握椠,已详油素:椠,古代记事用的木板。油素,光滑的白绢,多用于书画。

⑥书事记言:《汉书·艺文志》:"左史记言,右史记事。"这里泛指书中所记的事迹与言语等内容。

序 二

尚书左仆射燕国公于志宁制

若夫玉毫①流照,甘露洒于大千②;金镜③扬辉,薰风被于有截④。故知示现三界⑤,粤称天下之尊;光宅四表⑥,式标域中之大⑦。是以慧日⑧沦影,像化之迹东归;帝猷宏阐⑨,大章之步⑩西极。

〔译文〕

佛陀的光芒照临四方,犹如甘露洒满大千世界;大唐明镜的光辉普照天下,犹如和煦之风吹遍海内外。所以可知,佛陀示现于三界,堪称天下的至尊;大唐皇帝之光四方普照,足称宇内的大人。所以佛陀如日沉沦圆寂之后,其教化能够随着佛像东传华夏;大唐帝王之道到处弘扬,犹如大章的步伐一样远至西方极远之地。

〔注释〕

①玉毫:指佛陀眉间的白毫,这里代指佛陀及其教化。

②甘露洒于大千:甘露,甘美的露水,古人认为是太平瑞征。《老子》:"天地相合,以降甘露。"佛典中用以翻译佛教所指不死之药,可得涅槃之果,所以也可以指佛陀教法。《法华经·药草喻品》:"为大众说甘露净法。"大千,三千大千世界的简称。古代印度以四大洲及日月诸天为一小

世界,合一千小世界为小千世界;合一千小千世界为中千世界;合一千中
千世界为大千世界。小千、中千、大千世界合称三千大千世界。参见本书
卷一《序论》。

③金镜:古人以铜为金,金镜即铜镜,是古人常用的镜子,多用作比喻
月亮。唐代元稹《泛江玩月》诗:"远树悬金镜,深潭倒玉幢。"又比喻圣人
之道。南朝刘孝标《广绝交论》:"盖圣人握金镜,阐风烈。"

④薰风被于有截:薰风,和暖的风,指初夏时的东南风。《吕氏春秋·
有始》:"东南曰薰风。"相传,舜唱《南风歌》,有"南风之薰兮"句,因用薰
风比喻王治德政之风。有截,形容截然整齐之貌,有为虚词。《诗·商颂·
长发》:"率履不越,遂视既发;相土烈烈,海外有截。"郑玄笺注:"截,整齐
也。"又:"苞有三蘗,莫遂莫达。九有有截,韦顾既伐,昆吾夏桀。"郑玄笺
注:"九州齐一截然。"所以,有截就被形容天下疆土整齐,秩序井然,这里
则意指包括"九有""海外"的天下。

⑤三界:佛教以欲界、色界、无色界为三界,是迷妄之有情众生,在生
灭变化中流转的场所。跳出三界外,方能逃脱轮回,证得涅槃。

⑥光宅四表:光宅,广有。《书·尧典序》:"昔在帝尧,聪明文思,光宅
天下。"曾运乾注释:"光,犹广也。宅,宅而有之也。"四表,指四方极远之
地,泛指天下。《书·尧典》:"光被四表,格于上下。"孔颖达注疏:"圣德
美名,充满被溢于四方之外,又至于上天下地。"

⑦域中之大:《老子》:"故道大,天大,地大,人亦大。域中有四大,人
居其一焉。""人亦大"亦作"王亦大",这里应用"王亦大"之意,以"域中之
大"赞美君王。

⑧慧日:比喻佛的智慧普照众生,能破无明生死痴暗。《法华经》卷七
《普门品》:"无垢清净光,慧日破诸暗,能伏灾风火,普明照世间。"

⑨帝猷:猷,计划、谋划,帝猷帝王治国之道。《诗·小雅·巧言》:"秩
秩大猷,圣人莫之。"《后汉书·蔡邕传》:"皇道惟融,帝猷显丕;汦汦庶类,
含甘吮滋。"

⑩大章之步:大章,亦作"太章",大禹之臣,善于行走丈量。《淮南

子·地形训》:"禹乃使太章步自东极至于西极,二亿三万三千五百里七十五步;使竖亥步自北极至于南极,二亿三万三千五百里七十五步。"这里用"大章之步"指代大唐皇帝的足迹极于穷远。

有慈恩道场三藏法师[①],讳玄奘,俗姓陈氏,其先颍川人也。帝轩提象,控华渚而开源[②];大舜宾门,基历山而耸构[③]。三恪照于姬载[④],六奇光于汉祀[⑤]。书奏而承朗月[⑥],游道而聚德星[⑦]。纵壑骈鳞,培风齐翼[⑧]。世济之美,郁为景胄[⑨]。

〔译文〕

慈恩道场的三藏法师,法名玄奘,俗姓陈氏,他的先辈是颍川人。黄帝轩辕氏时上天垂象,大星如虹下流华渚而开启陈姓之源;大舜广开四方之门迎接诸侯,在历山躬耕时奠定陈姓架构。陈姓贵为三恪之一,显耀于周朝;陈平六出奇计,光耀于汉代。陈宠父子屡上奏疏,犹如朗月承继白昼;陈寔与子侄聚会谈道,而有瑞星相聚的天象。陈氏如大鱼纵游巨壑,大鹏乘风比翼。历代相传的美德,形成陈氏高贵纯正的门第。

〔注释〕

①慈恩道场三藏法师:慈恩道场,位于唐长安城晋昌坊(今陕西省西安市南),因玄奘居于此,被称为中国"佛教八宗"之一"唯识宗"(又称法相宗、俱舍宗、慈恩宗)祖庭,唐长安三大译场之一,至今已有1350余年历史。一般所谓道场,系指修习佛法之场所,故道场可作为寺院之别名。隋炀帝即尝下诏,明令天下之寺改称道场。三藏法师,指精通经、律、论三藏之法师,又作三藏圣师、三藏比丘,略称三藏。印度早已采用此名称,如

《摩诃摩耶经》卷下："俱睒弥国有三藏比丘,善说法要,徒众五百。"

②帝轩提象,控华渚而开源:帝轩,指黄帝轩辕氏。提象,上天垂象,比喻黄帝得位。"控华渚而开源",《帝王世纪》谓"黄帝时有大星如虹,下流华渚",所以这里应指黄帝开辟陈姓之始。

③大舜宾门,基历山而耸构:大舜宾门,语本《书·舜典》:"宾于四门,四门穆穆。"指舜迎接来朝见的四方诸侯。历山,相传舜曾在历山等地耕作,深得民心。《史记》载:"舜耕历山,渔雷泽,陶河滨,作什器于寿丘。"

④三恪照于姬载:唐孔颖达曾引《乐记》说:"(周)武王未及下车,封黄帝之后于蓟,封帝尧之后于祝,封帝舜之后于陈;下车乃封夏后氏之后于杞,封殷之后于宋。则陈与蓟祝共为三恪,杞宋别为二王之后矣。"陈姓作为帝舜之后,与黄帝、尧帝并称三恪。所以,近代修水义宁陈氏的谱派乃有"三恪封虞后"等字,陈寅恪即其中"恪"字辈。

⑤六奇光于汉祀:西汉陈平曾为高祖刘邦六次出奇谋,以兴汉室。《史记·太史公自序》:"六奇既用,诸侯宾从于汉;吕氏之事,平为本谋,终安宗庙,定社稷。"

⑥书奏而承朗月:东汉陈宠、陈忠父子屡次上书,务求刑法宽详,名重一时。曹丕《与朝歌令吴质书》:"白日既匿,继以朗月。"这里形容陈宠、陈忠父子能够继承发扬陈氏门风。

⑦游道而聚德星:指汉末陈寔等人聚会,天上显现德星聚集之象。南朝刘宋刘敬叔《异苑》卷四记载:"陈仲弓从诸子侄,造荀季和父子,于时德星聚,太史奏:五百里内有贤人聚。"《太平御览》卷三八四引《汉杂事》曰:"陈寔字仲弓,汉末太史家瞻星,有德星见,当有英才贤德同游者。书下诸郡县问。颍川郡上事:其日有陈太丘父子四人俱共会社,小儿季方御,大儿元方从,抱孙子长文,此是也。"

⑧纵壑骈鳞:纵壑,即纵壑之鱼,在大壑间自由自在地游泳的鱼。汉代王褒《圣主得贤臣颂》:"千载一会,论说无疑,翼乎如鸿毛遇顺风,沛乎若巨鱼纵大壑。"培风齐翼:培风,乘风。《庄子·逍遥游》:"风之积也不厚,则其负大翼也无力,故九万里则风斯在下矣,而后乃今培风。"

法师籍庆诞生,含和降德,结根深而茷茂①,导源浚而灵长。奇开之岁②,霞轩月举;聚沙之年③,兰薰桂馥。洎乎成立,艺殚坟素④。九皋载响,五府交辟⑤。以夫早悟真假,夙昭慈慧,镜真筌而延伫⑥,顾生涯而永息。而朱绂紫缨,诚有界之徽网⑦;宝车丹枕⑧,实出世之津途。由是摈落尘滓,言归闲旷。令兄长捷法师,释门之栋干者也。擅龙象于身世,挺鹜鹭于当年⑨。朝野挹其风猷,中外羡其声彩。既而情深友爱,道睦天伦。法师服勤请益,分阴靡弃。业光上首,擢秀檀林⑩;德契中庸,腾芬兰室。抗策平道,包九部而吞梦⑪;鼓枻玄津,俯四韦而小鲁⑫。自兹遍游谈肆,载移凉燠⑬,功既成矣,能亦毕矣。至于泰初日月,独耀灵台⑭;子云鏧挽,发挥神府⑮。于是金文暂启,伫秋驾而云趋⑯;玉柄才拽,披雾市而波属⑰。若会斫轮之旨,犹知拜瑟之微⑱。以泻瓶之多闻,泛虚舟而独远⑲。乃于镮辕之地,先摧镂腹之夸⑳;井络之乡,遽表浮杯之异㉑。远迩宗挹,为之语曰:"昔闻荀氏八龙,今见陈门双骥。"汝、颍多奇士,诚哉此言。

[译文]

法师凭借先世吉庆而诞生,天生饱含和气,犹如德星下降,根基深厚而枝叶繁茂,导源深远而家运绵长。还在刚刚知道好奇的幼小年纪,仪容如朝霞明月;懂得聚沙游戏的童年时期,已如兰桂飘香。等到长大成人,读遍古今典籍。如鹤鸣九皋而名闻天下,各个官府衙门争相辟召。然而法师早已悟到"真""假"之义,一直以慈悲为怀,洞察佛教真理而眷恋不已,感慨人生短促而长怀叹息。而认为高官厚禄都是世俗人间的罗网,佛法典籍才是出世的桥梁正途。因此他摒弃世俗杂念,回归闲旷的佛学。他的兄长长捷法师,是佛门中的栋梁之材。修持精进犹如龙象一般,智慧出众好似当年的鹙鹭子。朝野大众都钦佩他的风度情操,内外人士都仰慕他的声容神采。兄弟二人情深友爱,和睦深合天伦之道。玄奘法师殷勤侍奉、请益他的兄长,一分的光阴也不放弃。从而学业光耀于高僧之中,在寺院中出类拔萃;德行契合于中庸要义,美好的声誉传布于僧徒之中。高论平等之法,包罗九部分类,有气吞云梦之势;沉潜典籍通途,俯视《吠陀》四经,如同登东山而小鲁。从此到处讲法,几载寒暑,功德既成,学业也完备了。犹如夏侯泰初那样揽月入怀,独照内心;扬子云那样披沙简金,发人神思。于是经义顿时明晰,等待听讲的四方僧徒如云相趋;玉柄刚一挥动,便拨开迷雾如波相属。领会了斫轮的意旨,知晓了琴瑟的奥妙。如阿难一样多闻广记,但仍然如虚舟般有远大胸怀虚己待人。于是先在轩辕之地,击败自夸腹藏一切智慧的狂徒;后在蜀中井络之乡,突然向兄长表达云游访学的意愿。远近之人仰慕推崇,称赞他说:"从前听说过荀氏八龙,今日又见到陈门双骥。"汝、颍之间多出奇人异士,这话真是千真万确。

〔注释〕

①菴茂:菴,草出生的样子。左思《吴都赋》:"抶白蒂,衔朱蕤。郁兮

蔸茂,晔兮菲菲。"

②奇开之岁:知道好奇的年龄。

③聚沙之年:能够聚沙游戏的年龄。《法华经·方便品》:"乃至童子戏,聚沙为佛塔;如是诸人等,皆已成佛道。"

④坟素:泛指古代典籍。《三国志·魏志·管宁传》:"敷陈坟素,坐而论道。"

⑤九皋载响,五府交辟:九皋,曲折深远的沼泽。《诗·小雅·鹤鸣》:"鹤鸣于九皋,声闻于野。"此处"九皋载响"指玄奘名闻遐迩。五府,官署合称,泛指政府各部门。西汉时指丞相府、御史大夫府、车骑将军府、前将军府、后将军府。东汉指太傅府、太尉府、司徒府、司空府、大将军府。"五府交辟"指政府各部门都竞相延聘玄奘。

⑥镜真筌而延仁:镜,考镜,借鉴。筌,捕鱼的竹器,比喻言说,如得鱼忘筌。真筌,即真谛,亦作真诠。延仁,久立,久留。《楚辞·离骚》:"悔相道之不察兮,延仁乎吾将反。"

⑦朱绂(fú)紫缨,诚有界之徽网:朱绂,古代礼服上的红色蔽膝,后多借指官服。紫缨,紫色帽带,贵官所用。唐代白居易《轻肥》:"朱绂皆大夫,紫绶悉将军。"徽网,即绳网。徽,绳子。

⑧宝车丹枕:宝车,以众宝庄严的大白牛车,比喻一乘佛法。丹枕,宝车之内的红色枕头,亦比喻佛法。《法华经·譬喻品》描写大白牛车:"众宝庄校,周匝栏楯,四面悬铃,又于其上张设幰盖,亦以珍奇杂宝而严饰之,宝绳交络,垂诸华缨,重敷婉筵,安置丹枕。"

⑨擅龙象于身世,挺鹙鹭于当年:龙象,象中之殊胜者,指修行很勇猛而且具有大力的人。鹙鹭,即鹙鹭子,亦作鹙露子、秋露子,佛陀十大弟子之一舍利弗(舍利子)译名。鹙鹭子是佛陀弟子中上首,智慧第一。

⑩业光上首,擢秀檀林:上首,大众之中位居最上者。檀林,旃檀之林,寺院之尊称。

⑪抗策平道,包九部而吞梦:策,马鞭;抗策,扬鞭驱马。平道,顺应法性平等之道。唐初印法师(或谓敏法师)曾立平道、屈曲二教。《华严五教

章》卷一："依江南敏法师立二教：一释迦经，谓屈曲教，以逐物机随计破着故，如涅槃等。二卢舍那经，谓平等道教，以逐法性自在说故，即华严是也。"这里应是概指佛教。九部，又称九部经，大小乘各有其九部经，这里概指整个佛教教法。吞梦，吞纳云梦之泽，比喻胸怀博大，气度恢宏。汉代司马相如《子虚赋》："吞若云梦者八九，其于胸中曾不蒂芥。"

⑫鼓枻(yì)玄津，俯四韦而小鲁：枻，船桨；鼓枻，即划桨，谓泛舟。四韦，即四韦陀，亦名四吠陀，婆罗门的四种经典。小鲁，《孟子·尽心上》："孔子登东山而小鲁，登泰山而小天下。"

⑬遍游谈肆，载移凉燠：谈肆，讲谈之地，犹言书肆。凉燠，冷暖，寒暑，代指年轮。

⑭泰初日月，独耀灵台：泰初，夏侯玄之字，其人相貌英俊。《世说新语·容止》记载他"朗朗如日月之入怀"。灵台，指心。《庄子·庚桑楚》："不可内于灵台。"独耀灵台，则指佛教所谓每人本具的本性，如《五灯会元·青原信禅师法嗣·正法希明禅师》："己灵独耀，不肯承当。心月孤圆，自生违背，何异家中舍父，衣内忘珠。"

⑮子云鞶(pán)帨(shuì)，发挥神府：子云，扬雄之字。鞶帨，腰带和佩巾。汉代扬雄《法言·寡见》："今之学也，非独为之华藻也，又从而绣其鞶帨，恶在《老》不《老》也。"神府，犹灵府，指精神之宅。

⑯金文暂启，仿秋驾而云趋：金文，指代佛教经典、教法。《高僧传》："金言有译，梵响无授。"秋驾，一种御马的技艺。《吕氏春秋·博志》："尹儒学御，三年而不得焉，苦痛之，夜梦受秋驾于其师。"

⑰玉柄才扬，披雾市而波属：玉柄，玉质的把柄，这里应指有玉柄的麈尾、拂尘之类，为古代文士讲谈时所执。扬，挥。雾市，据《后汉书·张楷传》，张楷字公超，通《严氏春秋》《古文尚书》，隐居弘农山中。其性好道术，能作五里雾。学者随之，所居成市。后人即以"雾市"比喻从学弟子会集之所。唐代苏颋《勤学犯夜判对》："朝游雾市，披学序之图书；暝出香街，听严城之钟鼓。"波属，波浪相连，比喻连续不断，层见叠出。《宋书·谢灵运传论》："自建武暨乎义熙，历载将百，虽缀响联辞，波属云委，莫不

寄言上德,托意玄珠。"

⑱若会斫轮之旨,犹知拜瑟之微:斫轮之旨,典出《庄子·天道》:"桓公读书于堂上,轮扁斫轮于堂下。……斫轮,徐则甘而不固,疾则苦而不入,不徐不疾,得之于手而应于心,口不能言,有数存焉于其间。臣不能以喻臣之子,臣之子亦不能受之于臣,是以行年七十而老斫轮。古之人与其不可传也死矣,然则君之所读者,古人之糟粕已夫!"这里可能是指真理非言语所能传达,所以《金刚经》等讲如来无所说法。拜瑟,芮传明以为是"琴瑟"之讹,以"琴瑟之微"比喻佛法奥妙,可备一说。

⑲以泻瓶之多闻,泛虚舟而独远:泻瓶,指将一瓶之水注入他瓶,比喻传法无遗漏。佛陀弟子中阿难多闻第一,《北本大般涅槃经》卷四十:"阿难事我二十余年……自事我来,持我所说十二部经,一经于耳,曾不再问,如泻瓶水,置之一瓶。"虚舟,典出《庄子·山木》:"方舟而济于河,有虚船来触舟,虽有惼心之人不怒;有一人在其上,则呼张歙之;一呼而不闻,再呼而不闻,于是三呼邪,则必以恶声随之。向也不怒而今也怒,向也虚而今也实。人能虚己以游世,其孰能害之!"这里形容玄奘虽满腹经纶,但虚己待人。

⑳乃于辕辕之地,先摧镍腹之夸:辕辕,形容山路曲折险阻。《管子·地图》:"凡兵主必先审知地图。辕辕之险,滥车之水……必尽知之。"镍腹,以铜铁薄片包裹腹部,以防智慧外溢。《大智度论》卷二十六记载外道萨遮祇尼犍子自夸腹中容纳一切智慧,恐其破裂,以铜镍锢腹加以保护。井络之乡,遽表浮杯之异:井络,星宿之名,在蜀地上方,代指属地。晋代左思《蜀都赋》:"岷山之精,上为井络。"浮杯,《高僧传》中记载异僧杯度常以木杯渡水,这里应该是指玄奘游蜀之事。《慈恩传》记载:"(玄奘)条式有碍,又为兄所留,不能遂意,乃私与商人结侣,泛舟三峡,沿江而遁,到荆州天皇寺。"

　　法师自幼迄长,游心玄籍。名流先达,部执交驰①,趋末忘本,摭华捐实,遂有南北异学,是非纷纠。永言于此②,良用怃然。或恐传译踌驳,未能筌究,欲穷香象之文③,将罄龙宫之目④。以绝伦之德,属会昌之期,杖锡拂衣,第如遰境。于是背玄灞而延望⑤,指葱山而矫迹⑥。川陆绵长,备尝艰险。陋博望之非远,嗤法显之为局。游践之处,毕究方言,镌求幽赜,妙穷津会。于是词发雌黄,飞英天竺;文传贝叶,聿归振旦⑦。

〔译文〕

　　法师从幼童到成年,潜心于佛教经典。那些名家与前辈,各执己见而相互争论,追求细枝末节而忘记根本,拾取花朵而捐弃果实,于是形成南北不同学派,是非纠缠不休。法师想到这些,深为感叹。有时担心翻译错谬杂乱,不能深究本意,所以想要穷究佛经原文,看遍龙宫所藏的佛教。以无与伦比的德行,赶上国家昌盛之时,手持锡杖束装前行,奔往远方。于是离开灞水而眺望圣地,向着葱岭而踏上征程。水陆道路绵长,尝尽了艰难险阻。博望侯张骞的征程也显得不远而鄙陋,法显的那些游历也显得有限而可笑。凡是游历经过的地方,他都详尽研究当地语言,探求幽深的学问,微妙地穷尽其关键。于是纠正前人记录中的谬误,美名传扬于天竺;运回贝叶书写的经文,顺利回归大唐。

〔注释〕

　　①部执:佛教各部之执见。佛陀涅槃之后,徒众逐渐分化,演变成大众、上座等部,各执其见。《唯识枢要》:"佛涅槃后,因彼大天,部执竞兴。"《唯识了义灯》:"部是众义,名圣弟子为部。执是取义,皆取佛说三藏之中

所说法义。"

②永言于此:永言,长言,如《书·舜典》:"诗言志,歌永言。"孔传:"谓诗言志以导之歌,咏其义以长其言。"又,《诗经》中常见"永言"一词,或认为言为虚词,如《大雅·下武》:"永言配命,成王之孚。"

③香象之文:佛典。典出世亲菩萨造俱舍论所载之香象宣令故事,指《俱舍论》,此处则指佛经整体。《大方便佛报恩经》:"提婆达多,虽复能多读诵六万香象经,而不能免阿鼻地狱罪。"香象,指由鬓角可分泌有香气液体的强硕大象,即交配期之大象,据《大毗婆沙论》等书载,这一时期的大象,力量特强,性甚狂暴,难以制伏,合十凡象之力仅可抵一香象之力。

④龙宫之目:龙宫多宝,传说佛经及佛舍利以龙宫所藏最为完整。《菩萨处胎经》卷七、《摩诃摩耶经》卷下、《龙树菩萨传》和《贤首华严传》卷一都记载,龙宫中藏有胜妙之经典。《摩诃摩耶经》:"恶魔波旬及外道众踊跃欢喜,竞破塔寺,杀害比丘,一切经藏皆悉流移至鸠尸那竭国,阿耨达龙王悉持入海。"

⑤玄灞:深青色的灞水。在陕西省,流经长安,语出潘岳《西征赋》:"南有玄灞素浐,汤井温谷。"又如王维《山中与裴秀才迪书》:"北涉玄灞,清月映郭。"

⑥葱山:即葱岭。

⑦振旦:或作震旦、真旦等,是古印度对中国的称呼。

太宗文皇帝金轮纂御①,宝位居尊。载伫风徽②,召见青蒲之上③;乃眷通识,前膝黄屋之间④。手诏绸缪,中使继路。俯摛睿思,乃制《三藏圣教序》,凡七百八十言。今上昔在春闱,裁《述圣记》,凡五百七十九言。启玄妙之津,尽揄扬之旨。盖非道映鸡林⑤,誉光鹫岳⑥,岂能缅降神藻,以旌时秀?

奉诏翻译梵本,凡六百五十七部。具览遐方异俗,绝壤殊风,土著之宜,人伦之序,正朔所暨,声教所覃,著《大唐西域记》,勒成一十二卷。编录典奥,综核明审,立言不朽,其在兹焉。

〔译文〕

太宗文皇帝犹如金轮帝王继位,登上至尊宝位。钦慕玄奘法师的风度,召见他到宫廷内殿;眷顾法师的通达有识,约谈他在乘舆之间。亲手书写的诏书情意深长,来往的内使在行路上络绎不绝。抒发睿智之思,于是写成《三藏圣教序》,共七百八十字。当今皇上从前在春宫为太子时,撰写《述圣记》,共五百七十九字。揭示佛法的妙谛,极尽宣扬的旨意。若不是玄奘法师的道德辉映鸡林精舍,声誉光耀灵鹫之山,哪能使皇帝赐予神圣的辞藻,来表彰这位当今秀异之士?

法师奉诏翻译梵文经典,共六百五十七部。遍览远方不同的习俗和风尚,土地所宜生产的物品,人伦的次第,大唐政权所及之处,声威所达之境,撰写成《大唐西域记》,编为一十二卷。所编内容典雅深奥,全面考察而详明精审,所谓立言不朽,大概就是说的这个了。

〔注释〕

①金轮:即金轮王之金轮,参见卷一玄奘所撰《序论》。

②载伫风徽:载伫,伫止,停留,流连。沈约《为临川王九日侍太子宴诗》:"望古兴惕,心焉载伫。"风徽,美好的风范。南朝宋·谢瞻《于安城答灵运》诗:"绸缪结风徽,烟煴吐芳讯。"

③青蒲之上:皇帝内廷以青蒲织就的草席铺地,因以借指天子内廷。典出《汉书》卷八十二《王商史丹傅喜列传》,汉元帝欲废太子,史丹候帝独

寝时,直入卧室,伏青蒲上泣谏。

④黄屋之间:天子所乘坐的车子以黄绢为盖,所以用黄屋指天子之车。《史记·秦始皇本纪》:"子婴度次得嗣,冠玉冠,佩华绂,车黄屋。"

⑤鸡林:又作鸡园、鸡寺、鸡雀寺、鸡林精舍、鸡雀精舍、鸡头末寺、鸡摩寺、鸡园僧伽蓝等,阿育王所建,参见本书卷八。这里借指佛寺,如唐王勃《晚秋游武担山寺序》:"鸡林俊赏,萧萧鹫岭之居。"

⑥鹫岳:灵鹫山。

卷一 三十四国

序 论

历选皇猷,遐观帝录,庖羲出震之初①,轩辕垂衣之始②,所以司牧黎元,所以疆画分野。暨乎唐尧之受天运,光格四表;虞舜之纳地图,德流九土。自兹已降,空传书事之册;逖听前修,徒闻记言之史。岂若时逢有道,运属无为者欤! 我大唐御极则天,乘时握纪,一六合而光宅③,四三皇而照临④。玄化滂流,祥风遐扇,同乾坤之覆载,齐风雨之鼓润。与夫东夷入贡,西戎即叙,创业垂统,拨乱反正,固以跨越前王,囊括先代。同文共轨,至治神功,非载记无以赞大猷,非昭宣何以光盛业? 玄奘辄随游至,举其风土,虽未考方辨俗,信已越五逾三⑤。含生之俦,咸被凯泽;能言之类,莫不称功。越自天府⑥,暨诸天竺,幽荒异俗,绝域殊邦,咸承正朔,俱沾声教。赞武功之绩,讽成口实;美文德之盛,郁为称首。详观载籍,所未尝闻;缅惟图牒,诚无与二。不有所叙,何记化洽? 今据闻见,于是载述。

〔译文〕

遍数皇家教化,远观帝王记录,庖羲氏出现于东方和轩辕氏垂衣无为而治的初始,分司管理民众,划分疆土封界。到了唐尧接受天命,德行光耀四方;虞舜受纳地图,德泽遍及九州。从此以后,徒然流传记事的典册;远闻前代贤人,只听到记言的史书。哪里能像天下有道、无为而治的时代呢?我大唐依照天道而建国,顺应时运而掌握纲纪,统一天下六合而光耀所居,功比三皇而普照天下。德泽滂流,和风远扬,如同天地覆载万物,就像风雨滋润天下。东夷入朝贡奉,西戎称臣听命,创造王业以传后世,拨乱反正,确实超越了前王,胜过了先代。书同文,车同轨,大治的神功,非载记不能赞美伟大谋略,不宣扬怎么能显耀盛大业绩?玄奘我依据游历所到之处,列举其风土人情,虽然没有考证地域辨别习俗,但确实已经足以知道大唐功业超越了三皇五帝。一切生灵,都沾被大唐恩泽;凡属人类,无不称述大唐功勋。从大唐疆域,到达天竺,边远异俗、遥远邦国,都承奉大唐正朔,沾溉大唐教化。称赞武功的伟绩,传为大家美谈;赞美文德的昌盛,公认天下之最。详览古书记载,从未听说过;遍观图谱资料,实在没有这样的记载。不有所叙述,何以展现大唐教化所及?现在依据我亲身的所闻所见,在这里记述下来。

〔注释〕

①庖羲出震:庖羲,即伏羲,相传他始画八卦,教民捕鱼畜牧,以充庖厨。出震,语出《周易·说卦》:"帝出乎震。"又如《晋书·地理志》:"燧人钻火,庖羲出震。"震,八卦之一,主东方,为万物之始。

②轩辕垂衣:轩辕,即黄帝。《周易·系辞下》:"黄帝、尧、舜垂衣裳而天下治,盖取诸乾坤。"朱熹注说:"乾坤变化而无为。"后世用"垂衣之治"比喻无为之治。

③一六合:统一天下。六合指天地(上下)与四方,如《史记·秦始皇

本纪》："六合之内，皇帝之土。"李白《古风》诗："秦王扫六合，虎视何雄哉！"

④四三皇：与三皇并列而为四。四，此处用作动词，比配之意。三皇，上古三位帝王，说法不一，一般指伏羲、神农、黄帝。

⑤越五逾三：超越五帝和三皇。

⑥天府：肥沃、险要、物产丰富的地方和国家，如《战国策·秦策》中描写秦国："田肥美，民殷富，战马万乘，奋击百万，沃野千里，蓄积饶多，地势形便，此所谓天府，天下之雄国也。"此处指唐朝。

然则索诃世界（旧曰娑婆世界，又曰娑诃世界，皆讹也）①，三千大千国土，为一佛之化摄也。今一日月所临四天下者，据三千大千世界之中，诸佛世尊，皆此垂化，现生现灭，导圣导凡。苏迷卢山②（唐言妙高山。旧曰须弥，又曰须弥娄，皆讹略也），四宝合成，在大海中，据金轮上③，日月之所照回，诸天之所游舍④。七山七海⑤，环峙环列。山间海水，具八功德⑥。七金山外，乃咸海也。海中可居者，大略有四洲焉。东毗提诃洲⑦（旧曰弗婆提，又曰弗于逮，讹也），南赡部洲⑧（旧曰阎浮提洲，又曰剡浮洲，讹也），西瞿陀尼洲⑨（旧曰瞿耶尼，又曰劬伽尼，讹也），北拘卢洲⑩（旧曰郁单越，又曰鸠楼，讹也）。金轮王乃化被四天下，银轮王则政隔北拘卢，铜轮王除北拘卢及西瞿陀尼，铁轮王则唯赡部洲。夫轮王者，将即大位，随福所感，有大轮宝浮空来应，感有金、银、铜、铁之异，境乃四、三、二、一之差，因其先瑞，即以为号。

〔译文〕

　　如此看来，索诃世界（旧称娑婆世界，又称娑诃世界，都错了），三千大千国土，都由一位佛陀所教化摄受。现在同一个日月所照临的四个天下，就在这三千大千世界之中，诸多的佛都在这里下降导化，示现生灭变化，导引圣人和凡夫。苏迷卢山（大唐语言称为妙高山。旧称须弥，又称须弥娄，都是讹误、阙略的）由四种宝物组合而成，在大海之中，坐落于金刚轮上，是日月照耀回转，诸天之神遨游居住的地方。七重金山七个大海，环列在其周围；诸山之间的海水，具有八种功德。七重金山之外，就是咸海。海中可以居住的，大约有四个洲，东面的为毗提诃洲（旧称弗婆提，又称弗于逮，错了），南面的为赡部洲（旧称阎浮提洲，又称剡浮洲，错了），西面的为瞿陀尼洲（旧称瞿耶尼，又称劬伽尼，错了），北面的为拘卢洲（旧称郁单越，又称鸠楼，错了）。金轮王的教化遍及四天下，银轮王的统治区域不包括北拘卢洲，铜轮王的统治区域不包括北拘卢和西瞿陀尼二洲，铁轮王则只统领赡部洲。作为轮王，在将要登上大位的时候，随着自己福德的感召，会有大轮宝从天空飘浮而来相应。感应有金、银、铜、铁的差异，统领的疆界于是有四、三、二、一洲的差别，根据先前的祥瑞，作为各王的名号。

〔注释〕

　　①索诃世界：索诃，梵文音译，意为"能忍""堪忍"。索诃世界，又名"忍土"，是佛教三千大千世界的总名，佛陀所教化的区域。后原注文小字，今改用括注形式。下同。

　　②苏迷卢山：梵文音译，意思是妙高之山，是一个小世界的中心。

③金轮:佛教认定的世界载体之一。世界最下层为风轮,上为水轮,水轮之上为金轮。金轮为金刚组合而成,故又称金刚轮。

④诸天:天本有光明、自然、清净诸义,此处指诸天之神。

⑤七山七海:佛教认为围绕苏迷卢山有七重金山,山与山之间有大海,故名。

⑥八功德:八种殊胜优良的属性,即澄净、清冷、甘美、轻软、润泽、安和、除饥渴、长养诸根。

⑦毗提诃洲:须弥四大部洲之一,意译为东胜身洲、东种种身洲、东种种与洲、前离体洲。在须弥山东方碱海中,其地人身殊胜,故以胜身名之。《长阿含经》卷十八《阎浮提州品》:"须弥山东有天下,名弗于逮。其土正圆,纵广九千由旬。人面亦圆,像彼地形。"

⑧赡部洲:须弥四大部洲之一,即我们所住的这个世界。此地中央有赡部树,故以树名洲;又赡部树下生好金,名为赡部檀金,或说以此金名洲。《慧琳音义》卷五:"赡部洲,此大地之总名也,因金因树立此名。"《释迦方志》卷上:"右翻此洲云好金地,谓阎浮檀金在洲北海岸中,金光浮出海上,其傍有阎浮树林,其果极大,得神力者方至于彼。"

⑨瞿陀尼洲:须弥四大部洲之一,意译作牛货洲、牛施洲。因其位于须弥山西方,采行以牛为货币之交易方式,故又称西牛货洲。《玄应音义》卷二十三:"西瞿陀尼,或云俱耶尼,或作瞿伽尼。瞿此云牛,陀尼此云取与,以彼多牛,用市易,如此间用钱帛等也。"

⑩拘卢洲:须弥四大部洲之一,意译为胜处、胜生、高上。此洲洲形正方,人寿千岁,毫无夭折,在四大洲中为最胜。《瑜伽师地论》卷四:"又北拘卢洲,有如是相树,名曰如意。彼诸人众所欲资具,从树而取。不由思惟,随其所须,自然在手。复有粳稻,不种而获,无有我所。又彼有情,竟无系属,决定胜进。"

则赡部洲之中地者,阿那婆答多池也①(唐言无热恼。旧曰阿耨达池,讹也),在香山之南②,大雪山之北③,周八百里矣。金、银、琉璃、颇胝饰其岸焉④。金沙弥漫,清波皎镜。八地菩萨以愿力故⑤,化为龙王,于中潜宅。出清泠水,给赡部洲。是以池东面银牛口,流出殑(巨胜反)伽河⑥(旧曰恒河,又曰恒伽,讹也),绕池一匝,入东南海;池南面金象口,流出信度河⑦(旧曰辛头河,讹也),绕池一匝,入西南海;池西面琉璃马口,流出缚刍河⑧(旧曰博叉河,讹也),绕池一匝,入西北海;池北面颇胝师子口,流出徙多河⑨(旧曰私陀河,讹也),绕池一匝,入东北海。或曰潜流地下,出积石山⑩,即徙多河之流,为中国之河源云。

〔译文〕

　　赡部洲的中央地方,是阿那婆答多池(唐朝话称为无热恼。旧称阿耨达池,错了),在香山的南面,大雪山的北面,方圆八百里。金、银、琉璃、水晶各种宝贝装饰着池岸。金沙弥布,清波皎洁如镜。有一位八地菩萨因为誓愿之力的缘故,化为龙王,在这池中潜水居住。池子流出清泠之水,供给赡部洲。所以池的东面是银牛口,流出殑伽河(旧称恒河,又称恒伽,错了),绕池一周,注入东南海中;池的南面是金象口,流出信度河(旧称辛头河,错了),绕池一周,注入西南海中;池的西面是琉璃马口,流出缚刍河(旧称博叉河,错了),绕池一周,注入西北海中;池的北面是颇胝师子口,流出徙多河(旧称私陀河,错了),绕池一周,注入东北海中。也有人说它潜流地下,从积石山冒出,就是徙多河的流水,成为中国黄河的源头。

①阿那婆答多池:阿那婆答多意为无热恼,多以为即今喜马拉雅山上玛纳沙诺瓦湖,富水季节时常常泛滥。

②香山:即香醉山,佛教传说其为赡部洲最高中心,一说即昆仑山。《俱舍论》卷十一:"大雪山北,有香醉山。雪北香南,有大池水,出四大河。"《南山戒疏》卷一:"四河本源香山所出。……俗云昆仑者,经言香山。"

③大雪山:兴都库什山脉。

④颇胝:即水晶。《一切经音义》卷二:"颇梨,力私切。又作黎,力奚切。西国宝名也。梵言塞颇胝迦,又言颇胝,此云水玉,或云白珠。大论云:此宝出山石窟中,过千年冰化为颇梨珠,此或有也。"卷二十四:"颇胝迦,陟尸切。亦言婆波致迦,西国宝名也。旧云颇黎者,讹略也。"

⑤八地菩萨:大乘菩萨修行共有十个阶位,称为十地、十住,到第八地果位的菩萨即称为八地,该果位名为"不动地"。八地菩萨彻底灭尽烦恼障的细微种子以及所知障的一切执着相,故再不为之所动,得名不动地。

⑥殑(jìng)伽河:即恒河。发源于今喜马拉雅山南麓,流经印度、孟加拉,注入孟加拉湾。

⑦信度河:即印度河。发源于我国西藏冈底斯山西麓,经印度、巴基斯坦,注入阿拉伯海。

⑧缚刍河:即阿姆河。发源于帕米尔,西流汇入帕米尔河后称喷赤河,再西流汇入瓦赫什河后称阿姆河,注入咸海。

⑨徙多河:即我国新疆境内的叶尔羌河与塔里木河。

⑩积石山:即今青海东南部积石山脉。古人误以为黄河源于昆仑而出积石山。

　　时无轮王应运,赡部洲地有四主焉①。南象主则暑湿宜象,西宝主乃临海盈宝,北马主寒劲宜马,东人主和畅多人。故象主之国，躁烈笃学，特闲异术，服则横巾右袒，首则中髻四垂，族类邑居，室宇重阁。宝主之乡，无礼义，重财贿，短制左衽，断发长髭，有城郭之居，务殖货之利。马主之俗，天资犷暴，情忍杀戮，毳帐穹庐，鸟居逐牧。人主之地，风俗机慧，仁义昭明，冠带右衽，车服有序，安土重迁，务资有类。三主之俗，东方为上。其居室则东辟其户，旦日则东向以拜。人主之地，南面为尊。方俗殊风，斯其大概。至于君臣上下之礼，宪章文规之仪，人主之地无以加也。清心释累之训②，出离生死之教，象主之国其理优矣。斯皆著之经诰，问诸土俗，博关今古，详考见闻。然则佛兴西方，法流东国，通译音讹，方言语谬，音讹则义失，语谬则理乖。故曰"必也正名乎"③，贵无乖谬也。

[译文]

在没有轮王应运而生时，赡部洲大地有四大君主。南方象主之国炎热潮湿，适宜象的生长；西方宝主之国濒临大海，财宝充盈；北方马主之国寒冷风劲，适宜养马；东方人主之国气候和畅，人口众多。所以象主的国家，性情暴躁而笃意学问，特别精通异术，服饰则横披布巾，露出右臂，头上则中间扎髻，四面垂发，不同种姓的人分类聚居，房屋楼阁重重。宝主的国家里，没有礼义，重视钱财，衣服短小，前襟向左，头发剪短，留着长胡子，有城郭建筑，追求货物贸易的利益。马主国家的风俗，天性粗犷暴躁，性格残忍，嗜好杀戮，用毳帐作为穹庐，如鸟居似的追逐水草而游牧。人主的土地上，风俗机敏聪慧，仁义昭示明白，有冠有带，衣襟向右，车马服饰等级有序，安于本土，不轻易迁移，一意资助同族类的人。北、西、南三主之地的习俗，以东方为上。他们的居室在东面开门户，清晨向东跪拜。人主的国家里，则以南面为尊。各地风俗差异，这只是大概。至于君臣上下的礼制，典章制度的仪式，没有比人主之地更加美好的了。清净心性以解脱劳累的训示，解脱生死轮回的教化，象主之国的理论较为优越。这些理论都著录于经文典籍，访求诸地方风俗，广涉古今，详尽地考之于见闻。然而佛陀兴起于西方，佛法却流传于东方国家，翻译时会有语音失误，各地方言会导致发音谬误，语音失误就会失去本义，方言谬误就会道理乖违。所以说："必也正名乎。"重要的是翻译用词没有失误乖舛。

[注释]

①四主：即下文所云四位君主。一般认为南象主指五印度，西宝主泛指波斯、大食以至大秦，北马主指突厥、回纥，东人主指大唐中国。

②清心释累：以清净之心去除贪欲之累。如《后汉书·西域传论》："详其清心释累之训，空有兼遣之宗，道书之流也。"

③必也正名乎：端正名分，纠正有关礼制名分上的用词不当。语出《论语·子路》："子路曰：'卫君待子而为政，子将奚先？'子曰：'必也正名乎！'"

　　夫人有刚柔异性，言音不同，斯则系风土之气，亦习俗之致也。若其山川物产之异，风俗性类之差，则人主之地，国史详焉。马主之俗、宝主之乡，史诰备载，可略言矣。至于象主之国，前古未详，或书地多暑湿，或载俗好仁慈,颇存方志,莫能详举。岂道有行藏之致①,固世有推移之运矣②?

是故候律以归化,饮泽而来宾,越重险而款玉门③,贡方奇而拜绛阙者④,盖难得而言焉。由是之故,访道远游,请益之隙,存记风土。黑岭已来⑤,莫非胡俗。虽戎人同贯,而族类群分,画界封疆,大率土著。建城郭,务殖田畜,性重财贿,俗轻仁义。嫁娶无礼,尊卑无次,妇言是用,男位居下。死则焚骸,丧期无数。劓面截耳,断发裂裳,屠杀群畜,祀祭幽魂。吉乃素服,凶则皂衣。同风类俗,略举条贯。异政殊制,随地别叙。印度风俗,语在后记。

出高昌故地⑥,自近者始,曰阿耆尼国⑦(旧曰焉耆)。

〔译文〕

　　人的性情有刚强、柔顺的不同,语言、发音的差别,这与风土气质相关,也是习俗所导致的。至于山川物产的不同,风俗性情的差异,在人主的地域内,国史记载得很详细。马主国家的习俗、宝主国家的乡土,史书记载完备,可以大略而言。至于象主的国家,古代记载简略,有的写着土地大多炎热潮湿,有的记载风俗喜好仁慈,很是保留了一些方志,但都没有详细举例。难道是道有实行、隐藏的周期,因而世间有推移的气运吗?

　　所以他们顺应时令节律而来归化,享受大唐恩泽而来宾服,越过重重险阻而来归附玉门关,进贡地方特产而跪拜于朝廷,实在是难得而言的啊! 由于这个缘故,我访道远游,在请教求益的空闲之时,记下各地风土人情。从黑岭以来,无不是胡人习俗。虽然戎人种族相同,但族类划分很多,划分疆界,大体都是土著定居。他们建筑城郭,从事耕种放牧,性格上看重财货,风俗上轻视仁义。嫁娶没有礼仪,尊卑没有次序,妇人的意见得到重视,男人的地位处于卑下。死后焚毁尸体,丧期没有固定期限。划破脸面截断耳朵,割断头发撕裂衣裳,屠杀种种牲畜,祭祀幽灵。吉事穿白色衣服,凶事则穿黑色衣服。相同的风尚、类似的习俗,约略地列举出来。不同的政事和特殊的制度,则随地域分别叙述。印度的风尚习俗,记述在后面。

离开高昌故地,从最近的地方开始叙述,是阿耆尼国(旧称焉耆)。

〔注释〕

①行藏:天下有道则行其所学,天下无道则退隐以待时机。语出《论语·述而》:"用之则行,舍之则藏。"

②推移:转移,变更。如《礼记·王制》:"中国戎夷,五方之民,皆有性也,不可推移。"唐代李绅《柳》诗:"人事推移无旧物,年年春至绿垂丝。"

③款:叩,这里有归顺,归附的意思。

④绛阙:宫殿前的朱色门阙,代指朝廷。

⑤黑岭:一作黑山,即今兴都库什山脉。一说系泛指山岭颜色,自印度本土北望大雪山的雪岭,因北面终年积雪,南面却积雪很少,呈灰黑色,故名黑岭。

⑥高昌:古城名,即今新疆吐鲁番东南高昌废址。

⑦阿耆尼国:见下文注释。

阿耆尼国

阿耆尼国[①]，东西六百余里，南北四百余里。国大都城周六七里，四面据山，道险易守。泉流交带，引水为田。土宜穈[②]、黍、宿麦、香枣、蒲萄、梨、柰诸果。气序和畅，风俗质直。文字取则印度[③]，微有增损。服饰毡褐，断发无巾。货用金钱、银钱、小铜钱。王，其国人也，勇而寡略，好自称伐。国无纲纪，法不整肃。伽蓝十余所[④]，僧徒二千余人，习学小乘教说一切有部[⑤]。经教律仪，既遵印度，诸习学者，即其文而玩之[⑥]。戒行律仪，洁清勤励。然食杂三净[⑦]，滞于渐教矣[⑧]。

从此西南行二百余里，逾一小山，越二大河，西得平川，行七百余里，至屈（居勿反）支国（旧曰龟兹）。

〔译文〕

阿耆尼国，东西有六百多里，南北有四百多里。该国大都城周围六七里，四面靠山，道路险要，易于守卫。泉水溪流交织如带，引水开垦成田园。土地适宜种植穈、黍、宿麦、香枣、葡萄、梨、柰等果物。气候温和舒畅，风俗质朴直爽。文字效法印度，略微有所增减。穿着粗毛和粗麻衣物，剪短头发，不戴巾帻。交易使用金钱、银钱、小铜钱。国王是当地人，勇猛而缺少谋略，喜好自夸。国家没有纲常法纪，政令不够整饬。佛教寺院有十多所，僧徒二千多人，修习小乘佛教说一切有部。佛经教义及戒律仪轨，既遵循印度，那些研究学习者，便依印度原文而研习。他们遵守戒律仪轨，洁身自好，勤奋自励。然而饮食兼食三净肉，拘泥于渐悟的小乘教义。

从这里向西南前行二百多里，翻过一座小山，越过两条大河，西面便是一片平原，前行七百多里，就到达屈支国（旧称龟兹）。

〔注释〕

①阿耆尼国：即焉耆，辖地包括今新疆维吾尔自治区焉耆回族自治县周近地区。

②穈：谷的一种，又称穄子，一年生草本植物，果实类黍而不黏。

③取则：取作准则、规范或榜样，如李善注引赵岐《三辅决录》："长安刘氏，唯有孟公，谈者取则。"

④伽蓝：梵文音译，亦作"僧伽蓝摩""僧伽蓝"等，意译为"众园"或"僧院"，即僧众居住的园林。后指寺院。

⑤小乘教说一切有部：小乘教，为佛教内的一个大派别。公元一世纪后，大乘佛教流行，乃称原始佛教和部派佛教为小乘。小乘教只信奉《阿含经》等根本教典，重在自我解脱，以证得阿罗汉果为止境。说一切有部，又名说因部，简称有部，是小乘佛教中最有力的学派。他们以实在论的立场，强调"我空法有，三世实有，法体恒有"，认为一切法有实体，过去、未来和现在皆有其实体。

⑥玩：古代写作"翫"，有观赏、研习的意思。如《文选·嵇康·琴赋·序》："余少好音声，长而玩之。"

⑦三净：三种净肉，是小乘佛教允许僧徒所食用的肉类，即："不见其为我杀者、不闻为我杀者、无为我杀之疑者。"

⑧渐教：指循序渐进而说的教法，以浅深次第而说的教法。这里指小乘佛教，以其讲究渐悟，故名。

屈支国

屈支国[①]，东西千余里，南北六百余里。国大都城周十七八里，宜穄、麦，有粳稻，出蒲萄、石榴，多梨、奈、桃、杏。土产黄金、铜、铁、铅、锡。气序和，风俗质。文字取则印度，粗有改变。管弦伎乐，特善诸国。服饰锦褐，断发巾帽。货用金钱、银钱、小铜钱。王，屈支种也，智谋寡昧，迫于强臣。其俗生子以木押头，欲其匾匾也[②]。伽蓝百余所，僧徒五千余人，习学小乘教说一切有部。经教律仪，取则印度，其习读者，即本文矣。尚拘渐教，食杂三净。洁清耽玩，人以功竞。

〔译文〕

屈支国，东西一千多里，南北六百多里。该国的大都城方圆十七八里。适宜种植穄、麦，产有粳稻，出产葡萄、石榴，盛产梨、奈、桃、杏等果。矿产金、铜、铁、铅、锡等。气候温和，风俗质朴。文字效法印度，略有改变。管弦音乐，在各国中最为擅长。穿着彩绸毛布，头发截断，戴着巾帻冠冕。交易使用金钱、银钱、小铜钱。其国王是屈支种人，智慧谋略不足，受制于强臣。其国风俗，所生孩子要用木板箍扎头部，以让头部扁薄。佛教寺院有一百多所，僧徒五千多人，修习小乘佛教的说一切有部教义。经教仪轨，仿效印度，学习的人就依据印度原文。还拘泥于渐悟的小乘教义，兼食三净肉。秉性高洁清雅，专心于佛典学习，人人都以修行的功效相互竞赛。

①屈支国:即龟兹,也作丘兹、屈茨等,在今新疆库车县及周边地区。

②匾匮:匮,音梯。薄或者不圆。以木押头习俗在少数民族中并不鲜见,《后汉书·东夷列传·辰韩》:"儿生欲令其头扁,皆押之以石。"

一、大龙池及金花王

国东境城北天祠前①,有大龙池。诸龙易形,交合牝马,遂生龙驹,悷戾难驭②。龙驹之子,方乃驯驾,所以此国多出善马。闻诸先志曰③:近代有王,号曰金花④,政教明察,感龙驭乘。王欲终没,鞭触其耳,因即潜隐,以至于今。城中无井,取汲池水。龙变为人,与诸妇会,生子骁勇,走及奔马。如是渐染,人皆龙种,恃力作威,不恭王命。王乃引构突厥⑤,杀此城人,少长俱戮,略无噍类⑥。城今荒芜,人烟断绝。

〔译文〕

屈支国国境东部城池北面天祠前,有一个大龙池。那些龙变易身形,与母马交配,于是产下龙驹,性情暴戾凶悍,难以驾驭。龙驹所产的马,才能驯养用来驾车,所以这个国家盛产良马。据古代典籍讲:近代有位国王,名号为金花,政治教化清明廉洁,感动了池中的龙为他驾车。国王将要逝世时,用鞭子轻触龙的耳朵,龙随即潜隐到池水中,一直到现在。城中没有水井,人们便来汲取池水饮用。龙变为人形,与众多妇人交合,所生的孩子骁勇无比,跑起来赶得上奔驰的马。如此逐渐扩展,当地人都变成了龙种,依恃勇力滥发威武,不听从国王的命令。国王于是联合突厥人,屠杀这个城的人,老幼都被屠戮,没有留下一个活人。城池如今已经荒芜,人烟断绝。

〔注释〕

①天祠:本指祭祀大自在天的祠所,此处当指袄教祠所。

②怆(lǒng)戾:凶狠难以制伏。

③先志:古本作"耆旧",即德高望重的人。

④金花:似指《旧唐书·龟兹传》中提到的隋末时在位的国王苏发勃驶。

⑤引构突厥:引构,导引勾结。突厥,古代阿尔泰山一带的游牧民族。

⑥噍类:能吃东西的动物,特指活着的人。如班固《汉书·高帝纪》:"项羽为人慓悍祸贼,尝攻襄城,襄城无噍类,所过无不残灭。"

二、昭怙厘二伽蓝

荒城北四十余里,接山阿,隔一河水,有二伽蓝,同名昭怙厘①,而东西随称。佛像装饰,殆越人工。僧徒清肃,诚为勤励。东昭怙厘佛堂中有玉石,面广二尺余,色带黄白,状如海蛤。其上有佛足履之迹,长尺有八寸,广余六寸矣。或有斋日②,照烛光明。

〔译文〕

荒芜的城池北面四十多里,连接着小山丘,隔着一条河,有两座寺院,都叫作昭怙厘,而以东、西相称。佛像的装饰几乎超出人类的工艺水平。僧徒清净肃穆,实在是勤奋勉励。东昭怙厘寺的佛堂中有块玉石,面宽二尺多,色泽呈黄白色,形状有如海蛤。它上面有佛陀走过的印迹,长一尺八寸,宽六寸多。有时在斋戒的日子,它会发出光芒。

三、大会场

　　大城西门外,路左右各有立佛像,高九十余尺。于此像前,建五年一大会处①。每岁秋分数十日间,举国僧徒皆来会集。上自君王,下至士庶,捐废俗务,奉持斋戒,受经听法,渴日忘疲②。诸僧伽蓝庄严佛像,莹以珍宝,饰之锦绮,载诸辇舆,谓之行像③,动以千数,云集会所。常以月十五日晦日,国王大臣谋议国事,访及高僧,然后宣布。

〔**译文**〕

　　在大都城的西门外,道路左右两边各有一座直立的佛像,高达九十多尺。在这些佛像前,建有五年举行一次大会的会场。每年秋分前后的几十天里,全国的僧徒都来此聚会。上自君王,下到官吏百姓,抛开世俗事务,持斋受戒,聆听讲经说法,整日里都忘记了疲劳。这些寺院装饰佛像,用奇珍异宝加以点缀,用锦绣罗绮加以装饰,用车承载,称之为行像,动辄千数,汇集在大会场。通常在每月十五日和月底,国王和大臣商议国事,征询有道高僧的意见,然后公开宣布。

①五年一大会:五年举办一次的大斋会,即无遮大会,是一种广结善缘,不分贵贱、僧俗、智愚、善恶都一律平等对待的大斋会,以布施为中心。

②渴日:尽日,足日,全部时间。

③行像:将装饰好的佛像以宝车载往城中游行的宗教仪式,又称巡城、行城。印度、西域、中国通常于佛诞日(农历四月初八日)举行之。行像的起源,据赞宁《大宋僧史略》卷上记载,自从佛陀涅槃后,王公大臣因为不能亲睹佛陀为憾事,于是制作佛陀降生之相,或是悉达太子巡城之相,后渐渐演变为行像的宗教仪式。五世纪初,法显旅行印度时,在西域和印度也曾亲眼见过行像的仪式。据《法显传》说:"法显等欲观行像,停三月日,其国(于阗)中十四大僧伽蓝,不数小者,从四月一日,城里便扫洒道路,庄严巷陌。其城门上张大帷幕,事事严饰。王及夫人采女皆住其中。瞿摩帝僧是大乘学,王所敬重,最先行像。离城三四里,作四轮像车,高三丈余,状如行殿,七宝庄校,悬缯幡盖,像立车中,二菩萨侍,作诸天侍从,皆金银雕莹,悬于虚空。像去门百步,王脱天冠,易著新衣,徒跣持花香,翼从出城迎像,头面礼足,散花烧香。像入城时,门楼上夫人采女遥散众华,纷纷而下,如是庄严供具,车车各异,一僧伽蓝则一日行像,自月一日为始,至十四日行像乃讫。行像讫,王及夫人乃还宫耳。"

四、阿奢理贰伽蓝及其传说

会场西北,渡河至阿奢理贰伽蓝(唐言奇特)①。庭宇显敞,佛像工饰。僧徒肃穆,精勤匪怠,并是耆艾宿德,硕学高才,远方俊彦,慕义至止。国王、大臣、士庶、豪右四事供养②,久而弥敬。闻诸先志曰:昔此国先王崇敬三宝③,将欲游方观礼圣迹,乃命母弟摄知留事。其弟受命,窃自割势,防未萌也。封之金函,持以上王。

王曰:"斯何谓也?"对曰:"回驾之日,乃可开发。"即付执事,随军掌护。王之还也,果有构祸者曰:"王令监国,淫乱中宫。"王闻震怒,欲置严刑。弟曰:"不敢逃责,愿开金函。"王遂发而视之,乃断势也。曰:"斯何异物?欲何发明?"对曰:"王昔游方,命知留事,惧有谗祸,割势自明。今果有征④,愿垂照览。"王深惊异,情爱弥隆,出入后庭,无所禁碍。王弟于后行,遇一夫拥五百牛,欲事刑腐。见而惟念,引类增怀:"我今形亏,岂非宿业?"即以财宝赎此群牛。以慈善力,男形渐具。以形具故,遂不入宫。王怪而问之,乃陈其始末。王以为奇特也,遂建伽蓝,式旌美迹,传芳后叶。

从此西行六百余里,经小沙碛⑤,至跋禄迦国(旧谓姑墨,又曰亟默)⑥。

[译文]

大会场的西北面,渡河到达阿奢理贰伽蓝(唐朝话称为奇特)。庭院屋宇明亮宽敞,佛像装饰精巧。僧徒庄重肃穆,精勤不懈,都是年高德劭、博学多才的人,远方的俊杰,都因仰慕他们的德行而来此居住。国王、大臣、官吏百姓、豪门大族供给他们饮食、衣服、卧具和医药,日子愈久,愈加崇敬。据古代典籍讲:从前这个国家的先王崇敬三宝,将要云游四方去瞻礼佛祖的圣迹,就命令同母的弟弟掌管国家事务。他的弟弟接受命令后,暗自割去自己的生殖器,在谗言未出现前就预先防范。又将其密封在金匣之中,拿去呈给国王。国王说:"这是怎么说呢?"弟弟回答说:"您返回的日子,才可以打开匣子。"国王当即将金匣交付给主事官员，随军掌管。国王返回的时候，果然有人造谣加以祸害说："国王命令弟弟代掌国政，他却淫乱宫中嫔妃。"国王听说后大为震怒，将要对弟弟施加严刑。弟弟说："我不敢逃避罪责，但愿您打开金匣。"国王于是打开金匣察看，是割断的生殖器。说："这是什么怪东西？你想说明什么？"弟弟回答说："大王往日云游四方，命令我掌管留守事务，我担心有诬陷的祸患，就自割生殖器以表明自己清白。现在果然有应验，希望大王明察。"国王深感惊异，兄弟情爱更加深厚，弟弟出入后宫，没有任何限制阻碍。国王弟弟后来在路上行走的时候，遇到一个人赶着五百头牛，将要加以阉割。弟弟见到后深思，联想到自己，增添了他的感伤："我现在形体亏损，难道不是因为前世的罪业？"当即拿出财宝赎买了这群牛。因为慈善的力量，他的男性器官逐渐复生。因为性器官恢复的原因，就不再进入宫中。国王奇怪地询问他，他便陈说了事情的始末。国王认为这件事很奇特，就建筑了一座寺院，来表彰这一美好事迹，使其流芳后世。

　　从这里往西前行六百多里，经过一片小沙碛，到达跋禄迦国（旧称姑墨，又称亟墨）。

〔注释〕

　　①阿奢理贰伽蓝：遗址大约在今新疆库车西部库木土拉河对岸。

　　②四事供养：指供给资养佛、僧等日常生活所需的四种物品。四事，指衣服、饮食、卧具、医药，或指衣服、饮食、汤药、房舍等。

　　③三宝：即佛宝、法宝、僧宝。

　　④征：证明；证验，如信而有征，文献有征。

　　⑤碛：浅水中的沙石，引申为沙漠。

　　⑥跋禄（qì）迦国：在今新疆温宿、阿克苏一带。唐代曾设置姑墨州，属龟兹都督府管辖。

卷二　三国

印度总述

一、释名

　　详夫天竺之称,异议纠纷,旧云身毒,或曰贤豆,今从正音,宜云印度。印度之人,随地称国,殊方异俗,遥举总名,语其所美,谓之印度。印度者,唐言"月"。月有多名,斯其一称。言诸群生轮回不息,无明长夜,莫有司晨,其犹白日既隐,宵月斯继,虽有星光之照,岂如朗月之明! 苟缘斯致,因而譬月。良以其土圣贤继轨,导凡御物,如月照临。由是义故,谓之印度。印度种姓族类群分[①],而婆罗门特为清贵。从其雅称,传以成俗,无云经界之别,总谓婆罗门国焉。

〔译文〕

　　探讨天竺的称呼,各种说法纠缠不清,过去称为身毒,有人称为贤豆,现在依从正确的读音,应该称为印度。印度的人,随其居住地而称呼其国,各地风俗差别很大,大致举一个总名称,表述他们所赞美的内容,称为印度。印度这个词,唐朝话的意思是月亮。月亮有多个名称,这是其中之一。是说众生轮回永无停息,在没有光明的长夜里没有报晓的人,就好像白天的太阳隐落之后,晚上的月亮继之而起,虽然有星光照耀,哪里赶得上朗朗明月的光明呢!缘于这个道理,因而比之为月亮。实在是因为这片土地上的圣人贤士相继不绝,引导凡人,统御万物,如同月亮照临大地。由于这个原因,称之为印度。印度的种姓,依族类划分为若干类别,而以婆罗门特别清高尊贵。依从这个种姓的雅称,相传而成为习俗,不再讲究疆界的分别,总称为婆罗门国了。

〔注释〕

①种姓:种姓制度,曾在印度、孟加拉国、斯里兰卡等国普遍存在的一种以血统论为基础的社会体系,其中以印度最为严重。这种制度将社会分成严格的四个等级集团,地位尊卑依次为婆罗门、刹帝利、吠奢、戍陀罗等。第一等级婆罗门主要是僧侣贵族,拥有解释宗教经典和祭神的特权以及享受奉献的权利,垄断文化教育和报道农时季节以及宗教话语解释权;第二等级刹帝利是军事贵族和行政贵族,拥有征收各种赋税的特权,主导军政,负责守护婆罗门阶层生生世世;第三等级吠奢是普通雅利安人,政治上没有特权,必须以布施和纳税的形式来供养前两个等级,主要是商业群体;第四等级戍陀罗绝大多数是被征服的土著居民,属于非雅利安人,由伺候用餐、做饭的高级佣人和工匠组成,是人口最多的种姓。在种姓制度中,来自不同种姓的父母双方所生下的后代被称为杂种姓。除四大种姓外,还有大量的"第五种姓",称为"不可接触者"阶层,又称"贱民"或"达利特",他们多从事最低贱的职业。贱民在印度不算人民,不入四大种姓之列。参见后文"族姓"条。

二、疆域

若其封疆之域,可得而言。五印度之境①,周九万余里。三垂大海②,北背雪山③。北广南狭,形如半月。

画野区分,七十余国。时特暑热,地多泉湿。北乃山阜隐轸④,丘陵舄卤⑤;东则川野沃润,畴陇膏腴;南方草木荣茂;西方土地硗确⑥。斯大概也,可略言焉。

〔译文〕

至于印度的疆域,也能够谈一谈。五印度的疆境,方圆有九万多里,三面濒临大海,北面靠着雪山。北部广阔,南部狭窄,形状有如半月。划分疆域区划,有七十多个国家。气候特别炎热,土地多泉流湿地。北部是众多的山地,丘陵盐碱之地;东部则是河流平原,肥沃滋润之地;南部草木繁茂;西部土地硗薄。这是个大概,可以大略地说说。

〔注释〕

①五印度:古印度分为东、南、西、北、中五部,故称五印度,简称五印,又称五天竺。

②三垂大海:垂,通"陲",边界。大海,指今印度洋。

③雪山:指今喜马拉雅山脉和兴都库什山脉。

④隐轸(zhěn):即隐赈,众盛、富饶之意。《文选·左思》:"邑居隐赈,夹江傍山。"刘逵注:"隐,盛也。赈,富也。"

⑤舄(xì)卤:含有过多盐碱成分不适于耕种的土地。

⑥硗(qiāo)确:坚硬瘠薄的土地。

三、数量

夫数量之称,谓逾缮那（旧曰由旬,又曰逾阇那,又曰由延,皆讹略也）。逾缮那者,自古圣王一日军程也。旧传一逾缮那四十里矣,印度国俗乃三十里,圣教所载惟十六里。穷微之数，分一逾缮那为八拘卢舍。拘卢舍者，谓大牛鸣声所极闻，称拘卢舍。分一拘卢舍为五百弓，分一弓为四肘，分一肘为二十四指，分一指节为七宿麦，乃至虱、虮、隙尘、牛毛、羊毛、兔毫、铜水，次第七分，以至细尘。细尘七分，为极细尘。极细尘者，不可复析，析即归空，故曰极微也。

〔译文〕

关于数量的名称，称为逾缮那（旧称由旬，又称逾阇那，又称由延，都错了）。所谓逾缮那，是自古以来圣明君王一天行军的路程。从前传说一逾缮那为华夏的四十里，按印度的习俗是三十里，而佛教典籍中的记载只有十六里。要细分这个数字，一逾缮那可以分为八拘卢舍。拘卢舍这个数量，是大牛鸣叫声所能传到的最远的距离，称为拘卢舍。一拘卢舍分为五百弓，一弓分为四肘，一肘分为二十四指，一指分为七宿麦，乃至虱、虮、隙尘、牛毛、羊毛、兔毫、铜水等等，依次一分为七，以至于细尘。细尘再一分为七，称为极细尘。极细尘这个数量，不能够再分割，再分就空无所有了，所以叫作极微。

四、岁时

若乃阴阳历运，日月次舍，称谓虽殊，时候无异，随其星建，以标月名。时极短者，谓刹那也。百二十刹那为一呾刹那，六十呾刹那为一腊缚，三十腊缚为一牟呼栗多，五牟呼栗多为一时，六时合成一日一夜（昼三夜三）。居俗日夜分为八时（昼四夜四，于一一时各有四分）。月盈至满，谓之白分；月亏至晦，谓之黑分。黑分或十四日、十五日，月有小大故也。黑前白后，合为一月。六月合为一行。日游在内①，北行也；日游在外②，南行也。总此二行，合为一岁。又分一岁以为六时。正月十六日至三月十五日，渐热也；三月十六日至五月十五日，盛热也；五月十六日至七月十五日，雨时也；七月十六日至九月十五日，茂时也；九月十六日至十一月十五日，渐寒也；十一月十六日至正月十五日，盛寒也。如来圣教，岁为三时。正月十六日至五月十五日，热时也；五月十六日至九月十五日，雨时也；九月十六日至正月十五日，寒时也。或为四时，春、夏、秋、冬也。春三月谓制呾逻月、吠舍佉月、逝瑟吒月，当此从正月十六日至四月十五日。夏三月谓頞沙荼月、室罗伐拿月、婆达罗钵陀月，当此从四月十六日至七月十五日。秋三月谓頞湿缚庾阇月、迦剌底迦月、末伽始罗月，当此从七月十六日至十月十五日。冬三月谓报沙月、磨祛月、颇勒窭拿月，当此从十月十六日至正月十五日。故印度僧徒依佛圣教，坐雨安居，或前三月，或后三月。前三月当此从五月十六日至八月十五日，后三月当此从六月十六日至九月十五日。前代译经律者，或云坐夏，或云坐腊，斯皆边裔殊俗，不达中国正音③，或方言未融，而传译有谬。又推如来入胎、初生、出家、成佛、涅槃日月，皆有参差，语在后记。

〔译文〕

至于阴阳变化、历法运算,日月出没,称谓虽有不同,时令却没有差别,都依照星宿,来标出月名。极为短暂的时间,称为刹那。一百二十刹那为一呾刹那,六十呾刹那为一腊缚,三十腊缚为一牟呼栗多,五年呼栗多为一时,六时合成为一日一夜(白昼三时,夜晚三时)。世俗之人则把一日一夜分为八时(白昼四时,夜晚四时,每一时又各有四分)。月亮逐渐变圆直到盈满的这段时间,称为白分;月亮逐渐亏缺直到晦暗的这段时间,称为黑分。黑分有时是十四天,有时是十五天,这是因为月份有大有小的缘故。黑分在前,白分在后,合成为一个月。六个月合成为一行。太阳运行在内,称为北行;太阳运行在外,称为南行。总合这二行,成为一年。又把一年分为六时。正月十六日至三月十五日,是渐热时节;三月十六日至五月十五日,是盛热时节;五月十六日至七月十五日,是雨水时节;七月十六日至九月十五日,是草木繁茂时节;九月十六日至十一月十五日,是渐寒时节;十一月十六日至正月十五日,是盛寒时节。按照如来神圣的教法,一年分为三时。正月十六日至五月十五日,是炎热时节;五月十六日至九月十五日,是雨水时节;九月十六日至正月十五日,是寒冷时节。也有的分为四时,即春、夏、秋、冬四季。春天三个月称为制呾逻月、吠舍佉月、逝瑟吒月,相当于我国的正月十六日至四月十五日。夏天三个月称为頞沙荼月、室罗伐拿月、婆达罗钵陀月,相当于我国的四月十六日至七月十五日。秋天三个月称为頞湿缚庾阇月、迦剌底迦月、末伽始罗月,相当于我国的七月十六日至十月十五日。冬天三个月称为报沙月、磨祛月、頞勒窭拿月,相当于我国的十月十六日至正月十五日。所以印度的僧徒,依照佛祖神圣的教谕,在雨季安居不动,有的在前三月,有的在后三月。前三月相当于我国的从五月十六日到八月十五日,后三月相当于我国的从六月十六日到九月十五日。前代翻译经律的人,有的说坐夏,有的说坐腊,这都是边远地区的特殊风俗,不通晓中印度的标准语言,也有的是未能融通理解方言,而翻译有误。此外推算如来投胎、诞生、出家、成佛、涅槃的日期,都有参差出入,记录在后面的内容里。

〔注释〕

①日游在内:古代印度根据太阳的运行,提出了十二宫之时,北行是指冬至到夏至的运行。

②日游在外:指太阳从夏至到冬至的运行。

③中国:这里指中印度。

五、邑居

若夫邑里闾阎,方城广峙,街衢巷陌,曲径盘迂。阛阓当涂①,旗亭夹路。屠、钓、倡、优、魁脍②、除粪,旌厥宅居,斥之邑外,行里往来,僻于路左。

至于宅居之制,垣郭之作,地热卑湿,城多叠砖,暨诸墙壁,或编竹木。室宇台观,板屋平头,泥以石灰,覆以砖墼。诸异崇构,制同中夏。苫茅苫草,或砖或板,壁以石灰为饰。地涂牛粪为净③,时花散布,斯其异也。

诸僧伽蓝,颇极奇制。隅楼四起,重阁三层,榱栌栋梁,奇形雕镂,户牖垣墙,图画众彩。

黎庶之居,内侈外俭。隩室中堂,高广有异,层台重阁,形制不拘。门辟东户,朝座东面。

至于坐止,咸用绳床。王族、大人、士庶、豪右,庄饰有殊,规矩无异。君王朝座,弥复高广,珠玑间错,谓师子床,敷以细氎,蹈以宝机。凡百庶僚,随其所好,刻雕异类,莹饰奇珍。

[译文]

至于城市聚居之地,方形城垣宽广厚实,大街小巷,曲折环绕。商业街市遍布路口,门楼商店林立道路两旁。屠夫、渔夫、倡伎、乐人、厨子、清洁工,以旗帜符号标明住处,被排斥在城郭之外,如要在街市上行走,只能躲避于道路左边。

至于家居住宅的规制,城池墙垣的建造,因为地势低下潮湿,城墙多用砖层叠砌成,住宅的墙壁,有的用竹木编扎而成。房屋楼观,用木头平铺,涂上石灰,盖上砖坯。各种大的建筑,形制与华夏相同。屋顶铺茅铺草,有的用砖盖,有的用板盖。墙壁上涂以石灰作为装饰。地面上涂以牛粪来洁净,各种时令花朵撒在上面,这是与华夏不同的地方。

各个佛教寺院,形制结构极为奇特。四角高楼耸起,重重楼阁达到三层,屋椽房梁上都有奇形怪状的雕刻,大门、窗户和墙壁上都画着各种彩色的图案。

一般平民的住处,内部奢侈华丽而外面比较俭约。内室和中堂,高低宽窄各有不同,亭台楼阁,形制不拘一格。大门向东开,座位面向东方。

至于坐下休息,都用胡床。王公、大臣、士人、庶人、豪门大族,装饰上有所区别,规矩并无差别。君王朝见的宝座,更加高大宽广,各种珠宝交相镶嵌,称为师子床,铺有细棉布,一个珠宝装饰的凳子摆在前面供踏脚。凡是百官及其僚属,都根据自己的喜好,雕刻各种图案,装饰以奇珍异宝。

〔注释〕

①阛(huán)阓(huì):街市、街道,借指店铺、商业街市。左思《魏都赋》:"班列肆以兼罗,设阛阓以襟带。"吕向注:"阛阓,市中巷绕市,如衣之襟带然。"

②魁脍:刽子手,或说是厨师。

③牛粪为净:印度风俗以牛粪为最洁净的物品,净物必用之。《大日经疏》记载:"牛栏者西方聚落,牧牛共在一处,去村或十里五里,既积多时,牛屎尿遍地重积,梵俗以为净。"

六、衣饰

衣裳服玩①,无所裁制,贵鲜白,轻杂彩。男则绕腰络腋,横巾右袒。女乃襜衣下垂②,通肩总覆。顶为小髻,余发垂下。或有剪髭,别为诡俗。首冠花鬘,身佩璎珞。其所服者,谓㤭奢耶衣及氎布等。㤭奢耶者,野蚕丝也。蒭摩衣,麻之类也。颎(墟严反)钵罗衣,织细羊毛也。褐剌缡衣,织野兽毛也。兽毛细软,可得缉绩,故以见珍而充服用。

其北印度风土寒烈,短制褊衣,颇同胡服。外道服饰,纷杂异制。或衣孔雀羽尾,或饰髑髅璎珞,或无服露形,或草板掩体,或拔发断髭,或蓬鬓椎髻,裳衣无定,赤白不恒。沙门法服,惟有三衣及僧却崎、泥缚些(桑个反)那。三衣裁制,部执不同,或缘有宽狭,或叶有小大。僧却崎(唐言掩腋。旧曰僧祇支,讹也)覆左肩,掩两腋,左开右合,长裁过腰。泥缚些那(唐言裙。旧曰涅槃僧,讹也)既无带襻③,其将服也,集衣为襵④,束带以绦。襵则诸部各异,色乃黄赤不同。

刹帝利、婆罗门清素居简,洁白俭约。国王、大臣服玩良异,花鬘宝冠以为首饰,环钏璎珞而作身佩。其有富商大贾,唯钏而已。人多徒跣,少有所履。染其牙齿,或赤或黑,齐发穿耳,修鼻大眼,斯其貌也。

〔译文〕

印度的衣裳服饰,不用裁剪缝制,以鲜艳的白色为高贵,轻贱其他的杂色。男人用布缠绕腰间然后腋下穿过,横着长巾披在两个肩上,露出右臂。女人则以围裙下垂,两肩全部遮盖起来。头顶梳成小髻,其余的头发垂下。有的人剪去胡须,另外形成诡异的风俗。头上戴着花环做冠,身上佩着璎珞饰物。他们所穿的衣服,称作憍奢耶衣和细棉布衣等等。所谓憍奢耶,就是野蚕丝。蒭摩衣,是麻布一类的衣服。颔钵罗衣,则是细羊毛织成的衣服。褐剌缟衣,是野兽毛织成的衣服。兽毛又细又软,可以纺织,所以被人珍视而做成衣服使用。

北印度气候极为寒冷,穿着短式的紧身衣,颇类同于胡人的衣服。外道人士的服饰,形制不同,纷杂多样。有的穿上孔雀羽尾,有的用头骨项链加以装饰,有的不穿衣服裸露形体,有的用草和板子遮蔽身体,有的拔去头发剪断胡须,有的鬖发蓬散编着小髻,衣裳没有一定的规制,颜色红、白不定。沙门的法服,只有三衣和僧却崎、泥缚些那。三衣的裁制,各个部派互不相同。有的是镶边宽窄不同,有的是褶子大小不同。僧却崎(唐朝话称为掩腋。旧称僧祇支,错了)用来覆盖左肩,遮盖两腋,左边敞开而右边合拢,长度才过腰部。泥缚些那(唐朝话称为裙。旧称涅槃僧,错了)因为没有带扣,在穿的时候,就将衣服收拢为褶子,再用丝带缚住。褶子的形状,各部派也不相同,颜色也有黄与红的差别。

刹帝利、婆罗门清静朴素,居处简约,洁白如玉,淡泊俭约。国王、大臣的服饰珍玩则很有不同,用花环宝冠作为头部装饰,以镯子项链作为身上佩戴之物。有的富商大贾,仅有镯子而已。人们大多赤脚,很少有穿鞋子的。把牙齿染上颜色,有红有黑,头发剪齐,耳朵穿孔,高鼻子,大眼睛,这就是他们的相貌。

〔注释〕

①服玩:服饰器用玩好之物,但这里显然偏指服饰,而无关玩物。

②襜(chān)衣:遮至膝前的短衣,即围裙。

③襻(pàn):系衣裙的带,扣住纽扣的套。

④褶:衣裙上的褶子。

七、馔食

夫其洁清自守,非矫其志。凡有馔食,必先盥洗。残宿不再,食器不传。瓦木之器,经用必弃。金银铜铁,每加摩莹。馔食既讫,嚼杨枝而为净。澡漱未终,无相执触。每有溲溺,必事澡灌。身涂诸香,所谓旃檀、郁金也。君王将浴,鼓奏弦歌。祭祀拜祠,沐浴盥洗。

〔译文〕

至于他们以清净整洁而自我守护，并非外界强力改变他们的意愿。凡是要进食，一定要先进行盥洗。经夜的剩饭不再食用，饮盘器皿不相互借用。陶质和木质器具，用过后一定会丢弃。金、银、铜、铁的器具，常常擦拭得放出亮光。进食过后，嚼杨枝来洁净口腔。洗澡漱口不结束，不会相互接触。每当大小便后，一定会清洗。身上涂抹着各种香料，也就是檀香、郁金香等等。君王将要沐浴的时候，就击鼓唱歌。祭祀和入庙叩拜，则要先沐浴盥洗。

八、文字

详其文字，梵天所制①，原始垂则，四十七言②。遇物合成，随事转用，流演枝派，其源浸广。因地随人，微有改变，语其大较，未异本源。而中印度特为详正，辞调和雅，与天同音，气韵清亮，为人轨则。邻境异国，习谬成训，竞趋浇俗③，莫守淳风。

至于记言书事，各有司存。史诰总称，谓尼罗蔽荼（唐言青藏）④，善恶具举，灾祥备著。

〔译文〕

若要细究印度的文字，那是大梵天王所创造，开始制定下的规则，是四十七个字母。依据万物而组合，随着事物变化而辗转运用，流传演变中渐生枝派，源流也就渐渐推广。随着各地及其人民的不同，略微变化，但从大的方面来说，与本源并无差别。

而中印度语言最为纯正，语调和谐雅训，与天神语音相同，气韵清畅洪亮，被人们作为典范。相邻地区的其他国家，对谬误习以为常，竞相趋向于浇薄习俗，不能遵循淳朴的风尚。

至于记言记事，各有主管部门负责，史书文语总称为尼罗蔽荼（唐朝话称为青藏）。善恶之事全都列举，灾祸祯祥详细著录。

〔注释〕

①梵天：即大梵天王，或称梵王。初为婆罗门教的创造神、造物主，与湿婆、毗湿奴并称为婆罗门教中三大神。在佛教的理论中，设想一切世界分为欲界、色界、无色界三界，大梵天是第二色界诸天的第三天，其王称大梵天王。

②四十七言：梵文所用四十七个字母，其中元音十四个、辅音三十三个。

③浇俗：浮薄的社会习俗。唐太宗李世民《执契静三边》诗："浇俗庶反淳，替文聊就质。"

④尼罗蔽荼：是印度古代史书与官方文书的总称。

九、教育

而开蒙诱进，先导十二章①。七岁之后，渐授五明大论②：一曰声明，释诂训字，诠目疏别；二工巧明，伎术机关，阴阳历数；三医方明，禁咒闲邪，药石针艾；四谓因明，考定正邪，研核真伪；五曰内明，究畅五乘，因果妙理。

其婆罗门学四吠陀论（旧曰毗陀，讹也）③：一曰寿，谓养生缮性；二曰祠，谓享祭祈祷；三曰平，谓礼仪、占卜、兵法、军阵;四曰术,谓异能、伎数、禁咒、医方。

师必博究精微,贯究玄奥,示之大义,导以微言,提撕善诱④,雕朽励薄。若乃识量通敏,志怀逋逸,则拘萦反关⑤,业成后已。

年方三十,志立学成,既居禄位,先酬师德。其有博古好雅,肥遁居贞⑥,沉浮物外,逍遥事表,宠辱不惊,声问以远,君王雅尚,莫能屈迹。然而国重聪睿,俗贵高明,褒赞既隆,礼命亦重。故能强志笃学,忘疲游艺⑦,访道依仁⑧,不远千里。家虽豪富,志均羁旅,口腹之资,巡丐以济,有贵知道,无耻匿财。娱游惰业、偷食靡衣,既无令德,又非时习,耻辱俱至,丑声载扬。

[译文]

至于启蒙儿童,引导他们进门,先是导以悉昙十二章。七岁以后,逐渐教授五明大论:一是声明,解释字义,梳理文字大纲源流;二是工巧明,教授工程技巧,天文历算;三是医方明,教授咒语避邪,医药针灸;四是因明,考定正误,研判真假;五是内明,研究五乘教法,因果精妙道理。

那些婆罗门要学习四吠陀论(旧称毗陀,错了):一是寿,即养生修性的道理;二是祠,即祭祀祈祷的技术;三是平,即礼仪、占卜、兵法、军阵的运用;四是术,即特异功能、数术技巧、驱邪咒语、医药处方等等。

老师必须广泛地研究精微的义理,贯通玄妙的奥旨,对学生揭示要义,用微妙的言语引导他们,提携教导,循循善诱,如同把朽木雕琢成器,把微薄的刀片磨成利刃。至于见识度量通达敏捷的人,胸怀逃遁避世之志,则反锁自己于室中,直到学业有成而止。

学生年岁到了三十,志向已立,学业已成,做官受禄后,先要报答老师的恩德。也有人崇尚古风,爱好淡雅,隐遁而保持贞操,沉浮于俗物之外,逍遥于世事之表,受宠受辱都不惊慌,声名远扬,君王欣赏他们,却不能让他们屈身而至。不过国家重视聪明睿哲之人,世俗尊敬高明之士,褒扬奖励很隆重,礼敬也很崇高。所以人们能够志向坚定,笃实向学,忘记了学习的疲劳,访求有道之人,归依仁爱之士,不以千里为遥远。家中虽然富有,却志在远游,日常饮食,靠沿途乞讨而获取,以明知道理为可贵,不以财产匮乏而感到耻辱。如果只好娱乐游玩,荒废学业,贪图美食与奢侈的衣服,既没有美好的德行,又没有一技之长,就会招来种种耻辱,丑恶的名声自然远扬。

〔注释〕

①十二章:即悉昙章。悉昙是梵语字母的音译,意译是成就的意思。悉昙章讲述字母、拼法、连声等基础知识,是印度古代儿童初学课本。

②五明大论:是佛教对僧徒进行教育的五种学科,包括声明、工巧明、医方明、因明、内明。"明"有见解、阐明、知识、学识等意义。

③四吠陀论:是印度雅利安人最古老的文献,婆罗门教最根本的圣典。一般认为四吠陀其一为《梨俱吠陀》,集上古赞美歌,共十卷,含颂诗1017首。其二为《夜柔吠陀》,集四时祭祀仪式及咒语等。其三为《娑摩吠陀》,集赞歌而配音乐者,有诗歌1549首,供祭祀时歌咏之用。其四为《阿闼婆吠陀》,集禳灾禁咒、日常祈祷修法的祭歌,成书晚于前三书,内容较庞杂。

④提撕:本意是拉扯,提携,引申为教导。北齐颜之推《颜氏家训·序致》:"吾今所以复为此者,非敢轨物范世也,业以整齐门内,提撕子孙。"

⑤拘縶反关:把人反关在屋中,这里指反闭其门,沉潜于学业中。

⑥肥遁居贞:肥遁,隐居避世而自得其乐。居贞,保持贞操。如晋代夏侯湛《东方朔画赞》:"矫矫先生,肥遁居贞。"

⑦游艺:优游于技艺之中。《论语·述而》:"志于道,据于德,依于仁,游于艺。"

⑧依仁:以仁德之士为依凭。《论语·述而》:"志于道,据于德,依于仁,游于艺。"

十、佛教

如来理教,随类得解。去圣悠远,正法醇醨①,任其见解之心,俱获闻知之悟。部执峰峙,诤论波涛,异学专门,殊途同致。十有八部②,各擅锋锐;大小二乘,居止区别。其有宴默思惟,经行住立,定慧悠隔,喧静良殊,随其众居,各制科防。无云律论,纮是佛经,讲宣一部,乃免僧知事③;二部,加上房资具;三部,差侍者祗承;四部,给净人役使④;五部,则行乘象舆;六部,又导从周卫。道德既高,旌命亦异。时集讲论,考其优劣,彰别善恶,黜陟幽明⑤。其有商榷微言,抑扬妙理,雅辞赡美,妙辩敏捷,于是驭乘宝象,导从如林。至乃义门虚辟,辞锋挫锐,理寡而辞繁,义乖而言顺,遂即面涂赭垩⑥,身岔尘土,斥于旷野,弃之沟壑。既旌淑慝⑦,亦表贤愚。人知乐道,家勤志学。出家归俗,从其所好。罹咎犯律,僧中科罚,轻则众命诃责,次又众不与语,重乃众不共住。不共住者,斥摈不齿,出一住处,措身无所,羁旅艰辛,或返初服⑧。

〔译文〕

　　如来的佛法教义，随着各类人的智慧差别而得到不同的理解。离开圣人的时代已经久远，对纯正佛法的理解深浅不同，凭借着各人的不同见解，都能因听闻佛法而获得不同程度的开悟。不同的部派之间如山峰般对峙，相互之间的争论如波涛翻涌，不同学说虽然专主一论，却殊途同归。十八个部派，各有其擅长的说法利器；大小二乘，日常行为规制各有区别。有的人沉默思考，或者行走站立，禅定与智慧相隔甚远，喧嚣与寂静差别极大，根据不同的僧团，各自制立不同的条规。无论是律是论，都属于佛经，若能讲解弘扬一部经典，就可以免除劳役事务；能够讲解二部，就增加上等房舍和用具；能够讲解三部，就差遣侍者恭敬侍奉；能够讲解四部，就给予净人以供役使；能够讲解五部，则出入可以乘坐象舆；能够讲解六部，又安排侍从引导和护卫。道德既然高尚，表彰奖励也应该有所不同。定时集会讲论，考定优劣，分辨善恶，贬黜愚昧的人，提升贤明的人。那些能够对精微的言语加以探讨，评议玄妙的道理，言辞雅训丰富优美，辩论精妙敏捷的人，于是得以坐在宝象上，前后随从簇拥如林。至于义理空虚，辩论中词锋受挫，道理寡淡而言辞冗繁，义理乖背而只是想用言语取悦他人的人，就在他脸上涂抹红土白土，在他身上撒上尘土，驱赶到荒野之中，抛弃到沟壑里。既用来分辨美好与邪恶，又用来彰显贤明与愚昧。人人知晓乐于修道，家家都勤勉以学习为志向。是出家还是还俗，听凭各人的喜好。遭受了祸患，违犯了科条，僧人中处罚，轻的当众训斥，进而是大家不与他讲话，严重的则大家不与他住在一起。不住在一起的，被摈斥于众人之外，为大家所不齿，被逐出住处后，没有栖身之地，在外艰辛地流浪,有的人因此而还俗。

〔注释〕

①醇醨:亦作"醇漓",厚酒为醇,薄酒为醨。比喻教化、风俗等的敦厚与浇薄,这里比喻各家学说的深浅。

②十有八部:释迦牟尼逝世后,原始佛教形成多种部派,一般说有十八部。根据《异部宗轮论》,佛灭后百年分为上座、大众二部,第二百年由大众部出一说部、说出世部、鸡胤部、多闻部、说假部等五部;又于第二百年末出制多山部、西山住部、北山住部等三部,共八部。第三百年之初,上座部分为萨婆多部(说一切有部)与雪山部,后由萨婆多部出犊子部,又由犊子部出法上、贤胄、正量、密林山等四部,次由萨婆多部更出化地部,次由化地部出法藏部,于三百年之末,由萨婆多部更出饮光部,于第四百年由萨婆多部复出经量部。上座之萨婆多部共出九部,再加入雪山部为十部,与前大众部之八部合为十八部。若再加上上座、大众两个根本部,则称为二十部。

③僧知事:佛寺中掌管事务的职事僧的总名。

④净人:寺院中侍奉比丘僧的俗人,未出家而从事种种净业工作,又称道人、苦行、寺官。

⑤黜陟:进退,升降。《尚书·周官》:"诸侯各朝于方岳,大明黜陟。"

⑥赭垩:红色和白色的黏土。

⑦淑慝:善良与邪恶。

⑧返初服:回复到当初的服饰,即还俗。

十一、族姓

若夫族姓殊者①,有四流焉:一曰婆罗门,净行也②,守道居贞,洁白其操。二曰刹帝利,王种也(旧曰刹利,略也),奕世君临,仁恕为志。三曰吠奢(旧曰毗舍,讹也),商贾也,贸迁有无,逐利远近。四曰戍陀罗(旧曰首陀,讹也),农人也,肆力畴陇,勤身稼穑。凡兹四姓,清浊殊流,婚娶通亲,飞伏异路③,内外宗枝,姻媾不杂④。妇人一嫁,终无再醮⑤。自余杂姓,实繁种族,各随类聚,难以详载。

〔译文〕

　　关于种姓的不同区别,有四个类别:第一类称为婆罗门,是外道修行者,遵守正道,行为坚贞,操守纯洁清白。第二类称为刹帝利,是王室种族(旧称刹利,是略称),世代继承统治天下,以仁慈宽恕为志向。第三类称为吠奢(旧称毗舍,错了),是商人,贩运货物,调节有无,远近奔波而追逐利润。第四类称为戍陀罗(旧称首陀,错了),是农民,努力地耕种田地,勤劳地种植收获。这四个种姓,清浊有别,在本种姓内嫁娶,不同种姓之间形如陌路,父系与母系的亲属,婚姻不相混杂。妇人一旦出嫁,终身不再婚嫁。其余的杂姓,名目繁多,各自以类相聚,难以详细记载。

〔注释〕

　　①族姓:即种姓,参见前文"释名"条注释。

　　②净行:净行者的略称。相对于佛教,净行是外道修行者。《演密钞》卷二:"以净行为志名为梵志。"《大智度论》卷五十六:"梵志者,是一切出家外道。"

　　③飞伏:流动隐伏。汉代易学术语,以卦见者为飞,不见者为伏;以飞为未来,伏为既往,汉儒用以占验吉凶。这里比喻不同种姓之间不相通婚,如同未来与既往之间无法同时而不可能。

④姻媾:姻为结姻,媾指重叠交互为婚姻。

⑤醮:女子嫁人。

十二、兵术

君王奕世,惟刹帝利。弑篡时起,异姓称尊。国之战士,骁雄毕选,子父传业,遂穷兵术。居则宫庐周卫,征则奋旅前锋。凡有四兵,步马车象。象则被以坚甲,牙施利距①,一将安乘,授其节度,两卒左右,为之驾驭。车乃驾以驷马,兵帅居乘,列卒周卫,扶轮挟毂。马军散御,逐北奔命。步军轻捍,敢勇充选,负大橹,执长戟,或持刀剑,前奋行阵。凡诸戎器,莫不锋锐,所谓矛、楯、弓、矢、刀、剑、铖、斧、戈、殳、长槊、轮索之属,皆世习矣。

〔译文〕

君王历代相承,只有刹帝利。篡位弑君之事时有发生,其他种姓也有称王称尊的。国家的战士,从骁勇善战者中挑选出来,子传父业,因此精通兵法战术。平时守卫国王宫殿,出征则充任前锋。共有四个兵种,即步军、马军、车军、象军。大象披上坚甲,牙齿用起来如同锋利的曲钩,一个将领乘坐在上面,授以指挥战斗的权力,两个战士在左右为他驾驭大象。战车用四匹马拉动,将帅坐在战车中,兵卒分列在四周护卫,紧靠车轮旁边。马军分散御敌,追赶逃跑的敌兵。步军轻装上阵,以勇敢的兵士充任,身负大盾,手持长戟,有的拿着刀剑,奋勇向前冲敌陷阵。各种兵器,无不锋利,即矛、盾、弓、箭、刀、剑、铖、斧、戈、殳、长槊、绳索之类,都是世代传习。

①利距:锋利的曲钩。

十三、刑法

夫其俗也,性虽狷急①,志甚贞质,于财无苟得,于义有余让,惧冥运之罪,轻生事之业,诡谲不行,盟誓为信,政教尚质,风俗犹和。凶悖群小,时亏国宪,谋危君上,事迹彰明,则常幽囹圄②,无所刑戮,任其生死,不齿人伦。犯伤礼义,悖逆忠孝,则劓鼻截耳,断手刖足,或驱出国,或放荒裔。自余咎犯,输财赎罪。理狱占辞,不加刑朴,随问款对,据事平科。拒违所犯,耻过饰非,欲究情实,事须案者,凡有四条:水、火、称、毒。水则罪人与石,盛以连囊,沉之深流,校其真伪,人沉石浮则有犯,人浮石沉则无隐。火乃烧铁,罪人踞上,复使足蹈,既遣掌案,又令舌舐,虚无所损,实有所伤。懦弱之人不堪炎热,捧未开花,散之向焰,虚则花发,实则花焦。称则人石平衡,轻重取验,虚则人低石举,实则石重人轻。毒则以一羖羊③,剖其右髀,随被讼人所食之分,杂诸毒药置右髀中,实则毒发而死,虚则毒歇而苏。举四条之例,防百非之路。

〔译文〕

至于印度人的习俗,性情虽然狂狷急躁,心志却坚贞质朴,对财产不苟且获取，对仁义则谦让有余，惧怕阴间的罪过，轻视人世间的业绩，不行诡诈之事，以盟誓表明信义，政治教化崇尚质朴，风俗甚是和谐。凶恶悖逆的一群小人，时时违犯国家法度，阴谋危害国王君上，事迹查明之后，就常常关在监狱里，并不加以刑罚杀戮，听凭他们自生自灭，为人所不齿。如果有人冒犯礼义，违背忠孝之道，则割鼻、截耳、断手、砍脚，有的驱逐出国，有的流放到边疆。其余的罪犯，可以纳钱赎罪。审理案件，听取供词，不加刑罚鞭笞，罪犯根据提问回答，判官根据事实公平定罪。如果有人拒绝承认犯罪事实，文过饰非，要追究事情的真相，事情必须验证的话，共有四种办法：水判、火判、称判、毒判。水判是把罪人与石头装在相连的两个袋子中，沉到深水中，来判定真伪，装人的袋子沉下去而装石头的袋子浮起来则有罪，装人的袋子浮起来而装石头的袋子沉下去则表明他没有隐瞒罪过。火判就是烧红了铁块，让罪犯蹲在上面，再让他踏上去，让他用手摁摸后，又让他用舌头舔舐，无罪的人应该不会损伤，有罪的人则会受伤。懦弱的人受不了炎热，就捧着未开放的花蕾，撒到火焰上，如果无罪花朵就会开放，如果有罪则花蕾焦枯。称判是人和石头一起称，以轻重来验证，无罪则人一端低沉而石头一端轻举，有罪就会石头一端沉重而人一端轻举。毒判是用一只公羊，割下它的右腿，按被告人所吃的那一份，把各种毒药放置在右腿中，吃过后有罪那人就会毒发而死，无罪就会毒性消散而苏醒。采用这四种判罪方式，来堵住种种为非作歹之路。

〔注释〕

①狷急：急躁，对事情不能容忍。《后汉书·独行传·范冉》："后辟太

尉府，以狷急不能从俗，常佩韦于朝。"

②图圄：监狱，亦作图圉。《礼记·月令》："（仲春之月）命有司，省图圄，去桎梏。"孔颖达疏："图，牢也；圉，止也，所以止出入，皆罪人所舍也。"

③羖（gǔ）羊：黑色的公羊或山羊。

十四、敬仪

致敬之式，其仪九等：一发言慰问，二俯首示敬，三举手高揖，四合掌平拱，五屈膝，六长跪，七手膝踞地，八五轮俱屈[①]，九五体投地[②]。凡斯九等，极惟一拜。跪而赞德，谓之尽敬。远则稽颡拜手[③]，近则舐足摩踵。凡其致辞受命，褰裳长跪[④]。尊贤受拜，必有慰辞，或摩其顶，或拊其背，善言诲导，以示亲厚。出家沙门，既受礼敬，惟加善愿，无止跪拜。随所宗事，多有旋绕，或唯一周，或复三匝，宿心别请，数则从欲。

[译文]

致敬的方式，其仪式有九等：一是发言以相慰问，二是低头以示致敬，三是举手高高作揖，四是双掌合于胸前平拱，五是单膝下跪，六是双膝下跪，七是双手双膝跪在地上，八是双肘、双膝及头弯曲触地，九是五体投地，全身伏在地上。这九等仪式，最多也只是拜一次而已。跪在地上口颂盛德，是最高的礼敬。离得远就以头触地，举手作揖，离得近就用舌头舐对方的脚，用手摸对方的脚跟。凡是传达旨意、接受命令，都撩起衣服长跪地上。尊贵贤明的人接受别人拜见，一定有慰问的话，或者是摩抚拜见人的头顶，或者是轻拍人家的背，用善言加以教诲引导，以表示亲密仁厚。出家僧人受人礼敬后，只是加以良好祝愿，不阻止别人跪拜。各人对所崇拜的人物，多用绕行表示敬意，有的只一圈，有的重复三圈，如果心中有所别求，绕行的圈数就听从自己的意愿。

〔注释〕

①五轮俱屈：五轮，五体的别名，人的两肘两膝和头部等五处都作圆形，所以叫作轮。五轮俱屈是五体弯曲点地的礼敬方式。

②五体投地：与五轮俱屈不同，五体投地是五体完全俯地的礼敬方式。

③稽颡：指屈膝下跪，双手朝前，以额触地，表示极度的虔诚，类似五体投地。《仪礼·士丧礼》："吊者致命，主人哭拜，稽颡成踊。"颡，额头，脑门。

④褰裳：撩起下裳。《诗·郑风·褰裳》："子惠思我，褰裳涉溱。"

十五、病死

凡遭疾病，绝粒七日，期限之中，多有痊愈。必未瘳差①，方乃饵药。药之性类，名种不同。医之工伎，占候有异。

终没临丧，哀号相泣，裂裳拔发，拍额椎胸。服制无间②，丧期无数。送终殡葬，其仪有三：一曰火葬，积薪焚燎；二曰水葬，沉流漂散；三曰野葬，弃林饲兽。国王殂落，先立嗣君，以主丧祭，以定上下。生立德号，死无议谥。丧祸之家，人莫就食。殡葬之后，复常无讳。诸有送死，以为不洁，咸于郭外浴而后入。至于年耆寿耄，死期将至,婴累沉痾③,生崖恐极,厌离尘俗,愿弃人间,轻鄙生死,希远世路。于是亲故知友,奏乐饯会,泛舟鼓棹,济殑伽河,中流自溺,谓得生天。十有其一,未尽鄙见。出家僧众,制无号哭,父母亡丧,诵念酬恩,追远慎终④,实资冥福。

[译文]

　　凡是染上疾病者,先绝食七天,在此期间,很多人就康复了。确实没有好转的,才服用药物。药物的性质类别,名字种类各有不同。医生的医术技巧,诊断也互有差异。

　　人死之后发丧出殡,亲人哀痛地哭泣,撕裂衣裳,拔扯头发,拍打额头,槌击胸口。没有丧服制度,丧期也没有固定天数。送终殡葬,其仪式有三种:第一种是火葬,堆积柴火加以焚烧;第二种是水葬,沉入水中让它漂走;第三种是野葬,抛弃在树林里喂饲野兽。国王驾崩,先立嗣君,让嗣君主持丧祭,决定上下位次。生前立有歌颂功德的名号,死后则没有议立谥号。死了人的家庭,别人都不去吃饭。安葬之后,恢复平常无所讳忌。凡是送葬的人,认为不洁净,都在郊外沐浴然后才入城。至于年岁高的人,死期将到,重病缠身,生命垂危,厌倦尘世,希望离开人间,看轻生死,希望远离世俗之路。于是亲戚朋友,奏乐集会为他饯行,将他载在船上,划桨泛舟,在殑伽河中流投水自溺,说是能够升天。十人中有一人这样做,多数人未能抛开世俗之见。出家的僧徒,按制度不能啼哭,父母亡故后,诵念佛经来酬答养育之恩,追念远古的祖先,慎重料理父母丧事,希望有助于亲人在阴间的福报。

①瘳(chōu)差:病愈。瘳,疾病消失。

②服制:指死者的亲属按照与其血缘关系的亲疏和尊卑,穿戴不同等差的丧服制度,分斩衰、齐衰、大功、小功、缌麻五等。

③婴累沉痼:婴累,遭受罪累。嵇康《幽愤诗》:"咨予不淑,婴累多虞。"沉痼,久治不愈的病。《晋书·乐广传》:"客豁然意解,沉疴顿愈。"

④追远慎终:语出《论语·学而》:"慎终追远,民德归厚矣。"意为慎重地办理父母的丧事,虔诚地祭祀远代的祖先。

十六、赋税

政教既宽,机务亦简,户不籍书,人无徭课。王田之内,大分为四:一充国用,祭祀粢盛①;二以封建辅佐宰臣;三赏聪睿硕学高才;四树福田②,给诸异道。所以赋敛轻薄,徭税俭省,各安世业,俱佃口分。假种王田,六税其一。商贾逐利,来往贸迁,津路关防,轻税后过。国家营建,不虚劳役,据其成功,酬之价直。镇戍征行,宫庐营卫,量事招募,悬赏待人。宰牧、辅臣,庶官、僚佐,各有分地,自食封邑。

〔译文〕

政治教化既然宽松,政府事务也很精简,户口不用登记,人民没有劳役。国王的田地,大致分为四类:一是充用国家开支,提供祭祀物品;二是用来分封辅佐的大臣;三是用来奖赏聪颖博学的杰出人才;四是用来崇树福田,布施给不同的宗教团体。所以赋税很轻,徭役劳作俭省,各自安于世传田地,都耕种着自己的口分田。如果要佃种国王田地，租税为收获的六分之一。商人追逐利润，来往贩运，渡口关卡，征收薄税后就可通过。国家兴建土木，不会无偿征用劳力，根据各人的工作，给予相应的报酬。镇守各地、出征在外，以及宫廷守卫，都根据任务进行招募，标明赏金后待人应聘。宰相、辅佐之臣，各级官员与僚属，各有自己的分地，靠封邑养活自己。

〔注释〕

①粢盛：古代盛在祭器内以供祭祀的谷物。《公羊传·桓公十四年》："御廪者何？粢盛委之所藏也。"何休注："黍稷曰粢，在器曰盛。"

②福田：福德之田。佛教认为，对宜于供养者加以供奉，可以受到福报，犹如耕种福田而有收获。印度的国王将土地施舍给寺院，旨在求功德福报。

十七、物产

风壤既别，地利亦殊。花草果木，杂种异名，所谓庵没罗果、庵弭罗果、末杜迦果、跋达罗果、劫比他果、阿末罗果、镇杜迦果、乌昙跋罗果、茂遮果、那利蓟罗果、般橠娑果①。凡厥此类，难以备载，见珍人世者，略举言焉。至于枣、栗、椑、柿，印度无闻；梨、柰、桃、杏、蒲萄等果，迦湿弥罗国已来，往往间植；石榴、甘桔，诸国皆树。

垦田农务，稼穑耕耘，播植随时，各从劳逸。土宜所出，稻、麦尤多。

蔬菜则有姜、芥、瓜、瓠、荤陀菜等②。葱蒜虽少，啖食亦希，家有食者，驱令出郭。

至于乳酪、膏酥、粆糖、石蜜③、芥子油、诸饼麨，常所膳也。鱼、羊、獐、鹿，时荐肴馔④。牛、驴、象、马、豕、犬、狐、狼、师子、猴、猿，凡此毛群，例无味啖，啖者鄙耻，众所秽恶，屏居郭外，希迹人间。

若其酒醴之差，滋味流别。蒲萄、甘蔗，刹帝利饮也；曲糵醇醪，吠奢等饮也；沙门、婆罗门，饮蒲萄、甘蔗浆，非酒醴之谓也。杂姓卑族，无所流别。

然其资用之器，巧质有殊；什物之具，随时无阙。虽釜镬斯用，而炊甑莫知⑤。多器坯土，少用赤铜。食以一器，众味相调，手指斟酌，略无匙箸，至于老病，乃用铜匙。

若其金、银、鍮石、白玉、火珠⑥，风土所产，弥复盈积。奇珍杂宝，异类殊名，出自海隅，易以求贸。然其货用，交迁有无，金钱、银钱、贝珠、小珠。

印度之境，疆界具举，风壤之差，大略斯在，同条共贯，粗陈梗概。异政殊俗，据国而叙。

〔译文〕

各地环境和土壤既然有所区别，土地所产也不相同。花草果木，种类繁多，名称各异，如所谓庵没罗果、庵弭罗果、末杜迦果、跋达罗果、劫比他果、阿末罗果、镇杜迦果、乌昙跋罗果、茂遮果、那利蓟罗果、般橠娑果等。凡此等等，难以一一列举，只把为世人所珍重的，略微举出这一些。至于枣、栗、椑、柿，印度无人听说过。梨、柰、桃、杏、葡萄等水果，从迦湿弥罗国往南，往往有人种植。石榴、柑橘,各国都有种植。

垦田务农,耕种收获,根据节令播种,劳逸各自掌握。土地所出产的庄稼以稻子、麦子特别多。

蔬菜有姜、芥、瓜、瓠子、荤陀菜等。葱和蒜虽然少,吃得也不多,家中如果有人吃它,就会被驱赶到城外。

至于乳酪、膏酥、砂糖、石蜜、芥子油、各种饼,是经常所食用的。鱼、羊、獐、鹿,是时而进用的肉食。牛、驴、象、马、猪、狗、狐、狼、狮子、猴、猿,这一类带毛的牲畜,照例是不吃的,吃过的人会被别人鄙视,被众人感到秽恶,赶出城外,难得再回到人们中间。

至于酒和饮料的种类,滋味各有不同。葡萄酒、甘蔗酒,为刹帝利所饮用;优劣不同的烈性酒,为吠奢等所饮用。沙门、婆罗门,饮用葡萄浆、甘蔗浆,不属于酒一类。其他杂姓和低贱种姓,没有一定的饮料。

不过那些使用的器具,工艺和质地有差别;各种工具,从来不匮乏。虽然使用锅釜,但不知道甑子之类的炊具。器具多用土坯制成,很少用赤铜。食用时仅用一件器皿,各种味道调在一起,用手指抓食,基本不用勺子筷子。只有年老多病的人,才用铜匙。

至于金、银、输石、白玉、火珠,都是当地所产,堆积很多。奇珍异宝,名目各异,出自海边,用来交换商品。但他们交易的货币,沟通有无,则使用金钱、银钱、贝珠、小珠等等。

印度的国境之内,疆界已经全部指出,气候土壤的差别,大致就是这样,相同的类别,粗略地讲述了梗概。至于不同的政治和习俗,则依据国家而分别叙述。

〔注释〕

①庵没罗果、庵弭罗果、末杜迦果、跋达罗果、劫比他果、阿末罗果、镇杜迦果、乌昙跋罗果、茂遮果、那利蓟罗果、般橠娑果：庵没罗果即杧果。庵弭罗果今称罗望子，果实既可入药，又可制清凉饮料。末杜迦果又译作摩头、末度迦，花与种子可制酒与榨油。跋达罗果今称滇刺枣，为酸枣树的一种。劫比他果又译作劫彼陀、劫毕他，属芸香科植物，果实似苹果。阿末罗果又译作阿摩落伽等，其果味酸而有回甘，我国古称余甘子。镇杜迦果又译作丁土迦等，属柿科柿属乔木，果味性粘，可作涂料。乌昙跋罗果又译作优昙钵罗等，属桑科榕属乔木，为无花果类。茂遮果即甘蔗，属芭蕉科植物。那利蓟罗果即今椰子树。般橠娑果又称波罗蜜等，属桑科波罗蜜属乔木，果形巨大，可达二十公斤，有特殊甘味。

②荤陀菜：菜名，亦作军达，是甜菜的变种。

③石蜜：冰糖。佛教《五分律》卷五作五种药之一。《善见律》卷十七记载："广州土境，有黑石蜜者，是甘蔗糖，坚强如石，是名石蜜。"《正法念处经》卷三记载："如甘蔗汁，器中火煎，彼初离垢，名颇尼多。次第二煎，则渐微重，名曰巨吕。更第三煎，其色则白，名曰石蜜。"

④菹(zì)：切成的大块肉。

⑤甑：古代炊具，底部有许多小孔，放在鬲上蒸食物。

⑥火珠：当即火齐珠，是一种水晶石。《南史·夷貊传上·扶南国》："（扶南国）献火齐珠。"

卷三 八国

迦湿弥罗国

迦湿弥罗国周七千余里,四境负山。山极峭峻,虽有门径,而复隘狭,自古邻敌无能攻伐。国大都城西临大河,南北十二三里,东西四五里。宜稼穑,多花果,出龙种马及郁金香、火珠、药草。气序寒劲,多雪少风。服毛褐,衣白氎。土俗轻僄,人多怯懦。国为龙护,遂雄邻境。容貌妍美,情性诡诈。好学多闻,邪正兼信。伽蓝百余所,僧徒五千余人。有四窣堵波,并无忧王建也,各有如来舍利升余。

〔译文〕

迦湿弥罗国方圆七千多里,四面环山。山势极为陡峭险峻,虽然有通道,但很狭窄,自古以来邻国无法攻打进去。迦湿弥罗国的都城西面靠着大河,南北长十二三里,东西宽四五里。土地适宜耕作庄稼,花果繁多。出产龙种马和郁金香、火珠、药草等。气候寒冷,多雪而少风。人们穿毛皮麻布和白细棉布。风俗轻捷强悍,人们多胆小怕事。迦湿弥罗国受到龙的保护,因而称雄于邻国。人们容貌美丽,性情诡谲狡诈。喜好学问,博学多识,正法与邪教都有所信奉。佛教寺院有一百多所,僧徒有五千多人。有四座佛塔,都是无忧王所建造,各塔中都收藏有如来的舍利一升多。

一　开国传说

《国志》曰①：国地本龙池也。昔佛世尊自乌仗那国降恶神已，欲还中国②，乘空当此国上，告阿难曰："我涅槃之后，有末田底迦阿罗汉，当于此国建国安人，弘扬佛法。"如来寂灭之后第五十年，阿难弟子末田底迦罗汉者，得六神通，具八解脱，闻佛悬记，心自庆悦，便来至此，于大山岭，宴坐林中，现大神变。龙见深信，请资所欲。阿罗汉曰："愿于池内，惠以容膝。"龙王于是缩水奉施。罗汉神通广身，龙王纵力缩水，池空水尽，龙翻请地。阿罗汉于此西北为留一池，周百余里，自余枝属，别居小池。龙王曰："池地总施，愿恒受供。"末田底迦曰："我今不久无余涅槃③，虽欲受请，其可得乎？"龙王重请："五百罗汉常受我供，乃至法尽，法尽之后，还取此国以为居池。"末田底迦从其所请。时阿罗汉既得其地，运大神通力，立五百伽蓝，于诸异国买鬻贱人，以充役使，以供僧众。末田底迦入寂灭后，彼诸贱人自立君长，邻境诸国鄙其贱种，莫与交亲，谓之讫利多（唐言买得）。今时泉水已多流滥。

〔译文〕

《国志》记载：迦湿弥罗国的地方本是一个龙池。从前佛陀世尊在乌仗那国降伏恶神后，将要回到中印度，腾空飞到此国上空时，告诉阿难说："我涅槃以后，有个末田底迦阿罗汉，会在这片土地上建立国家，安养人民，弘扬佛法。"如来寂灭之后的第五十年，阿难的弟子末田底迦罗汉获得了六神通，具备了八解脱的定力，听闻到佛陀的预言，心中暗自喜悦庆幸，就来到这里，在一座大山岭上，静坐于树林中，显现巨大神通。龙王见到后十分信仰，请求满足罗汉的各种欲望。末田底迦阿罗汉说："希望在你的龙池中让我置放双膝。"龙王于是收缩一片池水之地奉献给罗汉。末田底迦阿罗汉施展神通增大身躯，龙王尽力收缩池水，以至池空水尽，龙王反倒请罗汉赐地。末田底迦阿罗汉就在这个国家的西北为它留下一个池子，方圆一百多里，龙王的其他枝属，另外住在其他小池中。龙王说："池子的地都施舍给您了，希望您永远接受我的供奉。"末田底迦阿罗汉说："我不久就将进入无余涅槃，虽然想接受你的请求，如何办得到呢？"龙王再次请求："希望五百罗汉长久受我的供奉，直到大法灭尽，大法灭尽后，我再收取这个国家作为居住的池子。"末田底迦接受了龙王的请求。当时末田底迦阿罗汉得到这片土地后，就运用巨大神通之力，建立五百所寺院，在其他各国买来贱民，充当仆役，供养僧众。末田底迦阿罗汉涅槃以后，那些贱民自立君王。邻近各国鄙视他们为下贱之人，不与他们交往亲近，称之为讫利多（唐朝话称为买得）。现在泉水已经多处泛滥。

[注释]

①《国志》：记载迦湿弥罗国的一部史书。因时间久远，未能流传下来，内容不详。

②中国：这里指中印度地区。

③无余涅槃：涅槃分为两种：一有余涅槃，二无余涅槃。有余涅槃，是指生死之因之惑业已尽，但仍保留有漏依身的苦果。而无余涅槃则指死

后不受再生而证得的涅槃，完全远离肉体方面制约的涅槃境界。

二、五百罗汉僧传说

摩揭陀国无忧王以如来涅槃之后第一百年，命世君临，威被殊俗，深信三宝，爱育四生①。时有五百罗汉僧、五百凡夫僧②，王所敬仰，供养无差。有凡夫僧摩诃提婆（唐言大天），阔达多智，幽求名实，潭思作论，理违圣教，凡有闻知，群从异议。无忧王不识凡圣，因情所好，党援所亲，召集僧徒赴殑伽河，欲沉深流，总从诛戮。时诸罗汉既逼命难，咸运神通，凌虚履空，来至此国，山栖谷隐。时无忧王闻而悔惧，躬来谢过，请还本国，彼诸罗汉确不从命。无忧王为罗汉建五百僧伽蓝，总以此国持施众僧。

〔译文〕

摩揭陀国的无忧王在如来涅槃后的第一个百年之间，君临天下，声威加被异域外邦，深信佛法僧三宝，爱护卵生、胎生、湿生、化生之类的众多生灵。当时有五百罗汉僧、五百凡夫僧，都受到无忧王敬仰，供养没有差别。有位凡夫僧叫摩诃提婆（唐朝话称为大天），通达而多智慧，深入探讨名实关系，深入思考而撰作论著，但道理与佛法相违背，凡是听闻知道的人，成群地追随这种异说。无忧王不能识别凡僧、圣僧的差异，凭着感情喜好，与亲近的人结党攀缘，召集其他僧徒，前往殑伽河，想把他们沉入深水中，全部杀戮。当时众罗汉被生命危险所逼迫，都运用神通，凌空飞翔，来到这个国家，在山谷中栖息隐居。当时无忧王听说后感到后悔恐惧，亲自来认罪，请求回到本国，那些罗汉拒不从命。无忧王于是为这些罗汉建立起五百所寺院，并把这个国家都施舍给僧徒。

〔**注释**〕

①四生：即生物的胎生、卵生、湿生、化生等四种生起方式，此处泛指一切生灵。

②罗汉僧：即圣僧，指已证得罗汉圣果的僧人。凡夫僧：即凡僧，指尚未证得圣果的僧人。

三、迦腻色迦王第四结集

健驮逻国迦腻色迦王，以如来涅槃之后第四百年应期抚运，王风远被，殊俗内附。机务余暇，每习佛经，日请一僧入宫说法。而诸异议部执不同，王用深疑，无以去惑。时胁尊者曰："如来去世，岁月逾邈，弟子部执，师资异论，各据闻见，共为矛盾。"时王闻已，甚用感伤，悲叹良久。谓尊者曰："猥以余福①，聿遵前绪，去圣虽远，犹为有幸，敢忘庸鄙，绍隆法教，随其部执，具释三藏。"胁尊者曰："大王宿殖善本，多资福祐，留情佛法，是所愿也。"王乃宣令远近，召集圣哲。于是四方辐凑，万里星驰，英贤毕萃，睿圣咸集。七日之中，四事供养。既欲法议，恐其喧杂。王乃具怀白诸僧曰："证圣果者住，具结缚者还②。"如是尚众。又重宣令："无学人住③，有学人还。"犹复繁多。又更下令："具三明、备六通者住，自余各还。"然尚繁多。又更下令："其有内穷三藏、外达五明者住，自余各还。"于是得四百九十九人。王欲于本国，苦其暑湿。又欲就王舍城大迦叶波结集石室。胁尊者等议曰："不可。彼多外道，异论纠纷，酬对不暇，何功作论？众会之心，属意此国。此国四周山固，药叉守卫，土地膏腴，物产丰盛，贤圣之所集往，灵仙之所游止。"众议斯在，金曰："允谐。"其王是时与诸罗汉自彼而至，建立伽蓝，结集三藏，欲作《毗婆沙论》。是时尊者世友，户外纳衣。诸阿罗汉谓世友曰："结使未除④，净议乖谬，尔宜远迹，勿居此也。"世友曰："诸贤于法无疑，代佛施化，方集大义，欲制正论。我虽不敏，粗达微言，三藏玄文、五明至理，颇亦沉研，得其趣矣。"诸罗汉曰："言不可以若是。汝宜屏居⑤，疾证无学，已而会此，时未晚也。"世友曰："我顾无学，其犹洟唾，志求佛果，不趋小径。掷此缕丸，未坠于地，必当证得无学圣果。"时诸罗汉重诃之曰："增上慢人，斯之谓也。无学果者，诸佛所赞，宜可速证，以决众疑。"于是世友即掷缕丸，空中诸天接缕丸而请曰："方证佛果，次补慈氏，三界特尊，四生攸赖，如何于此欲证小果？"时诸罗汉见是事已，谢咎推德，请为上座，凡有疑义，咸取决焉。是五百圣贤，先造十万颂《邬波第铄论》(旧曰《优波提舍论》，讹也)，释《素呾缆藏》(旧曰《修多罗藏》，讹也)；次造十万颂《毗奈耶毗婆沙论》，释《毗奈耶藏》(旧曰《毗那耶藏》，讹也)；后造十万颂《阿毗达磨毗婆沙论》，释《阿毗达磨藏》(或曰《阿毗昙藏》，略也)。凡三十万颂，九百六十万言，备释三藏，悬诸千古，莫不穷其枝叶，究其浅深，大义重明，微言再显，广宣流布，后进赖焉。迦腻色迦王遂以赤铜为鍱，镂写论文，石函缄封，建窣堵波，藏于其中。命药叉神周卫其国，不令异学持此论出。欲求习学，就中受业。于是功既成毕，还军本都。出此国西门之外，东面而跪，复以此国总施僧徒。

〔译文〕

　　健驮罗国的迦腻色迦王，在如来涅槃之后的第四百年间应运登基，抚绥天下，风威远播，不同的国家都来归附。处理政事之余，迦腻色迦王常常研习佛经，每天都邀请一位僧人进宫说法。然而不同部派说法不同，迦腻色迦王有很深的疑问，无法消除困惑。这时胁尊者解释说："如来去世以来，岁月已经久远，弟子们各分部派，传授不同理论，各自依据自己的闻见，互相矛盾。"国王听说后，很是感伤，悲叹了很久，对胁尊者说："我凭着残余的福德，遵守先辈的遗绪，距离圣人时代虽远，还算有幸。我斗胆忘掉自己的平庸浅陋，希望接续光大佛法，根据不同的部执，解释佛教学说。"胁尊者说："大王前世种下善根，积累了众多福德，现在留心于佛法，是我们的愿望。"国王于是传令远近各地，召集圣僧高德。于是各地僧徒从四面八方、万里之外聚集奔赴而来，群贤荟萃，圣僧聚集。七天之中，均以四事供养。等到想讨论大法时，担心喧闹杂乱，迦腻色迦王便坦率地对众僧说："已经证得圣果的高僧留下来，烦恼未尽的请回去。"这样留下来的僧人还很多。又宣布命令说："已经证得无学境界的高僧留下来,仍处于有学境界的请回去。"留下来的僧徒仍然比较多。迦腻色迦王又另外下令:"具备三明、六通的高僧留下来,其余的各自回去。"然而留下来的僧人还是比较多。迦腻色迦王又另外下令:"那些能够内则穷究三藏、外则通达五明的高僧留下来,其余的各自回去。"于是得到四百九十九人。迦腻色迦王想在本国聚会,但苦于那里炎热潮湿,又想前往王舍城大迦叶波曾结集的石室中去。胁尊者等人议论说:"不可以。那里外道众多,异说纷纭,应对都来不及,哪里还有工夫制作论书?众僧聚会的心意,看中了迦湿弥罗国。这个国家四周山岭坚固,有药叉守卫,土地肥沃,物产丰富,是贤圣集中之地,神仙游化之所。"众多高僧们的意见都集中于此,异口同声道:"这样最好。"迦腻色迦王这时同众罗汉从健驮罗国来到这里,建立寺院,结集三藏,打算作《毗婆沙论》。当时尊者世友穿着衲衣站在门外,众罗汉对世友说:"你烦恼没有消除,议论荒谬,背离大法,应远远避开,不要留在这里。"世友说:"各位贤士对佛法没有疑惑,代替佛祖施行教化,正要集中讨论大义,撰写正论。我虽然不聪敏,也粗通精微道理,三藏的深奥文字,五明的最高真理,也曾深入研究过,得到了其中的意趣。"众罗汉说:"话不能这样说。你应独自居处,赶快证得无学之果,然后到这里来,为时也不算晚。"世友说:"我看证得无学之果,犹如流涕、吐唾沫一样简单。立志求得佛果,不必走小路。我掷出这个丝团,在它未落地时,必定证得无学圣果。"这时众罗汉又责备他说:"狂妄自大,增上慢之人,就是说的你这种人。无学果是诸佛所赞美的,你可赶快证得,来消除众人的怀疑。"这时世友就将丝团掷向空中,众天神接住丝团后而请求说:"你就要证得佛果,未来接替弥勒之位,三界中最为尊贵,一切生灵将有所依赖,为什么要在这里证得小果呢?"当时众罗汉见到这种情形,就承认错误,推崇他的德行,请他为上座,凡是遇到疑难之义,都由他裁决。这五百个贤圣,首先撰写《邬波第铄论》十万颂(过去称《优波提舍论》,错了),解释《素呾缆藏》(过去称《修多罗藏》,错了),然后撰写《毗奈耶毗婆沙论》十万颂,解释《毗奈耶藏》(过去称《毗那耶藏》,错了)。最后撰写《阿毗达磨毗婆沙论》十万颂,解释《阿毗达磨藏》(有人称《阿毗昙藏》,是简略的称呼)。总共三十万颂,九百六十万字,全面解释佛法三藏,永存于千古,莫不穷究其细节,探讨其深浅,大义重新被说明,微言再次被显示,广泛流布,后学者依赖于此。迦腻色迦王于是用赤铜铸成金属薄片,镂刻论书文字在上面,又用石函封缄,建造佛塔,收藏于其中。迦腻色迦王命令药叉守卫迦湿弥罗国,不让外道带论著出此国。想要学习的,就在塔内接受教诲。大功告成之后,迦腻色迦王率军回到本国首都。走出这个国家西门之外时,他面向东方跪拜,又把这个国家全部施舍给僧徒。

[注释]

①猥:谦辞,犹言辱。诸葛亮《出师表》:"先帝不以臣卑鄙,猥自枉屈,三顾臣于草庐之中。"

②结缚:烦恼的别名,因为烦恼能系缚人的心身使其不得解脱出离生死。《维摩经·佛国品》:"稽首能断众结缚。"《无量寿经》:"烦恼结缚,无有解已。"

③无学:修行学习已经达到佛教真理的极致,没有迷惑可断,也没有内容可以再学习。与之相对的是"有学",指虽已知晓佛教之真理,但未断迷惑,尚有所学。在声闻乘的四果中,前三果为有学,第四阿罗汉果为无学。

④结使:结与使都是烦恼的别名,烦恼能系缚身心,结成苦果,故称为结,能使众生沉溺于生死苦海,故又名为使。结有九结,使有十使,称为九结十使。

⑤屏居:退隐,屏客独居。唐代王维诗《酬诸公见过》:"屏居蓝田,薄地躬耕。"

四、雪山下王讨罪故事

迦腻色迦王既死之后,讫利多种复自称王①,斥逐僧徒,毁坏佛法。睹货逻国呬摩呾罗王(唐言雪山下),其先释种也。以如来涅槃之后第六百年,光有疆土,嗣膺王业,树心佛地,流情法海。闻讫利多毁灭佛法,召集国中敢勇之士,得三千人,诈为商旅,多赍宝货②,挟隐军器,来入此国。此国之君,特加礼宾。商旅之中,又更选募,得五百人,猛烈多谋,各袖利刃,俱持重宝,躬赍所奉,持以献上。时雪山下王去其帽,即其座,讫利多王惊懔无措,遂斩其首。令群下曰:"我是睹货逻国雪山下王也。怒此贱种公行虐政,故于今者诛其有罪。凡百众庶,非尔之辜。"然其国辅宰臣,迁于异域。既平此国,召集僧徒,式建伽蓝,安堵如故。复于此国西门之外,东面而跪,持施众僧。

其讫利多种屡以僧徒覆宗灭祀,世积其怨,嫉恶佛法。岁月既远,复自称王。故今此国不甚崇信,外道天祠,特留意焉。

〔译文〕

迦腻色迦王死后,讫利多种族又自称为王,驱逐佛教僧徒,毁坏佛法。睹货逻国的吶摩呾罗王(唐朝话称为雪山下王),他的先辈是释迦种族,在如来涅槃之后的第六百年间,拥有疆土,继承王族事业,把心思置于佛法的境地,把情感流转于佛法的海洋。听说讫利多人毁灭佛法,雪山下王就召集国内的勇敢之士,得到三千人,伪装成商人队伍,携带大量珍宝,暗藏兵器,进入这个国家。这个国家的君主,特别客气地以礼相待之。在这些商人之中,雪山下王又加以挑选,募得五百人,他们勇猛而多谋略,每个人都在袖内藏下利刃,都带着贵重的宝物,雪山下王亲自带着所奉献的礼物,拿着献给讫利多王。当时,雪山下王脱去讫利多王的帽子,坐到他的宝座上,讫利多王惊慌失措,雪山下王于是斩下他的头。雪山下王下令群臣说:"我是睹货逻国的雪山下王。我愤恨这个贱种公然推行暴政,所以现在诛杀这个有罪之人。所有的百官民众,并不是你们的罪过。"不过这个国家的宰辅大臣,仍被迁徙到外地。平定这个国家后,雪山下王召集僧徒,建造寺院,居民又同从前一样安居乐业。又在这个都城西门外,向东跪拜,把这个国家施舍给僧徒。

讫利多种族,屡次因为佛教僧徒的缘故被毁灭宗族祭祀,世代积累怨恨,憎恶佛法。岁月久远之后,又自称为王。所以现在这个国家对佛教不太信仰,而对外道、天祠,特别重视。

〔注释〕

①讫利多种:参见前"迦湿弥罗国"条目相关注释。
②赍(jī):携带。

五、佛牙伽蓝及传说

新城东南十余里,故城北,大山阳,有僧伽蓝,僧徒三百余人。其窣堵波中有佛牙，长可寸半，其色黄白，或至斋日，时放光明。昔讫利多种之灭佛法也，僧徒解散，各随利居。有一沙门，游诸印度，观礼圣迹，伸其至诚。后闻本国平定，即事归途。遇诸群象横行草泽，奔驰震吼。沙门已见，升树以避。是时群象相趋奔赴，竞吸池水，浸渍树根，互共排掘，树遂蹎仆。既得沙门，负载而行，至大林中，有病象疮痛而卧。引此僧手，至所苦处，乃枯竹所刺也。沙门于是拔竹傅药，裂其裳，裹其足。别有大象，持金函授与病象，象既得已，转授沙门，沙门开函，乃佛牙也。诸象围绕，僧出无由。明日斋时，各持异果，以为中馔①。食已，载僧出林，数百里外，方乃下之，各跪拜而去。沙门至国西界，渡一驶河②，济乎中流，船将覆没。同舟之人互相谓曰："今此船覆，祸是沙门。沙门必有如来舍利，诸龙利之。"船主检验，果得佛牙。时沙门举佛牙俯谓龙曰："吾今寄汝，不久来取。"遂不渡河，回船而去，顾河叹曰："吾无禁术，龙畜所欺！"重往印度，学禁龙法。三岁之后，复还本国，至河之滨，方设坛场，其龙于是捧佛牙函以授沙门。沙门持归，于此伽蓝而修供养。

[译文]

　　在新城东南方向十多里，故城以北，大山的南面，有所佛教寺院，住有僧徒三百多人。寺内的佛塔中藏有佛牙，长约一寸半，颜色呈黄白色，有时到了斋日期间，时时放射光芒。从前讫利多种族毁灭佛法时，僧徒四散，各自寻找合适的居处。有一位僧人，漫游五印度，观瞻礼拜佛陀圣迹，表达他至诚的心意。后来听说本国已被平定，就踏上了归途。路上遇到一群大象横行于草泽之中，奔跑着，大声吼叫着。僧人见此情形，爬上树顶躲避起来。这时那群大象奔跑过来，争相吸取池水，浸湿树根，一起又摇又晃，树就倒下了。得到僧人后，驮上他前行，到了大树林中，看见有头生病的大象被疮痛折磨得卧在地上。那头病象拉着僧人的手，到它疼痛之处，原来是被枯竹刺伤了。僧人于是为它拔出枯竹，敷上药，撕下自己的衣裳，裹住大象的脚。另有一头大象将一个金函递给病象，病象接到后，转而授予僧人。僧人打开盒子，发现竟然是佛牙。众象围绕着他，僧人没法出去。第二天斋饭时间，各个大象都带来奇异的果子，作为他的午餐。吃过饭后，大象载着僧人走出树林，到了几百里外，才放下他，各自跪拜后离开。僧人到了本国的西界，渡过一条湍急的河流，到了河中间，船忽然将要沉没。同船的人互相说："今天这条船沉没，祸根在僧人。沙门一定有如来舍利，那些龙想要得到它。"船主加以检验，果然得到佛牙。这时僧人举着佛牙，低下身去对龙说："我现在把佛牙寄存在你这里，不久后会来取。"于是不渡河，调过船头而离开，望着河流叹息说："我因没有禁龙之术，竟然被龙这畜生欺侮!"又重新前往印度，学习禁龙之术。三年之后，僧人再次回到本国，到了河边，正要设置坛场，那条龙已经捧着佛牙金函交给僧人。僧人带着佛牙金函回到本国，在这所寺院中恭敬地加以供养。

[注释]

　①中馔：馔为饭食，中馔即午餐。僧人过午不食。

②驶河:奔驶的河流,急流。

六、小伽蓝及众贤论师遗迹

伽蓝南十四五里,有小伽蓝,中有观自在菩萨立像。其有断食誓死为期愿见菩萨者,即从像中出妙色身。

小伽蓝东南三十余里,至大山,有故伽蓝,形制宏壮,芜漫良甚,今唯一隅,起小重阁。僧徒三十余人,并学大乘法教。昔僧伽跋陀罗(唐言众贤)论师于此制《顺正理论》①。伽蓝左右诸窣堵波,大阿罗汉舍利并在。野兽山猿采花供养,岁时无替,如承指命。然此山中多诸灵迹,或石壁横分,峰留马迹。凡厥此类,其状谲诡。皆是罗汉沙弥,群从游戏,手指摩画,乘马往来。遗迹若斯,难以详述。

〔译文〕

佛牙寺院以南十四五里的地方,有所小寺院,里面有座观自在菩萨的立像。如果有人绝食,誓死为期,希望见到菩萨,菩萨就会从像中显现出美妙的色身。

从小寺院向东南方向走三十多里,到达一座大山,有一所旧寺院,形制宏伟壮丽,已经十分荒芜,现在只在一个角落筑有一座小阁楼。有僧徒三十多人,都学习大乘佛教。从前僧伽跋陀罗(唐朝话称为众贤)论师曾在这里制作《顺正理论》。寺院左右周围的各佛塔中,大阿罗汉的舍利都在里面。野兽、山猴采花供奉,每年都不间断,如同接到谁的指令似的。不过这座山中有很多的灵异事迹,或者是石壁横着分开,或者是山峰上留下马匹的足迹。凡是这类事情,情形都极为诡谲。都是罗汉、沙弥在一起游戏,用手指刻画石头,骑马往来的结果。诸如此类的遗迹,难以详尽叙述。

〔注释〕

①僧伽跋陀罗:北印度迦湿弥罗国人。自幼即聪敏博达,颇有雅誉,深究《大毗婆沙论》。当时世亲著《阿毗达磨俱舍论》,以经部之意破斥毗婆沙论论师之说。僧伽跋陀罗刻苦钻研十二年,著成《俱舍雹论》二万五千颂,计有八十万言,呈于世亲。世亲见到书后,沉吟良久,对门人说:理虽不足,辞乃有余,于我宗多有创新发明。遂改其题为《顺正理论》。事迹详见本书卷四"秣底补罗国"条。

七、索建地罗论师及象食罗汉遗迹

佛牙伽蓝东十余里,北山崖间有小伽蓝,是昔索建地罗大论师于此作《众事分毗婆沙论》①。

小伽蓝中有石窣堵波,高五十余尺,是阿罗汉遗身舍利也。先有罗汉,形量伟大,凡所饮食,与象同等。时人讥曰:"徒知饱食,安识是非?"罗汉将入寂灭也,告诸人曰:"吾今不久当取无余,欲说自身所证妙法。"众人闻知,相更讥笑,咸来集会,共观得失。时阿罗汉告诸人曰:"吾今为汝说本因缘。此身之前,报受象身,在东印度,居王内厩。是时此国有一沙门,远游印度,寻访圣教诸经典论。时王持我施与沙门,载负佛经,而至于此。是后不久,寻即命终。乘其载经福力所致,遂得为人。复钟余庆,早服染衣,勤求出离,不遑宁居,得六神通,断三界欲。然其所食，余习尚然，每自节身，三分食一。"虽有此说，人犹未信。即升虚空，入火光定，身出烟焰，而入寂灭。余骸坠下，起窣堵波。

[译文]

佛牙寺院向东十多里的地方，北山崖间有所小寺院。这是从前索建地罗大论师在这里撰作《众事分毗婆沙论》的地方。

在小寺院中有座石塔，高五十多尺，这是阿罗汉留下全身舍利的地方。早先有位罗汉，身材魁伟宽大，他日常饮食需要的量，与大象同等。当时人讥笑他说："只知道饱食，哪里知道是非？"这位罗汉将要涅槃时，告诉众人说："我现在不久就将证得无余涅槃圣果，想说一说自己所证得的妙法。"众人听说后，更加讥笑他，都来集会，一起看他的得失。这时阿罗汉告诉众人说："我现在为你们说说我本人的因缘。此世之前，由于业报而感得象身，生活在东印度，居住在国王的内厩。那时这个国家有一位僧人，远游到印度，寻访佛教的经典论书。国王把我施舍给这位僧人，驮载佛经，而到了这里。此后不久，我很快就死了。由于载运佛经的福力所致，我因而得以为人，又由于其他的福德，很早就穿上了僧衣，努力寻求脱离轮回，没有安居过，后来证得六神通，断绝三界欲念。不过我的饭量，仍然保留了前世的业习，每每节制自己，只吃到三分之一饱。"虽然他这样讲，有人还是不相信。僧人说完便升至空中，进入火光禅定，身上冒出火光烟焰，而归入寂灭。剩余的躯骸坠落下来，人们就在那里建造起佛塔。

①索建地罗:迦湿弥罗国人,说一切有部的学者,是众贤论师的老师。其论著《众事分毗婆沙论》未流传下来。

八、圆满与觉取论师遗迹

王城西北行二百余里,至商林伽蓝,布剌拿(唐言圆满)论师于此作《释毗婆沙论》。

城西行百四五十里,大河北接山南,至大众部伽蓝,僧徒百余人。佛地罗(唐言觉取)论师于此作《大众部集真论》。

从此西南,逾山涉险,行七百余里,至半笯(奴故反)蹉国(北印度境)①。

〔译文〕

从都城向西北方向前行两百多里,到达商林寺院,布剌拿(唐朝话称为圆满)论师在这里撰写了《释毗婆沙论》。

从都城向西前行一百四五十里,有一条大河北连大山之南,到达一所大众部寺院,有僧徒一百多人。佛地罗(唐朝话称为觉取)论师在这里写作了《大众部集真论》。

从这里向西南方向前行,翻越山岭,经历险阻走过七百多里,到达半笯(奴故反)蹉国(在北印度境内)。

〔注释〕

①半笯蹉国:旧地在今克什米尔的朋奇。

卷四　十五国

磔迦国

磔迦国周万余里，东据毗播奢河①，西临信度河。国大都城周二十余里。宜粳稻，多宿麦，出金、银、输石、铜、铁。时候暑热，土多风飙。风俗暴恶，言辞鄙亵。衣服鲜白，所谓㤭奢耶衣、朝霞衣等。少事佛法，多事天神。伽蓝十所，天祠数百。此国以往多有福舍，以赡贫匮，或施药，或施食，口腹之资，行旅无累。

〔译文〕

磔迦国方圆一万多里，东部紧靠毗播奢河，西部濒临信度河。该国的都城方圆二十多里。适宜种植粳稻，盛产宿麦，出产金、银、输石、铜、铁等。天气炎热，地方较多风暴。风俗凶暴丑恶，言辞粗鄙猥亵。衣服爱穿鲜艳的白色，有所谓㤭奢耶衣、朝霞衣等。很少信奉佛教，而多敬事天神。佛教寺院十多所，外道天祠有几百座。这个国家过去有很多福舍，用来救济贫困匮乏的人，有的施舍药物，有的施舍食物，解决饮食之需，旅行的人没有携带食物的麻烦。

〔注释〕

①毗播奢河：今旁遮普的比阿斯河。

一、奢羯罗故城及大族王兴灭故事

大城西南十四五里,至奢羯罗故城①。垣堵虽坏,基趾尚固,周二十余里。其中更筑小城,周六七里,居人富饶。即此国之故都也。

数百年前,有王号摩醯逻矩罗(唐言大族)②,都治此城,王诸印度。有才智,性勇烈,邻境诸国,莫不臣伏。机务余闲,欲习佛法,令于僧中推一俊德。时诸僧徒莫敢应命:少欲无为,不求闻达;博学高明,有惧威严。是时王家旧僮,染衣已久,辞论清雅,言谈赡敏③,众共推举,而以应命。王曰:"我敬佛法,远访名僧,众推此隶,与我谈论。常谓僧中贤明肩比,以今知之,夫何敬哉?"于是宣令五印度国,继是佛法并皆毁灭,僧徒斥逐,无复孑遗。

摩揭陀国婆罗阿迭多王(唐言幼日)崇敬佛法④,爱育黎元,以大族王淫刑虐政,自守疆场,不恭职贡。时大族王治兵将讨,幼日王知其声问,告诸臣曰:"今闻寇至,不忍斗其兵也。幸诸僚庶赦而不罪,赐此微躯潜行草泽。"

言毕出宫,依缘山野。国中感恩慕从者数万余人,栖窜海岛。大族王以兵付弟,浮海往伐。幼日王守其厄险,轻骑诱战,金鼓一震,奇兵四起,生擒大族,反接引见。大族王自愧失道,以衣蒙面。幼日王踞师子床,群官周卫,乃命侍臣告大族曰:"汝露其面,吾欲有辞。"大族对曰："臣主易位，怨敌相视，既非交好，何用面谈？"再三告示，终不从命。于是宣令数其罪曰："三宝福田，四生攸赖，苟任豺狼，倾毁胜业。福不祐汝，见擒于我。罪无可赦，宜从刑辟。"时幼日王母博闻强识，善达占相，闻杀大族也，疾告幼日王曰："我尝闻大族奇姿多智，欲一见之。"幼日王命引大族至母宫中。幼日母曰："呜呼，大族幸勿耻也！世间无常，荣辱更事，吾犹汝母，汝若吾子，宜去蒙衣，一言面对。"大族曰："昔为敌国之君，今为俘囚之虏，隳废王业，亡灭宗祀，上愧先灵，下惭黎庶，诚耻面目。俯仰天地，不胜自丧，故此蒙衣。"王母曰："兴废随时，存亡有运。以心齐物，则得丧俱忘；以物齐心，则毁誉更起。宜信业报，与时推移，去蒙对语，或存躯命。"大族谢曰："苟以不才，嗣膺王业，刑政失道，国祚亡灭，虽在缧绁之中⑤，尚贪旦夕之命。敢承大造⑥，面谢厚恩。"于是去蒙衣，出其面。王母曰："子其自爱，当终尔寿。"已而告幼日王曰："先典有训，宥过好生。今大族王积恶虽久，余福未尽，若杀此人，十二年中，菜色相视。然有中兴之气，终非大国之王，当据北方，有小国土。"幼日王承慈母之命，愍失国之君，娉以稚女，待以殊礼，总其遗兵，更加卫从，来出海岛。

大族王弟还国自立；大族失位，藏窜山野，北投迦湿弥罗国。迦湿弥罗王深加礼命，愍以失国，封以土邑。岁月既淹，率其邑人，矫杀迦湿弥罗王而自尊立。乘其战胜之威,西讨健驮逻国,潜兵伏甲,遂杀其王,国族大臣,诛锄殄灭。毁窣堵波,废僧伽蓝,凡一千六百所。兵杀之外,余有九亿人,皆欲诛戮,无遗噍类。时诸辅佐咸进谏曰:"大王威慑强敌,兵不交锋,诛其首恶,黎庶何咎?愿以微躬,代所应死。"王曰:"汝信佛法,崇重冥福,拟成佛果,广说本生⑦,欲传我恶于未来世乎?汝宜复位,勿有再辞。"于是以三亿上族临信度河岸杀之,三亿中族下沉信度河流杀之,三亿下族分赐兵士。于是持其亡国之货,振旅而归。曾未改岁,寻即殂落。于时云雾冥晦,大地震动,暴风奋发。时证果人愍而叹曰:"妄杀无辜,毁灭佛法,堕无间狱⑧,流转未已。"

〔译文〕

从都城向西南方向前行十四五里,到达奢羯罗故城。城墙虽然已经毁坏,墙基故址仍然坚固,周围二十多里。里面另外筑有小城,方圆六七里,居民富饶。这就是这个国家的故都。

几百年前,有个国王号称摩醯逻矩罗(唐朝话称为大族),以这座城为都城,统治印度各国。国王富有才干智慧,性格勇猛刚烈,周邻境内各个国家,没有不臣服的。在政事之余,国王想要研习佛法,下令在僧众中推举一位才德出众的人。当时所有僧徒没有敢于应命的:没有什么欲望的僧人,不求闻名于国王;博学高才的僧人,惧怕国王的威严。这时有一位国王曾经的老仆人,出家已久,言论清新雅致,谈吐周洽敏捷,被众人一起推举,以回复国王的命令。国王说:"我崇敬佛法,远访有名的僧人,众人却推举这个老奴,来与我谈论。常常以为僧人中贤明者比比皆是，从现在的情况看来，有什么值得崇敬的呢?"于是传令五印度各国，从此之后佛法都要毁灭，僧徒要被放逐，不再保留一个僧人。

摩揭陀国的婆罗阿迭多王(唐朝话称为幼日)崇拜、敬仰佛法，爱护、抚育民众。因为大族王滥施刑法暴政，所以就自守疆界，不向他纳贡。这时大族王召集军队，将要征讨，幼日王得知消息后，告诉臣属说:"现在听说敌寇将要到来，我不忍心与他的军队发生战争。希望百官民众赦免我而不加以治罪，留下我一条命，让我躲藏到草泽中。"

幼日王说完后出宫，依托于山野。国内感念他恩德而仰慕追随的有几万人，到海岛上栖身。大族王把军队交付给他的弟弟，自己渡海前去征伐。幼日王扼守着险要之处，以轻装的骑兵引诱敌人交战。战鼓一响，奇兵四面出动，活捉了大族王，反绑着来见幼日王。大族王惭愧自己有失王道，用衣服蒙住脸面。幼日王踞坐在狮子床上，百官护卫在周围，便命令侍臣告诉大族王说:"你露出脸来，我有话对你讲。"大族王回答说:"君臣地位已经变换，仇敌相见，既然不是友好交往，哪里用得着对面交谈?"幼日王再三地告示，大族王终究是不肯从命。幼日王于是下令列举他的罪状说:"佛教三宝福田，是众生所依赖的，你却苟且放纵豺狼恶人，毁坏众生的胜业。福德不足以保佑你，而为我所擒获。你的罪行不可赦免，应处以死刑。"当时幼日王的母亲见闻广博，记忆力强，善于观占面相，听说要杀大族王，急忙告诉幼日王说:"我曾听说大族王相貌奇特，颇有智慧，想要见一见他。"幼日王命人带着大族王到母亲宫中。幼日王母亲说:"唉，大族王不要感到羞耻啊!世间万事变化无常，荣耀耻辱交替出现，我就像你的母亲，你就像我的儿子，应该去掉蒙面的衣服，当面谈上一谈。"大族王说："我从前是敌国的君主，今天成为被俘的囚奴，毁坏了先王基业，亡绝了家族宗祀，对上愧对祖先英灵，对下愧对黎民百姓，实在无脸见人。俯仰天地之间，自己悲伤得不行，所以用衣服蒙面。"幼日王母亲说："兴盛衰落随时变化，生存灭亡各有运数，心中对万物等同视之，那么就会忘记得失；如果用外在事物左右自心，那么就会毁誉不断。你应该相信因果报应，跟随时运而变化。去掉蒙着的衣服，对面谈一谈，或许可以保全身命。"大族王答谢说："我苟且地以无能之身，而承继先王基业，刑法政事丧失正道，致使国家灭亡，虽处在牢狱之中，尚且贪图短暂的生命。斗胆承蒙您再造之恩，我要当面感谢您的大恩。"于是去掉了蒙着的衣服，露出脸来。幼日王母亲说："你应当珍惜自己，我会让你保全性命的。"随后告诉幼日王说："先人法典中有训示，宽恕他人罪过，爱惜众生性命。如今大族王积累罪恶虽然长久，他的福分仍未丧失殆尽，如果杀了这个人，十二年之中，国内的人都会面带菜色。不过他虽然有中兴的气象，终究不是大国君王，应当占据北方，拥有一小块国土。"幼日王秉承慈母的命令，怜悯亡国的君王，把小女儿许配给他，以特殊的礼仪相待，让他集中残余兵卒，又加强护卫，离开海岛。

大族王的弟弟回国自立为王，大族王丢掉王位，逃窜到山野中躲藏，向北投奔迦湿弥罗国。迦湿弥罗王以厚礼相待，怜悯他失去国家，封赐给他城邑。时间一长，大族王率领封地中的人，采用欺骗手法杀死了迦湿弥罗王，而自立为王。又乘着战胜的威风，向西征讨健驮逻国，埋伏兵士和武器，杀死了健驮逻王，该国的宗室大臣，都被诛杀殆尽。大族王又毁坏佛塔，废除寺院，共一千六百所。战斗中杀死的人之外，余下的还有九亿人，他都想要诛杀，不留一个活口。当时辅佐他的臣属都进谏说："大王威风慑服强大的敌人，军队尚未交锋，就诛杀了首恶之人，黎民百姓有什么罪过呢？我们愿以自己微薄的生命，代他们受死。"大族王说："你们相信佛法，重视冥间之福，想要成就佛果，到处宣讲佛陀本生故事，是想把我的罪恶传到未来之世吗？你们应回到原位，不要再说了。"于是把三亿上等家族的人在信度河畔杀害，把三亿中等家族的人沉入到信度河中杀死，把三亿下等家族的人分赐给兵士们。然后带着灭亡国家的财货，班师而归。但还没过上一年，大族王就死去了。当时云雾昏暗，大地震动，狂风大作。当时已证得佛果的人哀怜地叹息说："大族王枉杀无罪的人，毁灭佛法，已经坠入无间地狱中，将在轮回中流转不息。"

〔注释〕

①奢羯罗：又作奢揭罗等，在今巴基斯坦东北境的锡亚尔科特。

②摩醯逻矩罗：意译为"日族"，玄奘译为"大族"当系误译。通常认为摩醯逻矩罗是公元六世纪初印度白匈奴帝国之王。也有人认为此处应指公元前一世纪的一位国王。

③赡敏：形容词语丰富，文思敏捷。《资治通鉴·隋恭帝义宁元年》："君彦，琎之子也，博学强记，文辞赡敏，著名海内。"

④婆罗阿迭多：意译为"幼日"，通常认为是公元六世纪初笈多朝国王那罗辛诃笈多。或以为此处应指公元前一世纪铄迦阿迭多的曾孙幼日王。

⑤缧(léi)绁(xiè)：捆绑犯人的黑绳索，借指监狱，囚禁。《论语·公冶长》："虽在缧绁之中，非其罪也。"

⑥大造：大功劳，大恩德。《左传·成公十三年》："文公恐惧，绥静诸侯，秦师克还无害，则是我有大造于西也。"这里指不杀之德。

⑦本生：佛陀过去世未曾成佛时，在菩萨位的修行之事。

⑧无间狱：即无间地狱，处于地狱最底层，所受痛苦无间断之时。

二、世亲制论及其他遗迹

奢羯罗故城中有一伽蓝，僧徒百余人，并学小乘法。世亲菩萨昔于此中制《胜义谛论》。其侧窣堵波，高二百余尺，过去四佛于此说法。又有四佛经行遗迹之所。伽蓝西北五六里有窣堵波，高二百余尺，无忧王之所建也，是过去四佛说法之处。

新都城东北十余里，至石窣堵波，高二百余尺，无忧王之所建也，是如来往北方行化中路止处。《印度记》曰：窣堵波中有多舍利，或有斋日，时放光明。

从此东行五百余里，至至那仆底国（北印度境）①。

〔译文〕

奢羯罗旧城中有一所寺院，僧徒有一百多人，都学习小乘佛法。世亲菩萨过去曾在这里撰写《胜义谛论》。寺院旁的佛塔，高二百多尺，过去四佛曾在这里说法。另外又有四佛经行遗迹的场所。寺院西北方向五六里的地方有座佛塔，高二百多尺，是无忧王所建造的，这里也是过去四佛说法的地方。

新都城向东北方向前行十多里，到达一座石佛塔，高二百多尺，是无忧王所建造的，这里是如来佛前往北方教化途中停留的地方。《印度记》中说：佛塔中有很多舍利，有时在斋日期间，不时会放射出光芒。

从这里向东前行五百多里，到达至那仆底国（在北印度境内）。

〔注释〕

①至那仆底国:其地在今印度北境费罗兹普尔附近一带。

至那仆底国

至那仆底国周二千余里。国大都城周十四五里。稼穑滋茂,果木稀疏。编户安业,国用丰赡。气序温暑,风俗怯弱。学综真俗,信兼邪正。伽蓝十所,天祠八所。

〔译文〕

至那仆底国方圆二千多里。该国的都城方圆十四五里。庄稼茂盛,果木稀少。居民安于本业,国家用度丰富充足。气候温暖暑热,民俗怯弱。学术综合真俗二谛,信仰兼具邪正二教。有佛教寺院十所,外道天祠八所。

一、国号由来

昔迦腻色迦王之御宇也,声振邻国,威被殊俗,河西蕃维,畏威送质。迦腻色迦王既得质子,赏遇隆厚,三时易馆,四兵警卫。此国则质子冬所居也①,故曰至那仆底(唐言汉封)。质子所居,因为国号。此境以往,洎诸印度,土无梨、桃,质子所植,因谓桃曰至那你(唐言汉持来),梨曰至那罗阇弗呾逻(唐言汉王子)②,故此国人深敬东土,更相指语:"是我先王本国人也。"

〔译文〕

从前迦腻色迦王统治天下时，声名震慑邻国，威风遍及异邦，河西地区的羁縻之国，都畏惧他的声威而派遣了质子。迦腻色迦王得到质子后，赏赐待遇隆重而丰厚，三个季节改变住所，派步、马、车、象四种军队加以警卫。这个国家就是质子们冬天所住的地方，所以叫作至那仆底（唐朝话称为汉封）。因为质子住在这里，所以作为国号。从这里过去，一直到印度各国，土地上本不产植梨、桃，由于是质子所种植的，因此称桃子为至那你（唐朝话称为汉持来），梨子为至那罗阇弗呾逻（唐朝话称为汉王子）。所以这个国家的人深深地敬重东方，不断地有人指着我说："这是我们先代君王的同国之人。"

〔注释〕

①质子：古代派往他国作抵押的人质。

②至那罗阇弗呾逻：这是中国水果西传的较早记载。

二、暗林伽蓝及迦多衍那论师遗迹

大城东南行五百余里，至答秣苏伐那僧伽蓝（唐言暗林）①。僧徒三百余人，学说一切有部，众仪肃穆，德行清高，小乘之学特为博究。贤劫千佛皆于此地集天人众，说深妙法。释迦如来涅槃之后第三百年中，有迦多衍那（旧曰迦旃延，讹也）论师者②，于此制《发智论》焉。暗林伽蓝中有窣堵波，高二百余尺，无忧王之所建也。其侧则有过去四佛坐及经行遗迹之处。小窣堵波、诸大石室，鳞次相望，不详其数，并是劫初已来诸果圣人于此寂灭,差难备举,齿骨犹在。绕山伽蓝周二十里,佛舍利窣堵波数百千所,连隅接影。

从此东北行百四五十里,至阇烂达罗国(北印度境)③。

[译文]

从至那仆底国都城向东南方向前行五百多里,到达答秣苏伐那寺院(唐朝话称为暗林)。僧徒有三百多人,学习说一切有部的教义,大众仪表肃穆,德行清雅高洁,特别重视研究小乘佛学。贤劫中的一千位佛陀都会在这里聚集天神、众人,讲说精妙深湛的佛法。释迦如来涅槃以后的第三百年中,有位叫迦多衍那(旧称迦㫋延,错了)的论师,曾在这里写作《发智论》。暗林寺院中有座佛塔,高二百多尺,是无忧王所建造的。佛塔旁边有过去四佛打坐和经行遗迹的处所。小佛塔、诸多大石室,如鱼鳞般排列相望,难计其数,都是劫初以来证果圣人在这里涅槃后兴建的,难以一一列举,齿骨都还存在。环绕山岭的寺院,周围有二十里,佛舍利塔有成百上千座,紧密连接。

从这里向东北方向前行一百四五十里,到达阇烂达罗国(在北印度境内)。

[注释]

①答秣苏伐那僧伽蓝:地约在印度旁遮普邦阿姆利则东南五十多里处的苏丹浦尔。

②迦多衍那:公元前后在西北印度宣扬佛教的论师。著有《阿毗达磨发智论》二十卷,是阐述说一切有部宗教理论的名著。释迦佛陀的十大弟子之一也有一位与此论师同名,常称为摩诃迦㫋延。

③阇烂达罗国:又作阇烂达那等,在今印度北境贾朗达尔。

卷五　六国

羯若鞠阇国

羯若鞠阇国周四千余里。国大都城西临殑伽河,其长二十余里,广四五里。城隍坚峻,台阁相望,花林池沼,光鲜澄镜。异方奇货,多聚于此。居人丰乐,家室富饶。花果具繁,稼穑时播。气序和洽,风俗淳质。容貌妍雅,服饰鲜绮。笃学游艺,谈论清远。邪正二道,信者相半。伽蓝百余所,僧徒万余人,大小二乘兼功习学。天祠二百余所,异道数千余人。

〔译文〕

羯若鞠阇国方圆四千多里。该国的都城西面濒临殑伽河,长二十多里,宽四五里。城池坚固,层台楼阁相望成片。花果林木、水池湖泊,光亮明朗,澄清如镜。各地珍奇的货物,大多聚集在这里。居民丰足欢乐,家家富裕。花果种类繁多,庄稼播种及时。气候温和适宜,风俗醇厚质朴。人们容貌俊美清雅,衣服装饰鲜艳华丽。笃于学习技能,谈论清雅高远。邪正两教,信仰的人各占一半。佛教寺院有一百多所,僧徒有一万多人,大小二乘都加以研究学习。天祠有二百多所,居住着外道信徒有几千人。

一、国号由来

羯若鞠阇国人长寿时,其旧王城号拘苏磨补逻(唐言花宫），王号梵授，福智宿资，文武允备，威慑赡部，声震邻国。具足千子，智勇弘毅，复有百女，仪貌妍雅。时有仙人居殑伽河侧，栖神入定，经数万岁，形如枯木，游禽栖集，遗尼拘律果于仙人肩上，暑往寒来，垂荫合拱。多历年所，从定而起，欲去其树，恐覆鸟巢，时人美其德，号大树仙人。仙人寓目河滨，游观林薄，见王诸女相从嬉戏，欲界爱起，染著心生，便诣花宫，欲事礼请。王闻仙至，躬迎慰曰："大仙栖情物外，何能轻举？"仙人曰："我栖林薮，弥积岁时，出定游览，见王诸女，染爱心生，自远来请。"王闻其辞，计无所出，谓仙人曰："今还所止，请俟嘉辰。"仙人闻命，遂还林薮。王乃历问诸女，无肯应娉。王惧仙威，忧愁毁悴。其幼稚女候王事隙，从容问曰："父王千子具足，万国慕化，何故忧愁，如有所惧？"王曰："大树仙人幸顾求婚，而汝曹辈莫肯从命。仙有威力，能作灾祥，倘不遂心，必起瞋怒，毁国灭祀，辱及先王。深惟此祸，诚有所惧。"稚女谢曰："遗此深忧，我曹罪也。愿以微躯，得延国祚。"王闻喜悦，命驾送归。既至仙庐，谢仙人曰："大仙俯方外之情，垂世间之顾，敢奉稚女，以供洒扫。"仙人见而不悦，乃谓王曰："轻吾老叟，配此不妍。"王曰："历问诸女，无肯从命。唯此幼稚，愿充给使。"仙人怀怒，便恶咒曰："九十九女，一时腰曲，形既毁弊，毕世无婚。"王使往验，果已背伛。从是以后，便名曲女城焉。

〔译文〕

　　在羯若鞠阇国人长寿的时代，该国旧都城号称拘苏磨补逻（唐朝话称作花宫），国王号称梵授，前世积下福德智慧，文武兼备，威慑赡部洲，声震邻国。他拥有一千个儿子，机智勇敢，坚强坚毅。又有一百个女儿，容貌艳丽高雅。当时有位仙人居住在殑伽河边，栖息心神进入禅定状态，经历了数万年，形体如同枯木一般。飞鸟在仙人身上驻足栖息，留下尼拘律果在仙人肩上。夏去冬来，尼拘律果长出树来，树荫浓密，要几个人才能合抱。又经过了许多年，仙人从禅定中起身，想要除去大树，担心颠覆了鸟窝，当时人们赞美他的德行，称他为大树仙人。仙人遥望河边，历观树林，看到国王的女儿们结伴游玩，欲界的爱欲升起，染欲的心思生起。于是前往花宫，想要以礼聘娶。梵授国王听说大树仙人到来，亲自迎接慰劳说："大仙留意于世俗之外，怎么能轻易来到这里？"大树仙人说："我栖息在树林中，经历了长久的岁月。从禅定中出来后游览，看见了大王的诸位女儿，欲爱之心生起，所以从远处前来求婚。"梵授国王听了他的话，想不出什么办法，只好对仙人说："现在请仙人回到住所，等候吉日良辰。"仙人得到许诺，就回到了丛林中。梵授国王于是遍问女儿，没有一个女儿愿意应聘嫁给仙人的。梵授国王畏惧仙人的威力，因为忧愁而憔悴不堪。他最小的女儿趁他事务闲暇时，从容地问道："父王足有一千个儿子，各国都仰慕归化，为什么会忧愁，好像有什么担心的事？"梵授国王说："大树仙人光顾而来求婚，而你们没有一个肯答应。仙人有威力，能够兴起灾患、吉祥，倘若不如他的心意，一定会产生嗔怒，毁坏我们的国家，灭绝我们的祭祀，侮辱到先代君王。我深深地担心这个祸患，确实有些害怕。"小女儿道歉说:"为父王招来这个沉重的忧虑,是我们的罪过。我愿意以微薄的身躯,来延长国家的命运。"梵授国王听说后很高兴,命令驾车送小女儿到仙人住所。到了大树仙人住所后,向仙人道歉说:"大仙以超出世外之心,而垂顾世间之情,谨奉上幼女,供仙人洒扫庭除。"大树仙人见到后不高兴,就对国王说:"你轻视我这个老头,许配给我一个不漂亮的。"梵授国王说:"我问过各个女儿,没有一个愿意答应,只有这个小女儿,愿意供你使唤。"仙人心怀愤怒,就发恶咒说:"九十九个女儿,马上弯腰驼背,形貌丑陋,终生不得结婚。"国王派人回去查看,果然女儿们都已经驼背。从此之后,这个国家便被称为曲女城。

二、戒日王世系及即位治绩

今王,本吠奢种也,字曷利沙伐弹那(唐言喜增),君临有土,二世三王。父字波罗羯罗伐弹那(唐言光增),兄字曷逻阇伐弹那(唐言王增)。王增以长嗣位,以德治政。时东印度羯罗拿苏伐剌那(唐言金耳)国设赏迦王(唐言月)每谓臣曰:"邻有贤主,国之祸也。"于是诱请,会而害之。人既失君,国亦荒乱。时大臣婆尼(唐言辩了)职望隆重,谓僚庶曰:"国之大计,定于今日。先王之子,亡君之弟,仁慈天性,孝敬因心,亲贤允属,欲以袭位。于事何如? 各言尔志。"众咸仰德,尝无异谋。于是辅臣执事咸劝进曰:"王子垂听,先王积功累德,光有国祚。嗣及王增,谓终寿考,辅佐无良,弃身雠手,为国大耻,下臣罪也。物议时谣,允归明德。光临土宇，克复亲雠，雪国之耻，光父之业，功孰大焉？幸无辞矣！”王子曰：“国嗣之重，今古为难，君人之位，兴立宜审。我诚寡德，父兄遐弃，推袭大位，其能济乎？物议为宜，敢忘虚薄？今者殑伽河岸，有观自在菩萨像，既多灵鉴，愿往请辞。”即至菩萨像前，断食祈请。菩萨感其诚心，现形问曰：“尔何所求，若此勤恳？”王子曰：“我惟积祸，慈父云亡；重兹酷罚，仁兄见害。自顾寡德，国人推尊，令袭大位，光父之业。愚昧无知，敢希圣旨！”菩萨告曰：“汝于先身，在此林中为练若苾刍[①]，而精勤不懈。承兹福力，为此王子。金耳国王既毁佛法，尔绍王位，宜重兴隆，慈悲为志，伤愍居怀，不久当王五印度境。欲延国祚，当从我诲，冥加景福，邻无强敌。勿升师子之座，勿称大王之号。”于是受教而退，即袭王位，自称曰王子，号尸罗阿迭多(唐言戒日)。于是命诸臣曰：“兄仇未报，邻国不宾，终无右手进食之期。凡尔庶僚，同心戮力！”遂总率国兵，讲习战士。象军五千，马军二万，步军五万，自西徂东，征伐不臣。象不解鞍，人不释甲，于六年中，臣五印度。既广其地，更增甲兵，象军六万，马军十万。垂三十年，兵戈不起，政教和平，务修节俭，营福树善，忘寝与食。令五印度不得啖肉，若断生命，有诛无赦。于殑伽河侧建立数千窣堵波，各高百余尺。于五印度城邑、乡聚、达巷、交衢，建立精庐，储饮食，止医药，施诸羁贫，周给不殆。圣迹之所，并建伽蓝。五年一设无遮大会，倾竭府库，惠施群有，惟留兵器，不充檀舍。岁一集会诸国沙门，于三七日中，以四事供养，庄严法座，广饰义筵，令相榷论，校其优劣，褒贬淑慝，黜陟幽明。若戒行贞固，道德纯邃，推升师子之座，王亲受法；戒虽清净，学无稽古，但加敬礼，示有尊崇；律仪无纪，秽德已彰，驱出国境，不愿闻见。邻国小王、辅佐大臣，殖福无怠，求善忘劳，即携手同座，谓之善友。其异于此，面不对辞，事有闻议，通使往复。而巡方省俗，不常其居，随所至止，结庐而舍。唯雨三月，多雨不行。每于行宫日修珍馔，饭诸异学，僧众一千，婆罗门五百。每以一日分作三时，一时理务治政，二时营福修善，孜孜不倦，竭日不足矣。

[译文]

现在的国王，本来属于吠奢种姓，名字叫曷利沙伐弹那（唐朝话称作喜增），统治疆土，两代出了三个君王。父亲名叫波罗羯罗伐弹那（唐朝话称为光增），兄长名叫曷逻阇伐弹那（唐朝话称为王增）。王增作为长子而继位，以道德治理国家政事。当时东印度羯罗拿苏伐剌那（唐朝话称作金耳）国的设赏迦王（唐朝话称为月）每每对臣下说："邻邦有贤明的君主，就是我国的祸患。"于是诱请王增赴会，趁会面时杀害了他。羯若鞠阇国人失去了君王，国家陷入混乱之中。这时大臣婆尼（唐朝话称为辩了）职高望重，对僚属们说："国家的兴亡大事，决定于今日。先王的儿子，新亡君主的弟弟，天性出自仁慈，孝敬发自内心，为国亲和贤臣所归心，我想要推举他继位。此事如何？各位谈谈自己的意见。"众人都仰慕喜增的德行，没有其他意见。于是辅政大臣都劝喜增登位，说："王子请听我们报告，先王积累功德，光荣地享有国政。传位给王增之后，本以为会尽享天年，只因为我们辅佐不力，而丧生于敌人之手，成为国家的大耻，这都是臣下的罪过。现在的舆论与民谣，都归心于你英明而贤德的王子。希望你来治理天下，报杀亲之仇，雪国家耻辱，光大父亲的基业。功劳哪有比这更大的呢？希望你不要推辞！"喜增王子说："国家继嗣这件重任，古今都是难事，统治天下之位，推立应该谨慎。我实在德行微薄，父王与兄长都离我而去，如今推举我继承大位，我能够担当大任吗？舆论以为我合适，我岂能忘记自己德行的虚薄？现在殑伽河岸边有观自在菩萨像，非常灵验，我想前往请教。"于是到菩萨像前，断绝饮食，一心祈请。观自在菩萨为喜增王子诚心感动，显露真身问道："你有什么祈求，如此殷勤恳切？"喜增王子说："我因积累灾祸，慈父去世；又遭受残酷的处罚，仁兄又被杀害。想到自己德行寡薄，而国人拥戴，推举我继承大位，光大父亲的业绩。我愚昧无知，祈求菩萨的圣旨指点。"菩萨告诉他说："你在前世，在这片树林中做比丘，精诚勤奋，毫无懈怠。承借这个福力，做了这个国家的王子。金耳国王既然毁弃佛法，你继承王位后，应该重新兴隆佛法，以慈悲为心志，常怀怜悯之心，不久就会统治五印度之境。你如果要延长国运，就要遵从我的教诲，神明会暗中加以赐福，邻邦中没有强敌。但你现在不要升师子之座，也不要称大王名号。"喜增王子受教后返回，继承了王位，但自称王子，号为尸罗阿迭多（唐朝话称作戒日）。戒日王于是命令臣属说："我兄长的仇还没有报，邻国还没有归顺，终究没有舒适安逸的日子。你们各位臣僚，要同心协力辅佐我。"于是统领全国军队，训练士兵。象军五千人,马军二万人,步军五万人,从西向东,征伐不臣服者。象不解下鞍座,人不解下铠甲,六年之中,征服了五印度各个国家。戒日王在拓展土地之外,又增加了铠甲兵士,达到象军六万人,马军十万人。将近三十年时间内,没有战争,政治和平,戒日王厉行节俭,营植福德,树立善业,废寝忘食。他命令五印度内不能吃肉,如果杀害生命,就杀无赦。在殑伽河边建立起几千座佛塔,各高一百多尺。在五印度的城池、乡落、街巷、要道,建立精舍,储备饮水和粮食,配备医用药品,施舍给旅行者和贫苦的人,接济不充裕的人。佛陀留下遗迹的地方,都建立起寺院。每五年设一次无遮大会,竭尽府库所藏,普惠地施舍给众生。只留下兵器,不用以布施。每年一次召集各国的僧徒,在接连三个七天的时间里,以衣服、卧具、饮食、汤药四项供养,将讲法之座庄严装饰,广设讲席,让他们商榷辩论,互相评论优劣,扬善斥恶,罢黜愚昧之徒,提升明智之人。如果有人戒律道行贞洁坚固,品德纯粹深邃,就推举他登上狮子座,戒日王亲自聆受他讲法;如果有人戒行虽然清净,但学识不足渊博,只是加以礼遇,表示尊重;如果有人不遵守戒律,丑陋的道德已经彰显,则驱逐出国境,不愿意再见到和听到他们。邻国的小王,辅佐大臣,如果不懈地培植福德,忘劳地行善,戒日王就携手同坐,称为善友。如果不是这样,即使见面,戒日王也不与交谈,有事要商议,就派遣使者往来办理。戒日王巡察各地,考察民俗,不固定在一地常住,随所到之处,搭建房屋而住。只在雨季的三个月,因为多雨而不远行。戒日王常常在行宫中每天准备佳肴,宴请各教派人士,佛教僧徒一千人,婆罗门五百人。常把一天分为三个时段,一个时段料理政事,两个时段造福行善,孜孜不倦,一天下来还嫌不够。

〔注释〕

①练若:或作阿兰若,梵语的音译,意为寂静处。原指僧侣修行处,后指佛寺。

三、玄奘会见戒日王

初,受拘摩罗王请白,自摩揭陀国往迦摩缕波国。时戒日王巡方在羯朱嗢祇逻国,命拘摩罗王曰:“宜与那烂陀远客沙门速来赴会。”于是遂与拘摩罗王往会见焉。戒日王劳苦已曰:“自何国来,将何所欲?”对曰:“从大唐国来,请求佛法。”王曰:“大唐国在何方?经途所亘,去斯远近?”对曰:“当此东北数万余里,印度所谓摩诃至那国是也。”王曰:“尝闻摩诃至那国有秦王天子,少而灵鉴,长而神武。昔先代丧乱,率土分崩,兵戈竞起,群生荼毒,而秦王天子早怀远略,兴大慈悲,拯济含识,平定海内,风教遐被,德泽远洽,殊方异域,慕化称臣。氓庶荷其亭育,咸歌《秦王破阵乐》[①]。闻其雅颂,于兹久矣。盛德之誉,诚有之乎?大唐国者,岂此是耶?”对曰:“然。至那者,前王之国号;大唐者,我君之国称。昔未袭位,谓之秦王;今已承统,称曰天子。前代运终,群生无主,兵戈乱起,残害生灵。秦王天纵含弘,心发慈愍,威风鼓扇,群凶殄灭,八方静谧,万国朝贡。爱育四生,敬崇三宝,薄赋敛,省刑罚,而国用有余,氓俗无宄,风猷大化,难以备举。”戒日王曰:“盛矣哉!彼土群生,福感圣主。"

〔译文〕

当初,我接受拘摩罗王的邀请,从摩揭陀国前往迦摩缕波国。当时戒日王巡视到了羯朱嗢祇逻国,命令拘摩罗王说:"你应该与那烂陀寺远道而来的沙门赶快来赴会。"于是我就和拘摩罗王前往会见。戒日王慰问之后问道:"从哪国来?将要做些什么?"我回答说:"我从大唐国而来,来请求佛法。"戒日王说:"大唐国在什么地方?路上经过哪些地方,离这里远近如何?"我回答说:"大唐国在此地东北方向几万里之外,就是印度所说的摩诃至那国。"戒日王说:"我曾经听说摩诃至那国有位秦王天子,年少而有灵慧,成年后神明勇武。从前先代丧乱,国土分崩离析,战争不断被挑起,百姓遭受荼毒,而秦王天子早就深怀远大谋略,大发慈悲之心,拯救众生,平定了天下,他的教化远传,德泽远布,外国异邦都仰慕他的教化而称臣。民众蒙受他的养育之恩,都歌唱《秦王破阵乐》。我听到人们对他的称颂,到今天已经很久了。如此盛大德行的称誉,果真有其事吗?大唐国,难道就是这个国家吗?"我回答说:"是的。至那,是前代国号;而大唐,则是我皇的国号。从前他未登位时,称为秦王,现在已经继承大统,称为天子。前代国运已尽,众生没有主宰,战乱纷起,残害百姓生灵。秦王天性胸怀博大,心发慈悲怜悯,威风震慑天下,群凶都被他歼灭,八方静谧安宁,万国都来朝贡。他爱护一切生灵,敬重佛教三宝,降低税收,减省刑罚,可是国家用度有余,民众没有违法的,风尚大为改变,难以一一列举。"戒日王说:"真是盛大啊!那个国家的众生,福报竟然感得如此圣明的君主!"

①《秦王破阵乐》：据《旧唐书·音乐志》等记载，秦王李世民破叛将刘武周，解唐之危，军人利用军中旧曲填唱新词，欢庆胜利，遂有"秦王破阵"之曲流传于世，后编入乐府。贞观初，唐太宗诏魏徵等增撰歌词七首，吕才协律度曲，订为《秦王破阵乐》。

四、曲女城法会

时戒日王将还曲女城设法会也，从数十万众，在殑伽河南岸。拘摩罗王从数万之众，居北岸。分河中流，水陆并进。二王导引，四兵严卫，或泛舟，或乘象，击鼓鸣螺，拊弦奏管。经九十日，至曲女城，在殑伽河西大花林中。是时诸国二十余王先奉告命，各与其国髦俊沙门及婆罗门、群官、兵士，来集大会。王先于河西建大伽蓝。伽蓝东起宝台，高百余尺，中有金佛像，量等王身。台南起宝坛，为浴佛像之处。从此东北十四五里，别筑行宫。是时，仲春月也。从初一日以珍味馔诸沙门、婆罗门，至二十一日。自行宫属伽蓝，夹道为阁，穷诸莹饰，乐人不移，雅声递奏。王于行宫出一金像，虚中隐起，高余三尺，载以大象，张以宝幰。戒日王为帝释之服，执宝盖以左侍，拘摩罗王作梵王之仪，执白拂而右侍。各五百象军，被铠周卫，佛像前后各百大象，乐人以乘，鼓奏音乐。戒日王以真珠杂宝及金银诸花，随步四散，供养三宝。先就宝坛，香水浴像。王躬负荷，送上西台，以诸珍宝、侨奢耶衣数十百千，而为供养。是时唯有沙门二十余人预从，诸国王为侍卫。馔食已讫，集诸异学，商榷微言，抑扬至理。日将曛暮，回驾行宫。如是日送金像，导从如初，以至散日。

其大台忽然火起，伽蓝门楼烟焰方炽。王曰："罄舍国珍，奉为先王，建此伽蓝，式昭胜业，寡德无祐，有斯灾异，咎征若此，何用生为！"乃焚香礼请而自誓曰："幸以宿善，王诸印度，愿我福力，禳灭火灾，若无所感，从此丧命！"寻即奋身，跳履门阃①，若有扑灭，火尽烟消。诸王睹异，重增祗惧。已而颜色不动，辞语如故，问诸王曰："忽此灾变，焚烬成功，心之所怀，意将何谓？"诸王俯伏悲泣，对曰："成功胜迹，冀传来叶，一旦灰烬，何可为怀？况诸外道，快心相贺！"王曰："以此观之，如来所说诚也。外道异学守执常见，惟我大师无常是诲。然我檀舍已周，心愿谐遂，属斯变灭，重知如来诚谛之说，斯为大善，无可深悲。"

于是从诸王东上大窣堵波，登临观览。方下阶陛，忽有异人持刃逆王，王时窘迫，却行进级，俯执此人，以付群官。是时群官惶遽，不知进救。诸王咸请诛戮此人，戒日王殊无忿色，止令不杀。王亲问曰："我何负汝，为此暴恶？"对曰："大王德泽无私，中外荷福。然我狂愚，不谋大计，受诸外道一言之惑，辄为刺客，首图逆害。"王曰："外道何故兴此恶心？"对曰："大王集诸国，倾府库,供养沙门,熔铸佛像。而诸外道自远召集,不蒙省问,心诚愧耻。乃令狂愚,敢行凶诈。”于是究问外道徒属。有五百婆罗门,并诸高才,应命召集,嫉诸沙门蒙王礼重,乃射火箭,焚烧宝台,冀因救火,众人溃乱,欲以此时杀害大王。既无缘隙,遂雇此人,趋隘行刺。是时诸王、大臣请诛外道,王乃罚其首恶,余党不罪。迁五百婆罗门出印度之境。于是乃还都也。

[译文]

　　当时,戒日王将要回到曲女城举行法会,有几十万人跟随,驻扎在殑伽河南岸。拘摩罗王带着几万人,驻扎在北岸。以河流中心为界,水上陆地齐头并进。二位国王在前引导,步、骑、车、象四个兵种严加护卫,有人坐船,有人骑象,有人击鼓,有人鸣螺,有人抚琴,有人吹管。经过了九十天,到达曲女城,驻扎在殑伽河西面的大花林中。这时,各国的二十多位国王事先接到命令,各自和其国家的杰出僧人和婆罗门、百官、士兵,前来参加大会。戒日王此前在河西建好一座大寺院。寺院东边筑起宝台,高一百多尺,寺院中塑有金佛像,身量与戒日王相同。宝台南边筑起宝坛,是沐浴佛像的地方。从这里往东北方向十四五里的地方,另外筑起行宫。这时是仲春二月,从初一开始,用美味佳肴款待各位僧人、婆罗门,直到二十一日。从行宫到寺院,沿途盖起楼阁,极尽各种装饰,乐工站立不动,雅乐递相吹奏。戒日王从行宫中请出一尊金佛像,虚置于空中,隐约可见,高三尺多,用大象驮载,以镶有宝石的帐幔罩着。戒日王穿着帝释的服装,手持宝盖在左侧侍卫;拘摩王扮作梵王的仪表,手执白拂在右侧侍卫。各自有象军五百人，披着铠甲在周围护卫。佛像前后各有一百头大象，由乐工骑乘，鼓奏音乐。戒日王用珍珠宝物和金银花朵，一边前行，一边四处抛撒，供养佛教三宝。首先到达宝坛，用香水洗浴佛像。戒日王亲自背着佛像，送上西台，用各种珍宝和成百上千件侈奢耶衣，作为供养。这时，只有二十多位僧人参与随从，各位国王在旁侍卫。饭食以后，戒日王召集各派学者，商榷微言大义，探讨深奥道理。时近黄昏，戒日王起驾回到行宫。就这样，每天护送金像，导引和随从如初，直到法会结束。

有一天，大台忽然起火，寺院的门楼火焰正烧得炽烈。戒日王说："我罄尽国家珍宝来施舍，为了供奉先代君王，而建造这座寺院，显扬佛教伟业。而我德行寡薄，没有得到神灵保佑，招致这一灾难，凶兆如此，要这一生命有什么用呢！"戒日王于是焚香祈祷，自己发誓说："我有幸凭借往世的善报，统治整个印度，希望用我的福力，扑灭火灾。如果不能感动神灵，就从此丧命。"随即奋身一跳，跳过门槛，仿佛有人来救火，火焰灭尽，烟雾消失。各位国王看到这一灵异之事，更加心生敬畏。事后，戒日王脸色不变，言语谈话如同从前，问各位国王："忽然遭遇这一灾难变故，把建造的一切都焚烧成灰烬，你们心里想些什么，将要有什么说法吗？"各位国王都俯伏在地上，悲伤地哭泣，回答说："本来建造这些伽蓝楼阁的胜业，希望传至后世，现在一旦化为灰烬，哪能有什么想法？况且各种外道之人，却在快意地相互庆贺。"戒日王说："由此看来，如来所说的佛法对极了。外道的各种学派固守世俗寻常之见，只有我佛大师，以'无常'加以教诲。不过我施舍已经达成，心愿都已实现，遭遇如此变故，更加了解了如来的真谛学说。这是大好事，不必过度悲伤。"

于是，戒日王带着各位国王，向东登上大塔，观赏游览。戒日王正要下台阶时，忽然有个陌生人拿着刀迎面来刺戒日王。戒日王这时困窘急迫，倒行着上了一级台阶，俯身抓住了这个人，交付给百官。当时百官惊慌失措，不知上前救护。各位国王都请求诛杀这个人。戒日王毫无愤怒的神色，下令不杀。戒日王亲自审问说："我哪里辜负了你，让你做这种残暴凶恶之事？"刺客回答说："大王德泽广布，大公无私，朝野内外都深受你的福惠。然而我狂妄愚昧，不考虑大局，受那些外道一句话的诱惑，就成为刺客，谋图杀害大王。"戒日王问道："外道信徒为什么起此歹心？"刺客回答说："大王召集各国人众，倾尽府库供养僧人，铸造佛像。可是各个外道从远方招来，却没有被关心慰问，心中实在感到惭愧耻辱，于是指使我这狂妄愚昧之人，贸然来行凶杀人。"于是追究审问外道的成员。有五百位婆罗门，都是些有才能之人，应命前来集会，忌妒沙门僧人受到戒日王的礼遇，就放射火箭焚烧宝台，企图借助救火之际，众人溃乱之机，想要在这个时候杀害大王。既而没有机会，于是雇佣这个人在狭窄的地方行刺。这时，各位国王大臣请求诛杀外道。戒日王惩罚了首恶分子，其余从党不加定罪，把五百婆罗门逐出印度国境。于是戒日王才回到都城。

〔注释〕

①阃(kǔn)：门槛。

五、曲女城附近诸佛迹

城西北窣堵波，无忧王之所建也。如来在昔于此七日说诸妙法。其侧则有过去四佛座及经行遗迹之所，复有如来发爪小窣堵波。

说法窣堵波南,临殑伽何,有三伽蓝,同垣异门,佛像严丽,僧徒肃穆,役使净人数千余户。

精室宝函中有佛牙,长余寸半,殊光异色,朝变夕改。远近相趋,士庶咸集,式修瞻仰,日百千众。监守者繁其喧杂,权立重税,宣告远近:欲见佛牙,输大金钱。然而瞻礼之徒,实繁其侣。金钱之税,悦以心竞。每于斋日,出置高座,数百千众,烧香散花,花虽盈积,牙函不没。

伽蓝前左右各有精舍,高百余尺,石基砖室。其中佛像,众宝庄饰,或铸金银,或镕鍮石。二精舍前各有小伽蓝。

伽蓝东南不远,有大精舍,石基砖室,高二百余尺。中作如来立像,高三十余尺,铸以鍮石,饰诸妙宝。精舍四周石壁之上,雕画如来修菩萨行所经事迹,备尽镌镂。

石精舍南不远,有日天祠。祠南不远,有大自在天祠。并莹青石,俱穷雕刻,规模度量,同佛精舍。各有千户充其洒扫,鼓乐弦歌不舍昼夜。

大城东南六七里,殑伽河南,有窣堵波,高二百余尺,无忧王之所建也。在昔如来于此六月说身无常、苦、空、不净。其侧则有过去四佛坐及经行遗迹之所。又有如来发、爪小窣堵波,人有染疾,至诚旋绕,必得痊愈,蒙其福利。

[译文]

　　曲女城的西北方向有座佛塔,是无忧王所建造的。如来从前在这里曾用七天时间讲说佛教各种妙法。塔旁则有过去四佛的座位和经行遗迹的场所,还有收藏如来头发、指甲的小塔。

　　说法佛塔的南面,靠着殑伽河,有三所佛教寺院,共用一堵围墙而不同门厅。佛像庄严华丽,僧徒严肃静穆,役使的净人数量有几千家。

　　精舍的宝盒中藏有佛牙,长度超过一寸半,各种颜色,光彩特异,早晚都有变化。远近的人都赶来瞻仰,官吏民众都来聚会,恭敬礼拜,每天有成百上千的人。守护的人厌烦喧哗嘈杂,权且设立重税,向远近的民众宣告:想要看佛牙,须交纳大金钱。然而瞻仰礼拜的人,仍然繁多。金钱税收,让大家更愿意去暗暗竞争。每到斋日期间,精舍把佛牙摆在高高的座位上,成百上千的人前来敬香撒花。鲜花虽然层层堆积,宝盒却从未被遮住。

　　寺院前的左右两边各有一座精舍,高一百多尺,石头作基,砖砌为房。里面的佛像,用各种宝物装饰,有的是金银铸造,有的是鍮石熔铸。两座精舍前各有一座小寺院。

　　寺院东南方向不远处,有一座大精舍,也是石基砖房,高二百多尺。中间塑立着如来的立像,高三十多尺,以鍮石铸成,用各种精致的宝物装饰。精舍四周的石壁之上,雕画着如来修菩萨行时所经历的事迹,穷尽镌刻之巧。

　　在石精舍南面不远处,有一座日天祠。天祠南面不远处,有一座大自在天祠。两所天祠都用青石装饰,穷尽雕刻技巧,样式和大小,与佛精舍相同。各自有一千民户,充任洒扫之役。鼓乐弦歌,日夜不断。

在都城东南方向六七里，殑伽河南面，有一座佛塔，高二百多尺，是无忧王所建造的。从前如来在这里曾用六个月时间讲说身无常、苦、空、不净的佛法。塔旁则有过去四佛打坐与经行遗迹的场所，又有收藏如来头发、指甲的小塔，人们如果染上疾病，充满诚意地绕塔行走，一定能够痊愈，蒙受佛塔的福报。

六、纳缚提婆矩罗城

大城东南行百余里，至纳缚提婆矩罗城①，据殑伽河东岸，周二十余里。花林清池，互相影照。

纳缚提婆矩罗城西北，殑伽河东，有一天祠，重阁层台，奇工异制。

城东五里有三伽蓝，同垣异门，僧徒五百余人，并学小乘说一切有部。伽蓝前二百余步，有窣堵波，无忧王之所建也，基虽倾陷，尚高百余尺，是如来昔于此处七日说法。中有舍利，时放光明。其侧则有过去四佛坐及经行遗迹之所。

伽蓝北三四里，临殑伽河岸，有窣堵波，高二百余尺，无忧王之所建也。昔如来在此七日说法，时有五百饿鬼来至佛所，闻法解悟，舍鬼生天。说法窣堵波侧有过去四佛坐及经行遗迹之所。其侧复有如来发爪窣堵波。

自此东南行六百余里，渡殑伽河，南至阿逾陀国（中印度境）②。

〔译文〕

从都城向东南方向前行一百多里,到达纳缚提婆矩罗城。该城位于殑伽河东岸,方圆二十多里。花果林木、清泉湖池,互相映照。

在纳缚提婆矩罗城的西北方向,殑伽河东岸,有一座天祠,楼阁重重,台榭层层,工艺制作奇异精巧。

在纳缚提婆矩罗城以东五里,有三所寺院,共用一堵围墙而门庭不同。住着僧徒五百多人,都学习小乘佛教的说一切有部。寺院前面二百多步,有座佛塔,是无忧王所建造的。塔基虽然已经倾斜陷落,仍高一百多尺,如来从前曾在这里说法七天。塔中有舍利,时常放出光明。塔旁有过去四佛打坐和经行遗迹的场所。

在寺院北面三四里,靠近殑伽河岸,有座佛塔,高二百多尺,是无忧王所建造的。从前如来在这里说法七天,当时有五百个饿鬼来到佛所在之处,听到佛法后有所领悟,脱离了鬼道而转生天界。说法佛塔旁,有过去四佛打坐和经行遗迹的场所,旁边又有收藏如来头发和指甲的佛塔。

从这里向东南方向前行六百多里,渡过殑伽河,向南到达阿逾陀国(在中印度境内)。

〔注释〕

①纳缚提婆矩罗城:在今印度恒河东岸,或说在印度北方邦的卡瑙季东南三十五公里的般达尔冒以北的奈瓦尔。

②阿逾陀国:又作阿逾阇等,是印度教徒七大圣地之一。多认为在今印度北部法特普尔的阿普侬。

卷六 四国

室罗伐悉底国

室罗伐悉底国周六千余里。都城荒颓,疆场无纪①。宫城故基周二十余里,虽多荒圮,尚有居人。谷稼丰,气序和。风俗淳质,笃学好福。伽蓝数百,圮坏良多,僧徒寡少,学正量部。天祠百所,外道甚多。

〔译文〕

室罗伐悉底国方圆六千多里。都城荒废颓败,国土疆界没有修缮。宫城的旧地基方圆二十多里,虽然大多荒败倒塌,仍有居民。谷物庄稼丰收,气候温和。风俗淳厚质朴,人民喜爱学习,好积福德。佛教寺院有几百所,倒塌毁坏的很多,僧徒稀少,研学正量部佛法。天祠一百所,外道信徒很多。

〔注释〕

①纪:处理,治理。《国语·周语上》:"纪农协功。"陶潜《移居》:"衣食当须纪,力耕不吾欺。"

一、胜军王

此则如来在世之时,钵逻犀那恃多王(唐言胜军。旧曰波斯匿,讹略也)所治国都也①。故宫城内有故基,胜军王殿余址地。

次东不远,有一故基,上建小窣堵波,昔胜军王为如来所建大法堂也。

法堂侧不远,故基上有窣堵波,是佛姨母钵逻阇钵底(唐言生主。旧云波阇波提,讹也)苾刍尼精舍[2],胜军王之所建立。次东窣堵波,是苏达多(唐言善施。旧曰须达,讹也)故宅也[3]。

[译文]

这里是如来在世之时,钵逻犀那恃多王(唐朝话称作胜军。过去称作波斯匿,是错误与疏略了)所治理的国都。旧宫城内有旧房基,正是胜军王宫殿的遗址。

往东边不远,有一处旧地基,上面建造了一座小塔,是从前胜军王为如来建造的大法堂。

法堂旁边不远,旧地基上有座塔,这里是佛陀的姨母钵逻阇钵底(唐朝话称作生主。过去称为波阇波提,错了)比丘尼的精舍,由胜军王所建造。再往东去的塔,是苏达多(唐朝话称作善施。过去称作须达,错了)的故居。

[注释]

①钵逻犀那恃多王:又作波斯匿王、钵啰洗曩喻那王,意译胜军王、胜光王、和悦王、月光王、明光王等。公元前六世纪憍萨罗国王,与释迦牟尼同时,对佛教的发展给予了大力支持。

②钵逻阇钵底:又译作摩诃钵剌阇钵底、摩诃卑耶和题,或略称波阇波提,意译作大爱道、大胜生主、大生主、大世主等,又称波提夫人,释迦牟

尼的姨母。释迦牟尼因生母在产后七天病卒，由其姨母哺育成人，故尊姨母为生主。波提夫人后出家，成为佛教中最早的比丘尼。

③苏达多：室罗伐悉底国的长者，钵逻犀那恃多王的大臣，意译为善施。后皈依佛教，买下逝多太子的园林，建祇园精舍供养佛陀。参见后文。

二、指鬘舍邪处

善施长者宅侧有大窣堵波，是鸯窭利摩罗（唐言指鬘。旧曰央掘摩罗，讹也）舍邪之处[①]。鸯窭利摩罗者，室罗伐悉底之凶人也。作害生灵，为暴城国，杀人取指，冠首为鬘。将欲害母，以充指数。世尊悲愍，方行导化。遥见世尊，窃自喜曰："我今生天必矣。先师有教，遗言在兹，害佛杀母，当生梵天。"谓其母曰："老今且止，先当害彼大沙门。"寻即杖剑往逆世尊。如来于是徐行而退，凶人指鬘疾驱不逮。世尊谓曰："何守鄙志，舍善本，激恶源？"时指鬘闻诲，悟所行非，因即归命，求入法中。精勤不怠，证罗汉果。

[译文]

善施长者故居旁有座大佛塔，是鸯窭利摩罗（唐朝话称作指鬘。过去称作央掘摩罗，错了）舍弃邪见的地方。鸯窭利摩罗，是室罗伐悉底国的恶人。他残害生灵，在整个罗伐悉底城邑乡村施行暴行，杀人后割取其手指，串在头上作为装饰。鸯窭利摩罗将要杀死母亲，以凑足手指之数。世尊悲哀怜悯世人，正要前去引导教化鸯窭利摩罗，他远远看到世尊，暗自喜悦地说：

"我现在一定可以升天了。先师有教诲,遗言是这样的,谋害佛陀,杀死母亲,可以转生梵天。"鸯窦利摩罗对他的母亲说:"老人家你现在先待在这里,我要先杀死那个大沙门。"随即拿着剑前去刺杀世尊。如来于是慢慢地后退,恶人指鬘快步追赶,但总赶不上。世尊对他说:"你为什么要固守卑鄙的志向,舍弃为善的根本,激起邪恶的根源呢?"这时指鬘听到佛陀的教诲,觉悟到自己行为的错误,当即皈依佛陀,请求进入佛门。他精进勤勉,毫不懈怠,后证得罗汉果。

[注释]

①鸯窦利摩罗:又作鸯崛利摩罗、央掘摩罗,意译为指鬘。传说为侨萨罗国胜军王的宰相奇角之子,受人引诱而信邪说,以为杀千人可得涅槃。当其欲杀第一千人,即其亲生母亲时,为佛陀所阻止,他接受佛陀教诲而成为佛陀弟子。

三、逝多林给孤独园

城南五六里有逝多林(唐言胜林。旧曰祇陀,讹也),是给孤独园,胜军王大臣善施为佛建精舍。昔为伽蓝,今已荒废。东门左右各建石柱,高七十余尺,左柱镂轮相于其端,右柱刻牛形于其上,并无忧王之所建也。室宇倾圮,唯余故基,独一砖室岿然独在,中有佛像。昔者如来升三十三天,为母说法之后,胜军王闻出爱王刻檀佛像,乃造此像。

善施长者仁而聪敏,积而能散,拯乏济贫,哀孤恤老,时美其德,号给孤独焉。闻佛功德,深生尊敬,愿建精舍,请佛降临。世尊命舍利子随瞻揆焉,唯太子逝多园地爽垲。寻诣太子,具以情告。太子戏言:"金遍乃卖。"善施闻之,心豁如也,即出藏金,随言布地。有少未满,太子请留,曰:"佛诚良田,宜植善种。"即于空地,建立精舍。世尊即之,告阿难曰:"园地善施所买,林树逝多所施,二人同心,式崇功业。自今已去,应谓此地为逝多林给孤独园。"

[译文]

　　在室罗伐悉底国都城南面五六里处有片逝多林(唐朝话称作胜林,过去称作祇陀,错了),这座给孤独园,是胜军王的大臣善施为佛陀所造的精舍。从前是寺院,现在已经荒芜废败。精舍东门左右各建有一根石柱,高七十多尺。左边的柱顶上镂刻着轮相,右边的柱顶上雕刻着牛形,都是无忧王所建造的。房屋已经倒塌,只剩下旧基,唯独一间砖房还独自岿然存在,里面塑有佛像。从前如来升上三十三天,为母亲说法之后,胜军王听说出爱王雕刻了檀木佛像,就建造了这尊佛像。

　　善施长者仁慈而聪明,积累了很多财富而能散施,拯济贫穷困乏之人,哀怜孤独,体恤老人,当时人赞美他的德行,称他为给孤独长者。善施长者听说佛陀的功德后,深深地产生尊敬之心,发愿建造一座精舍,邀请佛陀光临。世尊命令舍利子随他察看地方,只有太子逝多的园地高爽。善施长者马上去见太子,详细地报告了事情经过。太子开玩笑说:"只有用黄金铺满园地,我才肯卖给你。"善施听说后,心中豁然,当即取出所藏金币,按太子所说铺满园地。有一小块地还没铺满的时候,太子请他留住,说："佛陀实在是种福良田，我们都应该播上善行的种子。"善施长者就在空地上建起精舍。世尊来到这里，告诉阿难说："园地是善施长者所买，树林是逝多太子所施，二人同心，建立这一功业，从今以后，应该称这片地为逝多林给孤独园。"

四、如来洗病比丘处

给孤独园东北有窣堵波，是如来洗病苾刍处。昔如来在世也，有病苾刍含苦独处。世尊见而问曰："汝何所苦？汝何独居？"曰："我性疏懒，不耐看病，故今婴疾，无人瞻视。"如来是时愍而告曰："善男子，我今看汝。"以手拊摩，病苦皆愈。扶出户外，更易敷蓐，亲为盥洗，改着新衣。佛语苾刍："当自勤励。"闻诲感恩，心悦身豫。

〔译文〕

给孤独园的东北有座佛塔，这里是如来为生病的比丘洗涤的地方。从前如来在世的时候，有位生病的比丘痛苦地独居一处。世尊见到后问他说："你为什么痛苦？为什么独自居住？"比丘回答说："我性格懒散，不耐烦去看病，所以现在患了病，无人看护。"如来这时怜悯地告诉他说："好男子，我现在来看护你。"就用手抚摸他，比丘的病痛都消失了。佛陀把他扶出室外，为他更换被褥，亲自为他洗涤，换上新衣服。佛陀告诉比丘说："你应当自己勤奋努力。"比丘听到佛陀的教诲，十分感激，心情舒畅，身体随之康复。

五、舍利弗与目连试神通处及诸佛遗迹

给孤独园西北有小窣堵波,是没特伽罗子运神通力举舍利子衣带不动之处。昔佛在无热恼池,人天咸集,唯舍利子不时从会。佛命没特伽罗往召来集。没特伽罗承命而往,舍利子方补护法衣。没特伽罗曰:"世尊今在无热恼池,命我召尔。"舍利子曰:"且止,须我补竟,与子偕行。"没特伽罗曰:"若不速行,欲运神力,举尔石室至大会所。"舍利子乃解衣带置地,曰:"若举此带,我身或动。"时没特伽罗运大神通,举带不动,地为之震。因以神足还诣佛所,见舍利子已在会坐。没特伽罗俯而叹曰:"乃今以知神通之力不如智慧之力矣。"

举带窣堵波侧不远有井,如来在世,汲充佛用。其侧有窣堵波,无忧王之所建也,中有如来舍利。经行之迹,说法之处,并树旌表,建窣堵波。冥祇警卫,灵瑞间起,或鼓天乐,或闻神香。景福之祥,难以备述。

〔译文〕

给孤独园的西北面有一座小塔,这里是没特伽罗子运用神通力,举舍利子的衣带而不动的地方。从前佛陀在无热恼池,人众天神都来集会,只有舍利子没有按时到会。佛陀让没特伽罗子前去召他来集会。没特伽罗子受命前往,舍利子当时正在缝补护法衣。没特伽罗子说:"世尊现在无热恼池,命令我来召唤你。"舍利子说:"且稍等,等我补完了,同你一起走。"没特伽罗

子说:"你如不赶快走,我要运起神通力,举起你的石屋到大会上去。"舍利子于是解下衣带放到地上,说:"如果你能举起这条带子,我或许会动身。"这时没特伽罗子运起大神通力,举衣带不动,地却为之震动。没特伽罗子于是以神足力回到佛陀那里,只见舍利子已在会中坐下。没特伽罗子低头叹息说:"我现在才知道神通的力量不如智慧的力量。"

在举带塔旁边不远处有一口水井,如来在世时,曾汲取井水供佛陀使用。井旁有座佛塔,是无忧王所建造的,里面藏有如来的舍利。凡是佛陀经行的遗迹,说法的地方,都树立了标志,建起了佛塔。神灵暗中加以警卫,灵异之事时而出现,有时听到鼓奏天上音乐,有时闻到天神香气。像这样的各种吉祥征兆,难以全部叙述。

六、伽蓝附近三坑传说

伽蓝后不远,是外道梵志杀淫女以谤佛处。如来十力无畏①,一切种智②,人天宗仰,圣贤遵奉。时诸外道共相议曰:"宜行诡诈,众中谤辱。"乃诱雇淫女,诈为听法,众所知已,密而杀之,埋尸树侧,称怨告王。王命求访,于逝多园得其尸焉。是时外道高声唱言:"乔答摩大沙门常称戒忍③,今私此女,杀而灭口。既淫既杀,何戒何忍?"诸天空中随声唱道:"外道凶人为此谤耳。"

伽蓝东百余步,有大深坑,是提婆达多欲以毒药害佛④,生身陷入地狱处。提婆达多(唐言天授),斛饭王之子也。精勤十二年,已诵持八万法藏。后为利故,求学神通,亲近恶友,共相议曰:"我相三十⑤,减佛未几;

大众围绕,何异如来?"思惟是已,即事破僧。舍利子、没特伽罗子奉佛指告,承佛威神,说法诲喻,僧复和合。提婆达多恶心不舍,以恶毒药置指爪中,欲因作礼以伤害佛。方行此谋,自远而来,至于此也,地遂坼焉,生陷地狱。

其南复有大坑,瞿伽梨苾刍毁谤如来[6],生身陷入地狱。

瞿伽梨陷坑南八百余步,有大深坑,是战遮婆罗门女毁谤如来,生身陷入地狱之处。佛为人天说诸法要,有外道弟子,遥见世尊,大众恭敬,便自念曰:"要于今日辱乔答摩,败其善誉,当令我师独擅芳声。"乃怀系木盂,至给孤独园,于大众中扬声唱曰:"此说法人与我私通,腹中之子乃释种也。"邪见者莫不信然,贞固者知为讪谤。时天帝释欲除疑故,化为白鼠,啮断盂系,系断之声震动大众,凡诸见闻增深喜悦。众中一人起持木盂,示彼女曰:"是汝儿耶?"是时也,地自开坼,全身坠陷,入无间狱,具受其殃。

凡此三坑,洞无涯底,秋夏霖雨,沟池泛溢,而此深坑,尝无水止。

〔译文〕

　　寺院后面不远,是外道婆罗门杀害妓女以诽谤佛陀的地方。如来具有十种智力、四无所畏、一切种智,为世人、天神所归宗敬仰,诸多圣贤所遵奉。当时一些外道信徒在一起商议说:"我们应该采用诡诈的手段,当众诽谤侮辱佛陀。"于是诱骗雇佣一名妓女,假称听闻如来说法,让大家都知道后,秘密地杀害了她,把尸体埋在树旁,再喊冤而向国王告发。国王下令到处寻访,在逝多园找到了妓女的尸体。这时外道信徒高声大叫:"乔答摩大沙门常常称说要受戒、忍辱,现在却私通这个女子,并杀人灭口。既邪淫又杀人,哪里有什么戒什么忍呢?"众多天神在空中接着高声说:"这是外道中的恶人做此诽谤之事。"

寺院东边一百多步的地方有个大深坑,是提婆达多想用毒药害死佛陀,而活活陷进地狱的地方。提婆达多(唐朝话称作天授)是斛饭王的儿子,精进、勤勉十二年,已经能诵读八万法藏。后来因为贪图利益的缘故,追求学习神通,亲近邪恶的朋友,与那些恶友一起议论说:"我有三十种相貌,比佛陀差不了多少。我也有大众的拥戴,同如来有什么不同?"这样想了之后,就开始了破坏僧人团结的勾当。舍利子、没特伽罗子奉行佛陀的指令,借助佛陀的威灵,向大众说法,用譬喻教诲,僧团重新和合。提婆达多恶心不改,把毒药放在指甲中,想借行礼的机会伤害佛陀。正要实行这个阴谋,从远处而向佛陀走来,到了这里,大地突然裂开,活活地陷进了地狱。

大深坑的南面又有一个大坑,这是瞿伽梨比丘诽谤如来,在这里活活地陷进地狱的地方。

瞿伽梨陷坑南面八百多步,还有一个大深坑。这里是战遮婆罗门女诽谤如来,活活陷进地狱的地方。佛陀为世人天神讲说佛法精要,有一个外道弟子远远地看到世尊受到大众的崇敬,自我心中想道:"我要在今天羞辱乔答摩,败坏他的声誉,让我的老师独享美名。"于是在怀中系上木盂,来到给孤独园,在大庭广众中高声说:"这个说法的人和我私通,我肚子中的孩子,就是释迦的种。"带有偏见的人没有不相信的,正直的人则知道是造谣诽谤。这时天帝释为了消除众人的疑惑,变化为一只白鼠,咬断了木盂带子,带子断裂的声音震动了大众,凡是耳闻目睹之人,都特别高兴。大众当中有一人捡起木盂,对那女子说:"这是你的孩子吗?"这时候,大地自行裂开,那女子全身陷进去,进入了无间地狱,受到了应有的惩罚。

以上这三个大坑,都深深地见不到底,秋夏大雨时节,沟池泛滥,而这三个深坑却一点水都不曾存积。

〔注释〕

①十力:如来所具有的十种智力,如来证得实相之智,了达一切,无能坏,无能胜,故称为力。十力包括处非处智力、业异熟智力、静虑解脱等持等至智力、根上下智力、种种胜解智力、种种界智力、遍趣行智力、宿住随念智力、死生智力、漏尽智力等。无畏:又作无所畏,无所怖畏之意,指佛、菩萨说法时具有无所怖畏之自信,而勇猛安稳。佛、菩萨之无畏皆有四种,称四无畏、四无所畏,包括诸法现等觉无畏、一切漏尽无畏、障法不虚决定授记无畏、为证一切具足出道如性无畏。佛所具有的十八种功德法(十八不共法),即十力、四无畏、三念住、大悲。而四无畏与十力中的处非处智力、漏尽智力、业法集智力、遍趣行智力相配。

②一切种智:又作佛智,佛的智慧,能以一种之智,知一切诸佛的道法,又能知一切众生的种种因缘。

③乔答摩大沙门:指释迦牟尼,佛陀姓乔答摩,别译为瞿昙。

④提婆达多:释迦牟尼的堂弟,因为与佛陀有宿怨,常常以破坏佛法为事。

⑤我相三十:指"我"具有三十种特殊的相貌。佛陀具有三十二种特殊相貌,称为三十二相好,所以提婆达多认为他与佛陀相去不远。

⑥瞿伽梨:提婆达多的弟子,曾诽谤舍利弗、目犍连等。

七、影覆精舍

伽蓝东六七十步有一精舍,高六十余尺,中有佛像,东面而坐。如来在昔于此与诸外道论议。次东有天祠,量等精舍。日旦流光,天祠之影不蔽精舍;日将落照,精舍之影遂覆天祠。

影覆精舍东三四里有窣堵波,是尊者舍利子与外道论议处。初,善施长者买逝多太子园,欲为如来建立精舍,时尊者舍利子随长者而瞻揆,外道六师求角神力,舍利子随事摄化,应物降伏。

其侧精舍前建窣堵波,如来于此摧诸外道,又受毗舍佉母请①。

〔译文〕

寺院东面六七十步有一座精舍,高六十多尺,里面有一尊佛像,朝东而坐。如来从前曾在这里与外道们辩论。再往东有座外道天祠,大小同精舍一样。白天太阳转动照耀时,天祠的影子遮挡不住精舍。太阳将要落山时,精舍的阴影却能覆盖住天祠。

影覆精舍东面三四里的地方有一座佛塔,这是尊者舍利子和外道辩论的地方。当初,善施长者买下逝多太子园,想为如来建造精舍,当时尊者舍利子随同善施长者去察看,外道的六位老师要求同他较量神力。舍利子根据不同的人加以摄受教化,根据他们的特点降伏了这些外道。

旁边的精舍前建有佛塔,如来曾在这里挫败外道,并接受毗舍佉母说法的请求。

①毗舍佉母：又称毗沙佉优婆夷等，室伐悉底城弥伽罗长者的母亲。皈依佛教后，在逝多园东北建立精舍，请释迦牟尼说法，名东园精舍。

八、毗卢择迦王传说

受请窣堵波南，是毗卢择迦王（旧曰毗流离王，讹也）兴甲兵诛释种，至此见佛归兵之处。毗卢择迦王嗣位之后，追怨前辱，兴甲兵，动大众，部署已毕，申命方行。时有苾刍闻以白佛，世尊于是坐枯树下。毗卢择迦王遥见世尊，下乘礼敬，退而言曰："茂树扶疏，何故不坐？枯株朽蘖，而乃游止？"世尊告曰："宗族者，枝叶也。枝叶将危，庇荫何在？"王曰："世尊为宗亲耳，可以回驾。"于是睹圣感怀，还军返国。

还军之侧，有窣堵波，是释女被戮处。毗卢择迦王诛释克胜，简五百女充实宫闱。释女愤恚，怨言不逊，詈其王"家人之子也"。王闻发怒，命令诛戮。执法者奉王教，刖其手足，投诸坑阱。时诸释女含苦称佛，世尊圣鉴，照其苦毒，告命苾刍，摄衣而往，为诸释女说微妙法，所谓羁缠五欲，流转三途，恩爱别离，生死长远。时诸释女闻佛指诲，远尘离垢，得法眼净，同时命终，俱生天上。时天帝释化作婆罗门，收骸火葬。后人记焉。

诛释窣堵波侧不远，有大涸池，是毗卢择迦王陷身入地狱处。世尊观释女已，还给孤独园，告诸苾刍："今毗卢择迦王却后七日，为火所烧。"王闻佛记，甚怀惶惧。至第七日，安乐无危。王用欢庆，命诸宫女往至池侧，娱游乐饮。犹惧火起，鼓棹清流，随波泛滥。炽焰飙发，焚轻舟，坠王身，入无间狱，备受诸苦。

〔译文〕

接受请法佛塔的南面，是毗卢择迦王（过去称作毗琉离王，错了）发动战争诛杀释迦种族，到这里见到佛陀而撤军的地方。毗卢择迦王继位以后，追忆怨恨从前受到的羞辱，调集军队，发动大众，部署完毕，正下令进发。这时有个比丘得知消息而报告了佛陀。世尊于是坐在枯树下等待毗卢择迦王。毗卢择迦王远远望见世尊，下车向佛陀施礼，退立一旁说："茂密的大树下，佛陀为什么不坐？枯枝败叶之下，佛陀反倒栖息？"世尊告诉他说："宗族就好比大树的枝叶。现在枝叶将有危险，哪里还有庇荫呢？"毗卢择迦王说："原来世尊是因为宗族而来，我们可以班师回朝了！"毗卢择迦王这时因为见到佛陀，心中感伤，撤军返回国内。

撤军之处的旁边，有座佛塔，是释迦家族女子被杀害的地方。毗卢择迦王诛杀释迦家族得胜后，挑选了五百个女子充实自己的后宫。释迦女子心中愤怒，出言不逊，用怨言骂毗卢择迦王是"家奴生的儿子"。毗卢择迦王听说后更加发怒，下令将释迦女子全部诛杀。执法的人奉毗卢择迦王的命令，砍掉她们的手脚，抛进陷阱中。这时释迦女子忍着痛苦称念佛陀，世尊以圣明之眼，看到她们正在受苦，命令众比丘和自己一起提起衣裳赶快前往，为释迦女子讲说精妙的佛法，即五欲羁绊，流转于三恶趣,恩爱者相别离,生死永无休止的道理。当时释迦女子听到佛陀的教诲,便脱离尘世的污染,证得法眼清净,同一时间生命结束,都转生天上。这时天帝释变化成婆罗门,收集她们的骨骸后火葬。后人记下了这件事情。

诛杀释迦女子佛塔旁边不远,有个干涸的大池,这里是毗卢择迦王陷进地狱的地方。世尊见过受害的释迦族女子后,回到给孤独园,告诉比丘们说:"毗卢择迦王在今天以后第七天,将被火烧死。"毗卢择迦王听到佛陀的预言,心中很是恐惧。到了第七天,仍是安乐无事,为了表示欢庆,他命令宫女们前往水池旁,娱乐饮酒。毗卢择迦王心中还担心起火,便在池中划桨泛舟,随波泛流。这时火焰突然发作,焚烧船只,毗卢择迦王坠下去,掉入无间地狱,受遍各种痛苦。

九、得眼林

伽蓝西北三四里,至得眼林。有如来经行之迹,诸圣习定之所,并树封记,建窣堵波。昔此国群盗五百,横行邑里,跋扈城国。胜军王捕获已,抉去其眼,弃于深林。群盗苦逼,求哀称佛。是时如来在逝多精舍,闻悲声,起慈心,清风和畅,吹雪山药,满其眼已,寻得复明。而见世尊在其前住,发菩提心,欢喜顶礼,投杖而去,因植根焉。

〔译文〕

从寺院西北方向前行三四里,到达得眼林。这里有如来经行的遗迹,诸多圣人修习禅定的处所,都树立起标志,建造了佛塔。从前这个国家有五百个强盗,横行城乡,在城市里飞扬跋扈。胜军王把这些强盗捕获后,挖去他们的眼睛,抛弃在深林中。强盗们受苦痛逼迫,称念佛号哀求佛陀保佑。这时,如来在逝多园精舍,听到悲哀的声音,生起慈悲心,便吹起和畅的清风,把雪山的药物吹起,吹满这些人的眼睛后,他们不久就复明了。于是强盗们看见世尊站在面前,生发菩提心,欢喜地顶礼膜拜,丢下拐杖而去,拐杖便在这里扎下了根,长成一片树林。

十、故城

大城西北六十余里有故城,是贤劫中人寿二万岁时,迦叶波佛本生城也。城南有窣堵波,成正觉已初见父处。城北有窣堵波,有迦叶波佛全身舍利。并无忧王所建也。

从此东南行五百余里,至劫比罗伐窣堵国(旧曰迦毗罗卫国,讹也。中印度境)①。

〔译文〕

都城西北六十多里处有座旧城,这是贤劫中人寿二万岁时迦叶波佛诞生的城市。城南有座佛塔,是迦叶波佛成正觉之后初次会见父亲的地方。城北有座佛塔,有迦叶波佛的全身舍利,都是无忧王所建造的。

从这里向东南方向前行五百多里,到达劫比罗伐窣堵国(过去称迦毗罗卫国,错了。在中印度境内)。

〔注释〕

①劫比罗伐窣堵国:又作迦维卫、迦维罗竭等,是释迦牟尼的故乡,位

于今尼泊尔南境内。

劫比罗伐窣堵国

劫比罗伐窣堵国周四千余里。空城十数,荒芜已甚。王城颓圮,周量不详。其内宫城周十四五里,垒砖而成,基址峻固。空荒久远,人里稀旷。无大君长,城各立主。土地良沃,稼穑时播。气序无愆,风俗和畅。伽蓝故基千有余所,而宫城之侧有一伽蓝,僧徒三十余人,习学小乘正量部教。天祠两所,异道杂居。

〔译文〕

劫比罗伐窣堵国方圆四千多里。有空城十多座,荒芜得已经很厉害了。都城颓败倒塌,四周长度并不清楚。内宫城方圆十四五里,砖垒而成,基址险峻坚固。空旷荒芜时间已经很久,人烟稀少空旷。劫比罗伐窣堵国没有最高君主,各城自立城主。土地肥沃,庄稼适时播种。气候适宜无误,风俗温和顺畅。佛教寺院的旧基址有一千多所,宫城旁有一所寺院,僧徒三十多人,研习小乘正量部佛法。天祠有两所,外道信徒混杂居住在一起。

一、释迦为太子时传说

宫城内有故基,净饭王正殿也,上建精舍,中作王像。其侧不远有故基,摩诃摩耶(唐言大术)夫人寝殿也,上建精舍,中作夫人之像。其侧精舍,是释迦菩萨降神母胎处,中有菩萨降神之像。上座部菩萨以嗢呾罗頞沙荼月三十日夜降神母胎，当此五月十五日；诸部则以此月二十三日夜降神母胎，当此五月八日。

菩萨降神东北有窣堵波，阿私多仙相太子处。菩萨诞灵之日，嘉祥辐凑。时净饭王召诸相师而告之曰："此子生也，善恶何若？宜悉乃心，明言以对。"曰："依先圣之记，考吉祥之应，在家作转轮圣王，舍家当成等正觉。"是时阿私多仙自远而至，叩门请见。王甚庆悦，躬迎礼敬，请就宝座，曰："不意大仙今日降顾。"仙曰："我在天宫安居宴坐，忽见诸天群从蹈舞，我时问言：'何悦豫之甚也？'曰：'大仙当知，赡部洲中释种净饭王第一夫人今产太子，当证三菩提①，圆明一切智。'我闻是语，故来瞻仰。所悲朽耄，不遭圣化。"

城南门有窣堵波，是太子与诸释角力掷象之处。太子伎艺多能，独拔伦匹。净饭大王怀庆将返，仆夫驭象，方欲出城，提婆达多素负强力，自外而入，问驭者曰："严驾此象，其谁欲乘？"曰："太子将还，故往奉驭。"提婆达多发愤引象，批其颡，蹴其臆，僵仆塞路，杜绝行途，无能转移，人众填塞。难陀后至，而问之曰："谁死此象？"曰："提婆达多。"即曳之僻路。太子至，又问曰："谁为不善，害此象耶？"曰："提婆达多害以杜门，难陀引之开径。"太子乃举象高掷，越度城堑，其象堕地，为大深坑，土俗相传为象堕坑也。其侧精舍中作太子像。其侧又有精舍，太子妃寝宫也，中作耶输陀罗，并有罗怙罗像。宫侧精舍作受业之像，太子学堂故基也。

[译文]

　　宫城之内有处旧址，是净饭王的正殿。上面建有精舍，其中供奉着净饭王的像。旁边不远有一处旧址，是摩诃摩耶（唐朝话称为大术）夫人的寝殿，上面建有精舍，其中供奉着夫人的像。旁边的精舍，是释迦菩萨投生母胎的地方，里面供奉着菩萨降生的像。上座部认为菩萨是在喔呾罗颊沙荼月三十日夜晚降生母胎的，相当于我国的五月十五日。其他各部则认为是这个月二十三日夜晚降生母胎的，相当于我国的五月初八。

　　菩萨降生处的东北方向有座佛塔，是阿私多仙为太子看相的地方。菩萨诞生之日，各种祥瑞集中出现。当时净饭王召集诸多相师对他们说："这个孩子出生，善恶征兆怎么样？你们要尽心推究，直言相告。"相师们说："依照先代圣人的记载，考察吉祥的征兆，王子如果在家可做转轮圣王，出家将证成等正觉。"这时阿私多仙从远方而来，叩门请求召见。净饭王十分高兴欢喜，亲自迎接，施礼相敬，请阿私多仙坐到宝座上，说："没有想到大仙今天会降临光顾。"阿私多仙说："我在天宫安居闲坐，忽然看到诸多天神一起舞蹈。我当时问道：'为什么如此地喜悦？'他们回答说：'大仙应该知道，赡部洲中释种净饭王第一夫人现在生下太子，太子将会证得三菩提，通晓一切种智。'我听了这些话，所以来瞻仰太子。遗憾的是我已经年老，看不到他成圣了。"

　　在城的南门口有座佛塔，这是太子和释迦族人角力扔掷大象的地方。太子多才多艺，出类拔萃，无与伦比。净饭大王很高兴太子将要返回，仆人驾象，正要出城迎接。提婆达多一向自负力气大，从外面进来，问驾车的人说："你们如此庄重地驾驭这头象，谁要乘骑？"车夫说："太子将要回来，所以奉命驾象前去。"提婆达多愤怒地拉过大象，敲打它的头，脚踢它的胸，大象倒下死去，堵塞了道路，没有人能够搬得动，人群拥挤在一起。难陀随后赶到，问大家说："是谁打死了这头象？"大家说："是提婆达多。"难陀于是把象拖到路边。太子赶到，又问道："是谁使坏，害死了这头象？"大家说："提婆达多害死了大象，堵塞了城门，难陀拖开它，开通了道路。"太子于是举起大象，高高地掷出去，越过了城外壕沟。大象落地，陷成了一个深坑，当地土人相传称之为象堕坑。旁边的精舍中供奉着太子像。旁边又有精舍，是太子妃的寝宫，里面供奉着耶输陀罗的像，还有罗怙罗的像。宫殿旁的精舍供奉着太子受业的画像，是太子学堂的旧址。

〔注释〕

①三菩提：阿耨多罗三藐三菩提的略称，是无上觉悟之意。

二、太子逾城处

城东南隅有一精舍，中作太子乘白马凌虚之像，是逾城处也。

城四门外各有精舍，中作老、病、死人、沙门之像，是太子游观，睹相增怀，深厌尘俗，于此感悟，命仆回驾。

〔译文〕

在城东南角有一座精舍，里面是太子乘骑白马腾空的像，这是太子出家时越城的地方。

城的四门外各有一座精舍，里面是老人、病人、死人、沙门的像，这是太子出门游览，目睹世间诸相而感怀，深深地厌恶尘俗生活，因而感动觉悟，命令仆人驾车回宫的地方。

三、二古佛本生处

城南行五十余里，至故城，有窣堵波，是贤劫中人寿六万岁时迦罗伽村驮佛本生城也①。城南不远有窣堵波，成正觉已见父之处。城东南窣堵波，有彼如来遗身舍利。前建石柱，高三十余尺，上刻师子之像，傍记寂灭之事，无忧王建焉。

迦罗迦村驮佛城东北行三十余里，至故大城，中有窣堵波，是贤劫中人寿四万岁时，迦诺迦牟尼佛本生城也②。东北不远有窣堵波，成正觉已度父之处。次北窣堵波，有彼如来遗身舍利。前建石柱，高二十余尺，上刻师子之像，傍记寂灭之事，无忧王之所建也。

[译文]

向城南前行五十多里，到达一处旧城，有一座佛塔，这是贤劫中人寿六万岁时迦罗迦村驮佛诞生的地方。城南不远处有座佛塔，是佛陀成正觉之后会见父亲的地方。城东南的佛塔，有那位如来的遗身舍利。塔前建有石柱，高三十多尺，上面刻有狮子像，旁边记载着佛陀涅槃的事迹，由无忧王建造。

从迦罗迦村驮佛城向东北方向前行三十多里，到达旧时都城，里面有座佛塔，是贤劫中人寿四万岁时迦诺迦牟尼佛诞生的城市。东北方向不远处有座佛塔，是迦诺迦牟尼佛成正觉之后度化父亲的地方。再往北的佛塔,有那位如来的遗身舍利。塔前建有石柱,高二十多尺,上面刻有狮子像,旁边记载着佛陀涅槃的事迹,由无忧王所建造。

〔注释〕

①迦罗迦村驮佛:佛教传说中过去七佛中的第四佛,为现在贤劫一千佛中的第一佛。又作迦罗鸠孙陀佛、羯洛迦孙驮佛、迦罗迦村驮佛、拘楼秦佛、拘留孙佛、俱留孙佛、迦鸠留佛、鸠留秦佛,意译为领持、灭累、所应断已断、成就美妙。

②迦诺迦牟尼佛:佛教传说中过去七佛中的第五佛,贤劫第二佛。又作拘那牟尼佛、拘那含牟尼佛等。

四、太子坐树阴处

城东北四十余里,有窣堵波,是太子坐树阴,观耕田,于此习定,而得离欲。净饭王见太子坐树阴,入寂定,日光回照,树影不移,心知灵圣,更深珍敬。

〔译文〕

城东北四十多里的地方有座佛塔,是太子坐在树荫下,观看农民耕田,在这里修习禅定,得到远离欲念境界的地方。净饭王看到太子坐在树荫下,进入寂定,太阳光返照回来,而树影并不移动,心中知道这是太子灵圣的表现,更加珍视敬重。

五、释种诛死处

大城西北,有数百千窣堵波,释种诛死处也。毗卢择迦王既克诸释,虏其族类,得九千九百九十万人,并从杀戮,积尸如莽,流血成池。天警人心,收骸瘗葬①。

诛释西南,有四小窣堵波,四释种拒军处。初,胜军王嗣位也,求婚释种。释种鄙其非类,谬以家人之女,重礼娉焉。胜军王立为正后,其产子男,是为毗卢择迦王。毗卢择迦王欲就舅氏请益受业,至此城南,见新讲堂,即中憩驾。诸释闻之,逐而詈曰:"卑贱婢子,敢居此室!此室诸释建也,拟佛居焉。"毗卢择迦嗣位之后,追复先辱,便兴甲兵,至此屯军。释种四人躬耕畎亩,便即抗拒。兵寇退散,已而入城。族人以为承轮王之祚胤,为法王之宗子,敢行凶暴,安忍杀害,污辱宗门,绝亲远放。四人被逐,北趣雪山,一为乌仗那国王,一为梵衍那国王,一为呬摩呾罗国王,一为商弥国王,奕世传业,苗裔不绝。

[译文]

都城西北有成百上千座佛塔,是释迦种族被杀害的地方。毗卢择迦王战胜释迦种族后,俘虏其族人,获得九千九百九十万人,都加以杀戮,尸体堆积如林,血流成池。上天为警诫人心,收集骨骸,加以掩埋。

诛杀释迦种族地方的西南,有四座小塔,是四个释迦族人抗拒敌军的地方。当初,胜军王继位后,向释迦种族求婚。释迦种族鄙视胜军王非其族类,出身低微,便用仆人的女儿蒙骗他,使他重礼聘娶。胜军王把这个女子立为正后,所生的儿子,就是毗卢择迦王。毗卢择迦王想到舅舅家请教求学,到了这座城的南面，见到一座新讲堂，就在里面休息。释迦族人听说后，边驱逐毗卢择迦王边骂他说："下贱奴婢的儿子，竟敢住这个房子！这个房子是释迦族建造，准备让佛陀居住的。"毗卢择迦继位后，报复早先所受到的侮辱，就发动战争，到这里驻扎军队。释迦种族有四个人正在耕种田地，就起来抵抗。敌寇退散之后，他们才进入城内。释迦族人认为本族是继承轮王的后代，是法王的嫡系子女，竟然使用暴力，忍心杀人，玷污了家族，就与这四个人断绝亲属关系，把他们流放到远方。四人被驱逐后，向北跑到雪山地区，一人做了乌仗那国王，一人做了梵衍那国王，一人做了呬摩呾罗国王，一人做了商弥国王，世代相传，后裔绵绵不绝。

〔注释〕

①瘗（yì）：掩埋。

六、释迦证法归见父王处

城南三四里，尼拘律树林有窣堵波，无忧王建也。释迦如来成正觉已，还国见父王为说法处。净饭王知如来降魔军已，游行化导，情怀渴仰，思得礼敬。乃命使请如来曰："昔期成佛，当还本生。斯言在耳，时来降趾。"使至佛所，具宣王意。如来告曰："却后七日，当还本生。"使臣还以白王，净饭王乃告命臣庶扫洒衢路，储积香花，与诸群臣四十里外仁驾奉迎。是时如来与大众俱，八金刚周卫①，四天王前导②，帝释与欲界天侍左③，梵王与色界天侍右④，诸苾刍僧列在其后。维佛在众，如月映星，威神动三界，光明逾七曜，步虚空，至本生国。

王与从臣礼敬已毕，俱共还国，止尼拘卢陀僧伽蓝。其侧不远有窣堵波，是如来于大树下，东面而坐，受姨母金缕袈裟。次此窣堵波，是如来于此度八王子及五百释种处。

〔译文〕

　　城南三四里的尼拘律树林中，有一座佛塔，是无忧王所建造的。这里是释迦如来证成正觉以后，回国见父王并为他说法的地方。净饭王知道如来降伏魔军后，游行各处化导众生，心中想念渴慕，想有机会得以礼敬。于是命令使者邀请如来说："从前约定成佛之后，将回到诞生地。这段话还留在耳边，请及时降临本国。"使者到了如来住所，全部地传达了净饭王的意思。如来告诉使者说："七天之后，我当回到诞生地。"使者回去禀报净饭王，净饭王于是命令大臣和百姓洒扫街道和道路，储存鲜花和香料，和大臣们到四十里外等候迎接佛陀。这时，如来和大众一起到来，有八大金刚在四周护卫，四大天王在前导路，帝释和欲界天在左边侍奉，梵王和色界天在右边侍奉，各位比丘僧在身后排列。佛陀身处在大众中，如月亮映照星星，威神震动三界，光明超过日月星辰，凌空而行，来到出生的国度。净饭王和随从的大臣敬礼之后，一起回到城中，住在尼拘卢陀寺院中。寺院旁边不远处有座佛塔，这里是如来在大树下面向东而坐，接受姨母金缕袈裟的地方。再旁边的佛塔，是如来在这里度化八位王子和五百位释迦族人的地方。

〔注释〕

　　①八金刚：八大金刚明王的略称，又称八大明王，包括金刚手、妙吉

祥、虚空藏、慈氏、观自在、地藏、降一切盖障、普贤等。

②四天王：须弥山的半腹有一山，名由犍陀罗。山有四头，四王各居之，各护一天下，因之称为护世四天王。包括东持国天王、南增长天王、西广目天王、北多闻天王。

③欲界天：欲界天有六处，包括四大王众天、三十三天、时分天、知足天、乐化天、他化自在天。这里指欲界诸天之神。

④色界天：色界天共分二十二层，每高一层，对色的执着就减一分，所造诸业就轻一分，所得福报就多一分。

七、自在天祠及箭泉

城东门内路左有窣堵波，昔一切义成太子于此习诸技艺①。门外有自在天祠，祠中石天像，危然起势，是太子在襁褓中所入祠也。净饭王自腊伐尼园迎太子还也②，途次天祠。王曰："此天祠多灵鉴，诸释童稚求祐必效，宜将太子至彼修敬。"是时傅母抱而入祠，其石天像起迎太子，太子已出，天像复坐。

城南门外路左有窣堵波，是太子与诸释角艺，射铁鼓。从此东南三十余里，有小窣堵波，其侧有泉，泉流澄镜，是太子与诸释引强校能，弦矢既分，穿鼓过表，至地没羽，因涌清流。时俗相传，谓之箭泉。夫有疾病，饮沐多愈。远方之人持泥以归，随其所苦，渍以涂额，灵神冥卫，多蒙痊愈。

〔译文〕

城东门之内，大路的左边有座佛塔，从前一切义成太子在这里学习各种技艺。城门外有一座自在天祠,祠内的石刻天神像,保持着欠身要起身的姿态,这是太子在襁褓中所进入过的神祠。净饭王从腊伐尼园迎接太子回宫,途中停留于这座天祠。净饭王说:"这座天祠有很多灵验,释迦族的各个孩子请求保佑必有效应,应该带着太子到那里致敬。"这时保姆抱着太子进入祠中,那石刻天神像起身迎接太子。太子出去后,天神像又变回坐的姿势。

城南门外,大路的左边有座佛塔,这是太子和释迦族人比试技艺,射穿铁鼓的地方。从这里向东南方向外的三十多里,有座小佛塔。旁边有处泉水,水流澄清如镜。这里是太子和释迦族人引拉强弓,比试技能的地方。箭一离开弓弦射出,穿破铁鼓,到这里箭尾没入地中,因而涌出清泉来。当时民间风俗相传,把它称为箭泉。如果有了疾病,饮用或沐浴过后多能痊愈。远方的人拿着这里的泥土回去,根据疼痛的位置,用浸泡的泥土涂在额头上,神灵暗中保佑,多能得以痊愈。

〔注释〕

①一切义成:释迦牟尼作为太子时名字"悉达多"的意译。

②腊伐尼园:在迦毗罗城东,是释迦牟尼诞生之处。又作蓝毗尼、岚鞞尼、留毗尼、流毗尼、流弥尼、林毗尼、林微尼、楼毗、蓝牟尼等。腊伐尼译作盐,是上古守园的婢奴之名,用以名园。或译曰可爱。

八、腊伐尼林及释迦诞生传说

箭泉东北行八九十里,至腊伐尼林,有释种浴池。澄清皎镜,杂花弥漫。其北二十四五步,有无忧花树,今已枯悴,菩萨诞灵之处。菩萨以吠舍佉月后半八日,当此三月八日;上座部则曰以吠舍佉月后半十五日,当此三月十五日。

次东窣堵波,无忧王所建,二龙浴太子处也。菩萨生已,不扶而行于四方各七步,而自言曰:"天上天下,唯我独尊。今兹而往,生分已尽。"随足所蹈,出大莲花。二龙踊出,住虚空中,而各吐水,一冷一暖,以浴太子。浴太子窣堵波东,有二清泉,傍建二窣堵波,是二龙从地踊出之处。菩萨生已,支属宗亲莫不奔驰,求水盥浴。夫人之前,二泉涌出,一冷一暖,遂以浴洗。其南窣堵波,是天帝释捧接菩萨处。菩萨初出胎也,天帝释以妙天衣,跪接菩萨。次有四窣堵波,是四天王抱持菩萨处也。菩萨从右胁生已,四大天王以金色氎衣捧菩萨,置金机上。至母前曰:"夫人诞斯福子,诚可欢庆。诸天尚喜,况世人乎?"

四天王捧太子窣堵波侧不远,有大石柱,上作马像,天忧王之所建也。后为恶龙霹雳,其柱中折仆地。傍有小河,东南流,土俗号曰油河。是摩耶夫人产孕已,天化此池,光润澄净,欲令夫人取以沐浴,除去风虚。今变为水,其流尚腻。

从此东行旷野荒林中二百余里,至蓝摩国(中印度境)。

[译文]

箭泉向东北方向前行八九十里,到达腊伐尼林,这里有释迦种族的浴池。池水澄清，皎洁如镜，各种花朵弥漫开放。浴池北面二十四五步的地方有一棵无忧花树，现在已经枯萎凋残，这里是释迦太子菩萨诞生的地方。菩萨生于吠舍佉月下半月的八日，相当于我国的三月八日，上座部则认为生于吠舍佉月的后半月十五日，相当于我国的三月十五日。

再向东的佛塔，由无忧王所建造，这里是两条龙为太子洗浴的地方。太子菩萨诞生后，不用人扶就向东南西北四方各走七步，并自言自语说："天上天下，唯我独尊。今兹而往，生分已尽。"随着太子脚下踏过的地方，都涌现出大莲花。两条龙从地下跃起，停留在空中而各自吐出两条水来，一冷一热，为太子沐浴。浴太子佛塔的东面，有两股清泉，旁边建有两座佛塔，这里是两条龙从地下跃起的地方。菩萨诞生后，净饭王的家属宗亲没有不赶紧跑来的，为他找水盥洗沐浴。在摩耶夫人的面前，有两股泉水自然涌出，一冷一暖，于是用来为菩萨浴洗。南面的佛塔，是天帝释捧接太子菩萨的地方。菩萨刚从母胎脱离时，天帝释用妙天衣跪接菩萨。再过去有四座佛塔，这里是四天王抱持菩萨的地方。菩萨从母亲的右胁生下后，四大天王用金色布衣捧抱着菩萨，放在金桌上，到菩萨的母亲面前说："夫人生下这个有福之子，实在值得欢喜庆祝。各位天神尚且喜悦，何况世俗之人呢？"

在四天王捧接太子的佛塔旁边不远，有个大石柱，上面雕刻着马像，是无忧王所建造的。后来被恶龙的霹雳击中，石柱从中间折断倒在地上。旁边有条小河，向东南而流，当地人称为油河。当初摩耶夫人生产之后，天神变化出这个水池，光亮滋润，澄清洁净，想让夫人取用池水沐浴，除去风尘污垢。现在虽然已变为清水，水流还是有些油腻。

从这里向东，在旷野荒林中前行二百多里，到达蓝摩国（在中印度境内）。

蓝摩国

蓝摩国空荒岁久[①]，疆埸无纪，城邑丘墟，居人稀旷。

〔译文〕

蓝摩国已经荒废多年，国境边界不加修治，城镇变为废墟，居民稀少。

〔注释〕

①蓝摩国：又作罗摩村、罗摩伽国、阿罗摩国、蓝莫国、罗摩聚落等，在今尼泊尔南境。

一、佛舍利窣堵波

故城东南有砖窣堵波，高减百尺。昔者如来入寂灭已，此国先王分得舍利，持归本国，式遵崇建，灵异间起，神光时烛。

窣堵波侧有一清池，龙每出游，变形蛇服，右旋宛转，绕窣堵波。野象群行，采花以散，冥力警察，初无间替。昔无忧王之分建窣堵波也，七国所建，咸已开发，至于此国，方欲兴工，而此池龙恐见陵夺，乃变作婆罗门，前叩象曰："大王情流佛法，广树福田，敢请纡驾，降临我宅。"王曰："尔家安在，为近远乎？"婆罗门曰："我，此池之龙王也。承大王欲建胜福，敢来请谒。"王受其请，遂入龙宫。坐久之，龙进曰："我惟恶业，受此龙身，供养舍利，冀消罪咎，愿王躬往，观而礼敬。"无忧王见已，惧然谓曰："凡诸供养之具，非人间所有也。"龙曰："若然者，愿无废毁。"无忧王自度力非其俦，遂不开发。出池之所，今有封记。

［译文］

　　蓝摩国旧城东南有一座砖塔，高近一百尺。从前如来入寂涅槃之后，这个国家的前代君王分到了舍利，带回本国，隆重建立佛塔。灵异的祥瑞不时出现，神光不时照耀。

　　塔旁有一座清池，龙每每在其中出游，变化成蛇的形状，向右旋转，环绕此塔。野象成群行走，采集鲜花来此散落，神力暗中警戒观察，从来没有间断。从前无忧王分别建造佛塔，七个国家都已开工建造，到了这个国家，正要准备动工，而这个清池的龙王担心领地受到侵夺，于是变化成为婆罗门，到无忧王的象前叩请说："大王情系佛法，广树福田，我斗胆邀请你屈驾，光临我的住宅。"无忧王说："你的家在哪里，远近如何？"婆罗门说："我是这个清池的龙王，因大王要在这里建造福田，所以斗胆来谒见。"无忧王接受了龙王邀请，于是进入龙宫。坐了很长时间，龙王进谏说："我因为前世做了恶业，生为龙身，现在供养佛陀舍利，希望消除自己的罪过。请大王亲自前去，观看礼敬。"无忧王观看之后，惊讶地说："这些供养的物品，不是人间所有的。"龙王说："如果是这样，希望不要毁弃。"无忧王估量自己不是龙王的对手，于是不再动工建塔。无忧王走出龙池的地方，现在还有封缄标志。

二、沙弥伽蓝

窣堵波侧不远，有一伽蓝，僧众鲜矣，清肃皎然，而以沙弥总任众务。远方僧至，礼遇弥隆，必留三日，供养四事。闻诸先志曰：昔有苾刍，同志相召，自远而至，礼窣堵波。见诸群象相趋往来，或以牙芟草，或以鼻洒水，各持异花，共为供养。时众见已，悲叹感怀。有一苾刍，便舍具戒，愿留供养，与众辞曰："我惟多福，滥迹僧中，岁月亟淹，行业无纪。此窣堵波有佛舍利，圣德冥通，群象践洒。遗身此地，甘与同群，得毕余龄，诚为幸矣。"众告之曰："斯盛事也。吾等垢重，智不谋此。随时自爱，无亏胜业。"亦既离群，重申诚愿，欢然独居，有终焉之志。于是葺茅为宇，引流成池，采掇时花，洒扫莹域。绵历岁序，心事无怠。邻国诸王闻而雅尚，竞舍财宝，共建伽蓝，因而劝请，屈知僧务。自尔相踵，不泯元功，而以沙弥总知僧事。

〔译文〕

佛塔旁边不远，有一座寺院，僧徒很少，清静肃穆，仪规严明，而以沙弥总理负责各种事务。远方僧人到来，待遇都很隆重，一定留住三天，四事供养。据古代典籍讲：从前有一群僧人，志同道合，相互召唤，从远处而来，礼拜佛塔。他们看到一群大象奔跑着来来往往，有的用牙除草，有的用鼻子洒水，各自带上种种鲜花，一起来供养佛塔。当时这些比丘大众看见后，都悲叹感慨。有一个比丘僧人便舍弃受具足戒的机会，愿意留下来供养佛塔，他与众僧告辞说："我惭愧地依靠前世的较多福报，得以在僧人中滥竽充数，现在岁月流逝，修行志业没有什么成就。这个佛塔中有佛陀的舍利，圣贤的道德暗暗感召，群象来此除草洒水。我要留在这里，乐与它们为伴，得以在此度过余年，实在是我的荣幸。"众僧对他说："这是件好事，我们尘心太重，没有想到这件事。请随时珍惜自己，不要辜负了胜业。"这位比丘离开众人后，重新申明自己虔诚的心愿，高兴地独自居住，立下了在此终生的志向。于是这位比丘用茅草搭建房屋，导引流水作为池子，采集四时鲜花，洒扫佛塔周围。这样经历了许多岁月，心志和事业都毫无懈怠。邻国各王听说后，都非常欣赏这位比丘，竞相施舍财宝，共同建立了这所寺院，并劝说邀请这位比丘屈尊主持僧众事务。自此沿袭，为了不忘记他的开创之功，寺院始终以沙弥主持僧众事务。

三、太子解衣剃发处

沙弥伽蓝东，大林中行百余里，至大窣堵波，无忧王之所建也。是太子逾城至此，解宝衣，去缨络，命仆还处。太子夜半逾城，迟明至此，既允宿心，乃形言曰："是我出笼樊，去羁锁，最后释驾之处也。"于天冠中解末尼宝[①]，命仆夫曰："汝持此宝，还白父王，今兹远遁，非苟违离，欲断无常，绝诸有漏[②]。"阐铎迦（旧曰车匿，讹也）曰[③]："讵有何心，空驾而返？"太子善言慰谕，感悟而还。

回驾窣堵波东，有赡部树④，株叶虽凋，枯株尚在。其傍复有小窣堵波，太子以余宝衣易鹿皮衣处。太子既断发易裳，虽去璎珞，尚有天衣。曰："斯服太侈，如何改易？"时净居天化作猎人⑤，服鹿皮衣，持弓负羽。太子举其衣而谓曰："欲相贸易，愿见允从。"猎人曰："善。"太子解其上服，授于猎人。猎人得已，还复天身，持所得衣，凌虚而去。

太子易衣侧不远，有窣堵波，无忧王之所建也，是太子剃发处。太子从阐铎迦取刀，自断其发，天帝释接上天宫，以为供养。时净居天子化作剃发人，执持铦刀⑥，徐步而至。太子谓曰："能剃发乎？幸为我净之。"化人受命，遂为剃发。

逾城出家时亦不定，或云菩萨年十九，或曰二十九，以吠舍佉月后半八日逾城出家，当此三月八日，或云以吠舍佉月后半十五日，当此三月十五日。

〔译文〕

　　沙弥寺院向东，在大树林中前行一百多里，到达一座大塔，由无忧王所建，这里是释迦太子越过城墙而出后，解下宝衣，除去缨络，命令仆人返回的地方。释迦太子半夜里越过城墙，天亮时到达这里，既已实现一向的心愿，于是形之于言："这里是我逃出牢笼，去除羁绊锁链，最后放弃车驾的地方。"释迦太子从自己的王冠中解下末尼宝珠，命令仆人说："你拿上这件宝物回去禀报父王，我此次远远地逃避，并不是苟且地离开，而是要断灭无常，根绝一切有漏烦恼。"阐铎迦（旧称车匿，错了）说："我如何还有心思驾着空车回去？"释迦太子用好言安慰劝谕，阐铎迦才感动觉悟而返回。

在太子回驾佛塔的东面，有棵赡部树，枝叶虽然凋谢，枯树桩还存在。树旁又有一座小塔，这里是太子用剩余的宝衣交换鹿皮衣的地方。释迦太子剪断头发，换上衣裳后，虽然除去了璎珞，还有一件天衣，他说："这衣服太奢侈，怎样才能变换？"这时净居天神变化成猎人，穿着鹿皮衣服，拿着弓，背着箭走过来。释迦太子举起他的衣服对猎人说："我想和你交换衣服，希望你能够答应。"猎人说："好。"释迦太子解下身上的衣服，交给猎人。猎人拿到太子的衣服后，恢复成天神本相，拿着所得衣服，腾空而去。

释迦太子交换衣服地点旁边不远，有座佛塔，是无忧王所建造的，这里是太子剃头发的地方。释迦太子从阐铎迦那里拿起刀子，自己剪断头发，天帝释把头发接上天宫，加以供养。这时净居天神变化成剃发人，手里拿着锋利的刀子，缓步走过来。太子对他说："你能剃发吗？请为我剃光头发。"净居天神变化的人接受命令，就为释迦太子剃了发。

释迦太子越城出家的时间也没有一定说法，有的说菩萨当时十九岁，有的说二十九岁。有的说是在吠舍佉月后半月的八日越城出家，相当于我国的三月八日，有的说是在吠舍佉月后半月的十五日出家，相当于我国的三月十五日。

〔注释〕

①末尼：又作摩尼，意译作珠、宝珠，为珠玉之总称。传说摩尼有消除

灾难、疾病，及澄清浊水、改变水色之德。凡意有所求，此珠皆能出之，又称如意宝珠。

②有漏："无漏"之对称。漏，流失、漏泄之意，烦恼之异名。人类由于烦恼所产生之过失、苦果，使人在迷妄的世界中流转不停，难以脱离生死苦海，故称为有漏；若达到断灭烦恼之境界，则称为无漏。

③阐铎迦：又作阐陀、车匿，意译为乐欲，是释迦牟尼做太子时的车夫。

④赡部树：又译作剡浮、琰浮、阎浮等，是生长于印度的一种乔木。赡部洲即以此树得名。

⑤净居天：在色界四禅的最高处，有五重天，为证得不还果的圣者所生之处，因无外道杂居，故名净居。这五重天是无烦天、无热天、善现天、善见天、色究竟天。这里指已断绝欲界诸惑，在五净居天所住的天神。

⑥铦（xiān）刀：锋利的刀。

四、灰炭窣堵波

太子剃发窣堵波东南，旷野中行百八九十里，至尼拘卢陀林，有窣堵波，高三十余尺。昔如来寂灭，舍利已分，诸婆罗门无所得获，于涅叠般那（唐言焚烧。旧云阇维，讹也）地收余灰炭，持至本国，建此灵基，而修供养。自兹已降，奇迹相仍，疾病之人，祈请多愈。灰炭窣堵波侧故伽蓝中，有过去四佛座及经行遗迹之所。故伽蓝左右，数百窣堵波。其一大者，无忧王所建也，崇基虽陷，高余百尺。

自此东北大林中行，其路艰险，经途危阻，山牛、野象、群盗、猎师，伺求行旅，为害不绝。出此林已，至拘尸那揭罗国（中印度境）①。

释迦太子剃发佛塔的东南方向,在旷野之中前行一百八九十里,到达尼拘卢陀林,有座佛塔,高三十多尺。从前如来寂灭,舍利分完之后,那些婆罗门什么也没有得到,就在涅叠般那(唐朝话称作焚烧。过去称阇维,错了)之地收集剩余的灰炭,带回本国,建造了这个灵迹而加以礼敬供养。从此以后,奇迹不断出现,有疾病的人,祈请后多能痊愈。灰炭佛塔旁的旧寺院中,有过去四佛的座位与经行遗迹的场所。旧寺院的左右两旁,有几百座佛塔。其中一个大的佛塔,由无忧王所建造,高耸的塔基虽然已经塌陷,仍有一百多尺。

从这里向东北方向的大树林中前行,道路艰险,经历的路途危难险阻,山牛、野象、强盗、猎人,伺机袭击行人,祸害不断。走出这片树林后,就到达拘尸那揭罗国(在中印度境内)。

〔注释〕

①拘尸那揭罗国:又作拘尸那伽罗、拘夷那竭、俱尸那、拘尸那、瞿师罗、劬师罗、拘尸城等,意为吉祥草之都城,意译上茅城、香茅城、茅宫城等。都城约在今印度北部廓拉克浦尔以东的迦西亚村。或说在今尼泊尔加德满都以东。

拘尸那揭罗国

拘尸那揭罗国城郭颓毁,邑里萧条。故城砖基,周十余里。居人稀旷,闾巷荒芜。

〔译文〕

拘尸那揭罗国城郭颓败废毁,城市乡村十分萧条。旧城用砖做墙基,方圆十多里。居民稀少,街巷荒凉。

一、准陀故宅

城内东北隅有窣堵波,无忧王所建,准陀(旧曰纯陀,讹也)之故宅也①。宅中有井,将营献供,方乃凿焉。岁月虽淹,水犹清美。

〔译文〕

拘尸那揭罗国都城内东北角有座佛塔,由无忧王所建造,是准陀(过去称作纯陀,错了)的旧居。宅内有一口水井,是准陀准备供养佛陀前,才开凿的。岁月虽然久远,井水仍然清澈甘美。

〔注释〕

①准陀:又作纯陀、淳陀、周那等。据说是拘尸那揭罗城一位铁匠的儿子,佛陀在他那里受到最后供养,然后中夜入灭。

二、娑罗林及释迦涅槃处

城西北三四里,渡阿恃多伐底河①(唐言无胜,此世共称耳。旧云阿利罗跋提河,讹也。典谓言之尸赖拿伐底河,译曰有金河),西岸不远,至娑罗林②。其树类槲,而皮青白,叶甚光润。四树特高,如来寂灭之所也。其大砖精舍中作如来涅槃之像,北首而卧。傍有窣堵波,无忧王所建，基虽倾陷，尚高二百余尺。前建石柱，以记如来寂灭之事，虽有文记，不书日月。闻诸先记曰：佛以生年八十，吠舍佉月后半十五日入般涅槃，当此三月十五日也。说一切有部则佛以迦赖底迦月后半八日入般涅槃，当此九月八日也。自佛涅槃，诸部异议，或云千二百余年，或云千三百余年，或云千五百余年，或云已过九百，未满千年。

〔**译文**〕

　　拘尸那揭罗国都城外西北方向三四里，渡过阿恃多伐底河（唐朝话称为无胜，这是世人的通称。过去称阿利罗跋提河，错了。典籍上称之为尸赖拿伐底河，翻译成有金河），离西岸不远，就到达娑罗林。林中的树类似于槲，而树皮青白，叶子十分光滑润泽。有四棵树特别高大，这里是如来寂灭的地方。在砖砌的大精舍中，塑有如来涅槃的像，头朝北方而卧。旁边有座佛塔，由无忧王所建，塔基虽然倾斜陷落，仍高二百多尺。塔前建有石柱，用来记载如来寂灭涅槃的事迹。虽然有文字记载，但没有书写日期。听早先的记载说：佛陀享年八十岁，在吠舍佉月的后半月十五日涅槃，相当于我国的三月十五日。说一切有部则认为，佛陀是在迦赖底迦月的后半月八日涅槃，相当于我国的九月八日。自从佛陀涅槃之后，各部派说法不同，有的说佛陀已经涅槃一千二百多年，有的说一千三百多年，有的说一千五百多年，有的说已过九百年，还不满一千年。

〔**注释**〕

　　①阿恃多伐底河：又作阿恃多跋利等，即今印度小甘达克河。

②娑罗林:娑罗,是龙脑香科常绿大乔木。传说释迦牟尼在拘尸那揭罗城河边娑罗树下涅槃。其树四方各生二株,故称娑罗林或娑罗双树。

(一)雉王本生故事

精舍侧不远,有窣堵波,是如来修菩萨行时,为群雉王救火之处。昔于此地有大茂林,毛群羽族巢居穴处。惊风四起,猛焰飙急。时有一雉,有怀伤愍,鼓濯清流,飞空奋洒。时天帝释俯而告曰:"汝何守愚,虚劳羽翮?大火方起,焚燎林野,岂汝微躯所能扑灭?"雉曰:"说者为谁?"曰:"我天帝释耳。"雉曰:"今天帝释有大福力,无欲不遂,救灾拯难,若指诸掌,反诘无功,其咎安在?猛火方炽,无得多言!"寻复奋飞,往趣流水。天帝遂以掬水泛洒其林,火灭烟消,生类全命,故今谓之救火窣堵波也。

〔译文〕

在大砖精舍旁边不远,有座佛塔,这是如来修菩萨行时,作为群雉之王救火的地方。从前在这个地方有片茂密的森林,是兽群鸟类筑巢穴居的地方。有一天,狂风四起,火焰猛烈急骤地烧了起来。这时有一只野鸡,满怀悲悯,鼓起翅膀到清流中沾满水,飞到空中奋力洒水。这时天帝释俯身对它说:"你为什么如此愚蠢,徒劳自己的羽翼?大火正在兴起,焚烧树林原野,哪里是你微弱的身躯所能扑灭的?"野鸡问:"说话的是谁?"天帝释回答:"我是天帝释呀。"野鸡说:"现在天帝释拥有巨大的福力,没有什么愿望不能实现,拯救灾难,易如反掌,却责备我徒劳无功,错误到底在哪里？烈火正烧得炽烈,不要再多说了。"很快他又奋起飞翔,奔向流水。天帝释于是用手捧水,遍浇树林,猛火熄灭,烟雾消散,各种生灵得以保全性命,所以现在称之为救火塔。

(二)救生鹿本生故事

雉救火侧不远,有窣堵波,是如来修菩萨行时,为鹿救生之处。乃往古昔,此有大林,火炎中野,飞走穷窘,前有驶流之厄,后困猛火之难,莫不沉溺,丧弃身命。其鹿恻隐,身据横流,穿皮断骨,自强拯溺。蹇兔后至,忍疲苦而济之。筋力既竭,溺水而死。诸天收骸,起窣堵波。

〔译文〕

野鸡救火处旁边不远,有一座佛塔,这是如来修菩萨行时,化作鹿而拯救生灵的地方。在古远的从前,这里有一片大森林,烈火在树林里面燃烧了起来,飞禽走兽十分困穷窘迫,前面有急流的阻拦,后面困于烈火的逼难,没有不沉溺于水中,丧失性命的。那只鹿心怀恻隐之心,用身体横在激流之中,坚持到穿断皮肉骨头,也极力救助那些沉水的走兽。一只瘸腿的兔子最后赶到,鹿忍着疲劳痛苦让它渡过。精力衰竭之后,这只鹿沉水而死。天神收集这只鹿的骨骸,建造了这座塔。

(三)善贤证果处

鹿拯溺西不远,有窣堵波,是苏跋陀罗(唐言善贤。

旧曰须跋陀罗，讹也）入寂灭之处。善贤者，本梵志师也，年百二十，耆旧多智，闻佛寂灭，至双树间，问阿难曰："佛世尊将寂灭，我怀疑滞，愿欲请问。"阿难曰："佛将涅槃，幸无扰也。"曰："吾闻佛世难遇，正法难闻，我有深疑，恐无所请。"善贤遂入，先问佛言："有诸别众，自称为师，各有异法，垂训导俗，乔答摩（旧曰瞿昙，讹略也）能尽知耶？"佛言："吾悉深究。"乃为演说。善贤闻已，心净信解，求入法中受具足戒。如来告曰："汝岂能耶？外道异学，修梵行者，当试四岁，观其行，察其性，威仪寂静，辞语诚实，则可于我法中净修梵行。在人行耳，斯何难哉！"善贤曰："世尊悲愍，含济无私，四岁试学，三业方顺。"佛言："我先已说，在人行耳！"于是善贤出家，即受具戒，勤励修习，身心勇猛。已而于法无疑，自身作证；夜分未久，果证罗汉。诸漏已尽，梵行已立，不忍见佛入大涅槃，即于众中入火界定，现神通事，而先寂灭。是为如来最后弟子，乃先灭度，即昔后渡蹇兔是也。

〔译文〕

鹿菩萨拯救溺水生灵处西边不远，有座佛塔，是苏跋陀罗（唐朝话称为善贤。旧称须跋陀罗，错了）入寂涅槃的地方。善贤本来是位婆罗门大师，年龄已经一百二十岁，年老而富有智慧。他听说佛陀将要寂灭，赶到双树之间，问阿难说："佛陀世尊就要寂灭了，我怀有疑难，想要向他求教。"阿难说："佛陀将要涅槃,希望你不要打扰。"善贤说:"我听说佛陀时代很难遭遇,正法难以听到,我现在有深深的疑问,恐怕再没有请教的机会了。"善贤于是得以进去,先问佛陀说:"有许多其他门派,各自确立师长,各有不同的理论,教诲引导世人,乔答摩(过去称瞿昙,是错误和省略了)能够全部知道吗?"佛陀说:"我已经全部深入研究过。"于是佛陀为善贤详细讲说。善贤听讲后,心中明净,信服而悟解,请求入佛门而受具足戒。如来告诉他说:"你怎么能行呢?外道异学修梵行的人,应该考验四年,观看他的行为,考察他的品性,威仪举止安详宁静,言语诚实,才能在我佛门中清净地修习梵行。关键还在人为,这有什么难处呢?"善贤说:"世尊悲慈怜悯,无私地普度世人。我将在四年中接受考验,使三业合乎要求。"佛陀说:"我先前已说过,关键在于人为。"于是善贤出家,随即受具足戒,勤奋勉励地修行练习,身心勇猛。不久对佛法没有疑难,自身证得正果。在半夜之后不久,果然证得罗汉果。各种有漏烦恼已除,梵行已经成立,善贤不忍心看见佛陀进入大涅槃,就在大众之中,入火界定,显现神通,而先于佛陀寂灭。善贤就是如来最后的弟子,而在如来之前寂灭,从前最后渡河的那只瘸腿兔子就是他了。

(四)执金刚躄地处

善贤寂灭侧,有窣堵波,是执金刚躄地之处。大悲世尊随机利见,化功已毕,入寂灭乐,于双树间北首而卧。执金刚神密迹力士见佛灭度,悲恸唱言:"如来舍我入大涅槃,无归依,无覆护。"毒箭深入,愁火炽盛,舍金刚杵,闷绝躄地。久而又起,悲哀恋慕,互相谓曰:

"生死大海，谁作舟楫？无明长夜，谁为灯炬？"

〔译文〕

在善贤寂灭处的旁边，有座佛塔，这是执金刚神仆倒的地方。大悲世尊利用各种机会显示修行益，教化的工作已经完成，进入寂灭状态，在双树间头朝北而卧。执金刚神密迹力士见到佛陀寂灭，悲恸地喊道："如来舍弃我们而进入大涅槃，众生再也没有了归依之处，再也没有了护佑之人。"如同毒箭穿心，愁苦之火炽热燃烧，执金刚神丢下金刚杵，气绝仆倒在地上。很久后又醒过来，执金刚神悲伤地思念佛陀，互相说："生死大海上，谁来作渡船度我们？无明长夜，谁能作灯炬来照亮？"

（五）释迦寂灭诸神异传说

金刚躄地侧，有窣堵波，是如来寂灭已七日供养之处。如来之将寂灭也，光明普照，人天毕会，莫不悲感，更相谓曰："大觉世尊今将寂灭，众生福尽，世间无依。"如来右胁卧师子床，告诸大众："勿谓如来毕竟寂灭，法身常住，离诸变易，当弃懈怠，早求解脱。"诸苾刍等嘘唏悲恸。时阿泥捹（卢骨反）陀（旧曰阿那律，讹也）告诸苾刍[①]："止，止，勿悲！诸天讥怪。"时末罗众供养已讫[②]，欲举金棺，诣涅叠般那所。时阿泥捹陀告言："且止！诸天欲留七日供养。"于是天众持妙天花，游虚空，赞圣德，各竭诚心，共兴供养。

停棺侧有窣堵波，是摩诃摩耶夫人哭佛之处。如来寂灭，棺殓已毕，时阿泥揵陀上升天宫，告摩耶夫人曰："大圣法王今已寂灭。"摩耶闻已，悲哽闷绝，与诸天众至双树间，见僧伽胝、钵及锡杖，抚之号恸，绝而复声曰："人天福尽，世间眼灭！今此诸物，空无有主。"如来圣力，金棺自开，放光明，合掌坐，慰问慈母："远来下降，诸行法尔，愿勿深悲。"阿难衔哀而请佛曰："后世问我，将何以对？"曰："佛已涅槃，慈母摩耶自天宫降，至双树间，如来为诸不孝众生，从金棺起，合掌说法。"

城北渡河三百余步，有窣堵波，是如来焚身之处。地今黄黑，土杂灰炭，至诚求请，或得舍利。如来寂灭，人天悲感，七宝为棺，千氎缠身，设香花，建幡盖，末罗之众奉舆发引，前后导从，北渡金河，盛满香油，积多香木，纵火以焚，二氎不烧，一极衬身，一最覆外。为诸众生分散舍利，惟有发爪俨然无损。

焚身侧有窣堵波，如来为大迦叶波现双足处。如来金棺已下，香木已积，火烧不然，众咸惊骇，阿泥揵陀言："待迦叶波耳。"时大迦叶波与五百弟子自山林来，至拘尸城，问阿难曰："世尊之身，可得见耶？"阿难曰："千氎缠络，重棺周殓，香木已积，即事焚烧。"是时佛于棺内为出双足，轮相之上，见有异色。问阿难曰："何以有此？"曰："佛初涅槃，人天悲恸，众泪迸染，致斯异色。"迦叶波作礼，旋绕兴赞，香木自然，大火炽盛。故如来寂灭，三从棺出：初出臂，问阿难治路；次起坐，为母说法；

后现双足,示大迦叶波。

[译文]

在金刚力士倒地处旁边,有一座佛塔,这是如来寂灭涅槃后享受七天供养的地方。如来即将寂灭的时候,光芒普遍照耀四方,人天大众都来聚会,没有谁不感到悲恸,互相说道:"大觉世尊如今就要寂灭涅槃,众生的福分已尽,世间将无归依。"如来右胁卧在狮子床上,告诉大家说:"不要讲如来真的寂灭了,法身是恒常而在的,远离各种变化。你们要抛弃懈怠之心,早日寻求解脱。"众比丘都叹息悲恸,这时阿泥捬陀(过去称阿那律,错了)告诉众比丘说:"别哭,别哭,不要悲伤!会被那些天神讥笑责怪。"这时末罗种族供养已经结束,准备抬起金棺,前往火葬场所。这时阿泥捬陀对他们说:"暂且停下来!众天神想把佛陀留下来供养七天。"于是天神大众手持美妙的天堂花朵,游行在空中,赞颂佛陀圣明的德行,各自竭尽诚心,一起供养佛陀。

在停放佛陀金棺处的旁边,有一座佛塔,这是摩诃摩耶夫人痛哭佛陀的地方。如来寂灭涅槃,装棺入殓之后,阿泥捬陀上升到天宫,告诉摩耶夫人说:"大圣法王现在已经寂灭涅槃。"摩耶夫人听说后,悲伤地哭泣以致昏厥,后和天神大众一起来到双树间,见到佛陀的僧衣、钵盂和锡杖,抚摸着它们而悲恸地号哭,昏厥后又苏醒过来说:"天神众生的福报已尽,洞察世间一切的眼睛消亡了,现在这些物品,再也没有主人了。"如来世尊凭借着他神圣的力量,让金棺自行打开,放出光明,合着双掌而坐起来,慰问他慈祥的母亲说:"承您远来下降人间,这是世间法的规律而已,请不要过度悲伤。"阿难含着悲痛而请教佛陀说:"后世人询问我，我将如何回答?"佛陀说:"你就说佛涅槃后，慈母摩耶从天宫下降人间，到达双树间。如来世尊为了教导不孝的众生，从金棺中起身，合掌而为母亲说法。"

从城北渡河，再行三百多步的地方，有一座佛塔，这是如来火葬焚身的地方。土地现在还是黄黑色，土中杂有灰炭，只要诚心求取，有时可能得到舍利。如来寂灭涅槃后，众生天神悲伤感动，用七种宝物装饰棺材，千层细棉布缠身，供置香花，树起幡盖，由末罗种族的人抬着棺材出殡，前有人开路，后有人随从，向北渡过金河。装满了香油，积满了香木，点火焚烧。有两层细棉布没有燃烧起来，一是贴身的棉布，一是最外层的棉布。然后为众生分发佛陀的舍利，唯独头发指甲完全没有损伤。

如来焚身处的旁边，有一座佛塔，这是如来为大迦叶波显现双脚的地方。如来的金棺已经放下，香木已经堆积，火却点不燃，众人都很吃惊害怕。阿泥捭陀说:"这是佛陀在等待迦叶波而已。"这时大迦叶波和五百弟子从山林中前来，到了拘尸城，问阿难说:"世尊的身体，还能够见到吗?"阿难说:"已用千层细棉布缠裹，两层棺木周到装殓，香木已经堆积起来，就要焚烧了。"这时佛陀在棺内为大迦叶波等人伸出双脚，轮相之上，现出异样的颜色。迦叶波问阿难说:"为什么有这种颜色?"阿难说:"佛陀刚开始涅槃时，众生天神悲恸，大家的泪水迸发沾染到佛陀的脚上，导致成了这种异样的颜色。"迦叶波对着佛陀施礼，围绕着棺材赞美，香木自动燃烧起来，大火炽烈燃烧。所以如来寂灭之后，三次从棺中现身:第一次是伸出手臂，询问阿难出殡路线;第二次是起身而坐，为母亲说法;最后一次是显现双脚，给大迦叶波瞻仰。

①阿泥捑陀：又作阿尼律陀、阿尼卢陀、阿楼驮、阿难律、阿那律、阿楼陀等，意译为无灭、如意、无障、无贪、随顺义人、不争有无，佛陀十大弟子之一，以天眼第一著称。据说他是佛陀的从弟，佛陀成道后归乡，他与阿难、难陀、优波离等出家为佛弟子。出家后精进修行，心眼渐开，成为佛弟子中天眼第一，能见天上地下六道众生。

②末罗：又作摩罗、婆里卑，意译为力士，是古代印度十六大种族之一，属于刹帝利种。

(六) 八王分舍利传说

现足侧有窣堵波，无忧王所建也，是八王分舍利处。前建石柱，刻记其事。佛入涅槃后，涅叠般那已，诸八国王备四兵至，遣直性婆罗门谓拘尸力士曰："天人导师，此国寂灭，故自远来，请分舍利。"力士曰："如来降尊，即斯下土，灭世间明导，丧众生慈父。如来舍利，自当供养，徒疲道路，终无得获。"时诸大王逊辞以求，既不相允，重谓之曰："礼请不从，兵威非远。"直性婆罗门扬言曰："念哉！大悲世尊忍修福善，弥历旷劫，想所具闻。今欲相凌，此非宜也。今舍利在此，当均八分，各得供养，何至兴兵？"诸力士依其言，即时均量，欲作八分。帝释谓诸王曰："天当有分，勿持力竞。"阿那婆答多龙王、文邻龙王、医那钵呾罗龙王复作是议："无遗我曹，若以力者，众非敌矣。"直性婆罗门曰："勿喧诤也，宜共分之。"即作三分，一诸天，二龙众，三留人间，八国重分。天、龙、人王,莫不悲感。

[译文]

　　如来显现双脚处的旁边有一座佛塔,是无忧王所建的,这里是八位国王分配佛陀舍利的地方。塔前建有石柱,镌刻记载着这件事情。佛陀入涅槃后,焚烧完毕,八位国王率四军赶来,派遣了一位直性婆罗门对拘尸城的力士说:"听说佛陀这位天神众人的导师,在这个国家寂灭,所以我们从远方赶来,请求分割舍利。"力士说:"如来屈尊降临我国,失去了这位世间英明的导师,犹如丧失了众生慈爱的父亲,如来的舍利,我国自当供养。你们徒然疲劳于赶路,终究不会有所收获。"这时各大王以谦逊的言语求取舍利,没有得到允许,就又对拘尸城的力士说:"既然以礼相请不听从,出兵的日子就不远了。"直性婆罗门高声说:"考虑一下吧! 大悲世尊忍辱修行积福修善,经历了多劫岁月,想来大家都详细地听说过。现在要以武力相侵夺,这是不适宜的。现在舍利就在这里,应当平均分成八份,各自都能够供养,怎么至于兴师动众发动战争呢?"那些力士依照直性婆罗门的意见,当即平均分配了数量,想分作八份。帝释对各位国王说:"天神也应当有一份,你们不要仗恃武力相争。"阿那婆答多龙王、文邻龙王、医那钵呾罗龙王又提出这样的意见:"不要遗漏了我们,如果以武力相争,你们这些人恐怕不是我们的对手。"直性婆罗门说:"不要喧哗争吵了,大家应该共同分配舍利。"于是把舍利分为三份,第一份分给天神,第二份分给龙王,第三份留在人间,然后八国再平分。天神、龙王、国王,没有不悲伤感念的。

三、大邑聚及罗怙罗神亦传说

分舍利窣堵波西南行二百余里，至大邑聚。有婆罗门，豪右巨富，确乎不杂，学究五明，崇敬三宝。接其居侧，建立僧坊，穷诸资用，备尽珍饰。或有众僧往来中路，殷勤请留，罄心供养，或止一宿，乃至七日。其后设赏迦王毁坏佛法，众僧绝侣，岁月骤淹，而婆罗门每怀恳恻。经行之次，见一沙门，庞眉皓发^①，杖锡而来。婆罗门驰往迎逆，问所从至，请入僧坊，备诸供养，且以淳乳煮粥进焉。沙门受已，才一哜齿，便即置钵，沉吟长息。婆罗门持食，跪而问曰："大德惠利随缘，幸见临顾，为夕不安耶？为粥不味乎？"沙门愍然告曰："吾悲众生福祐渐薄，斯言且置，食已方说。"沙门食讫，摄衣即路。婆罗门曰："向许有说，今何无言？"沙门告曰："吾非忘也，谈不容易，事或致疑。必欲得闻，今当略说。吾向所叹，非薄汝粥。自数百年，不尝此味。昔如来在世，我时预从，在王舍城竹林精舍，俯清流而涤器，或以澡嗽，或以盥沐。嗟乎！今之纯乳，不及古之淡水，此乃人天福减使之然也。"婆罗门曰："然则大德乃亲见佛耶？"沙门曰："然。汝岂不闻佛子罗怙罗者，我身是也。为护正法，未入寂灭。"说是语已，忽然不见。婆罗门遂以所宿之房，涂香洒扫，像设肃然，其敬如在。

复大林中行五百余里，至婆罗疟（女黠反）斯国（旧曰波罗奈国，讹也。中印度境）^②。

[译文]

　　分舍利塔向西南方向前行二百多里,到达一个大集镇。有位婆罗门,出身豪强,财富巨万,信仰专一而坚定,学术上深通五明,崇信敬仰佛教三宝。这位婆罗门挨着其住宅旁,建立了僧坊,穷尽各种物资用品,使用各种珍宝装饰。有时僧人往来于途中,婆罗门就殷勤挽留,尽心供养,有的住一宿,有的多至七天。后来设赏迦王毁坏佛法,众僧绝迹,岁月很快流逝过去,而这位婆罗门常常怀有诚恳痛切之心。一次在经行路上,婆罗门看到一位沙门,浓眉白发,挂着锡杖而来。婆罗门赶紧上去迎接,询问他从哪里来,到哪里去,请他进入僧坊,准备各种物品供养,早上用纯牛乳煮粥进奉。沙门接受后,刚一沾牙齿,就放下食钵,沉吟不语而长长叹息。婆罗门捧着食物跪下问他说:"大德高僧随缘赐惠给我们以利益,幸而光临我这里,现在叹息是因为晚上睡得不安宁呢? 还是粥的味道不好呢?"沙门悲伤地告诉他说:"我是悲伤众生福报逐渐淡薄,这个话暂且放下,吃过后再说。"沙门吃完后,整理一下衣服就要上路。婆罗门说:"您刚才答应有话讲,现在为什么不讲?"沙门告诉他:"我不是忘记了,是谈起来不容易,这件事情还可能引起怀疑。你如果一定要听,现在可以说个大概。我刚才的叹息,不是鄙薄你的粥。我已经几百年没尝过这种味道了。从前如来在世时,我曾时时参与侍奉随从,在王舍城的竹林精舍,俯身在清净的流水中洗涤器皿,有时漱口,有时盥洗。唉,现在的纯乳,竟赶不上古代的淡水,这实在是众生天神的福报降低而导致的结果。"婆罗门说:"这么说大德亲自见过佛陀了?"沙门说:"是的。你难道没听说佛陀的儿子罗怙罗吗? 我就是罗怙罗。为了守护佛教正法,还没有入寂灭涅槃。"说完这段话,沙门忽然就不见了。婆罗门于是把罗怙罗所住过的房子,涂上香料,洒扫干净,供上罗怙罗像,仪式严肃,其恭敬就如罗怙罗在场一般。

再在大树林中前行五百多里,就到达婆罗疟斯国(过去称波罗奈国,错了。在中印度境内)。

〔注释〕

①庬(máng)眉:庬,同庞,指眉毛黑白杂色,形容老貌。如杜甫《戏为韦偃双松图歌》:"松根胡僧憩寂寞,庞眉皓首无往著。"

②婆罗疟(niè)斯国:又作波罗奈斯、婆罗那等,都城在今印度北部的瓦腊纳西(亦作贝拿勒斯)。

卷七　五国

吠舍厘国

吠舍厘国周五千余里。土地沃壤，花果茂盛，庵没罗果、茂遮果既多且贵。气序和畅，风俗淳质，好福重学，邪正杂信。伽蓝数百，多已圮坏，存者三五，僧徒稀少。天祠数十，异道杂居，露形之徒，实繁其党。吠舍厘城已甚倾颓，其故基趾周六七十里，宫城周四五里，少有居人。

〔译文〕

吠舍厘国方圆五千多里。土壤肥沃，花果茂盛。庵没罗果、茂遮果又多又贵重。气候温和舒畅，风俗淳厚质朴，喜好积福，重视学习，邪教正教都有信仰者。佛教寺院有几百所，大多已经倒塌毁坏，保存下来的只有三五座，僧徒稀少。天祠有几十所，外道信徒混杂居住，露形一派的信徒，人数最为众多。吠舍厘城已经十分颓败，旧基方圆有六七十里，宫城方圆四五里，很少有居民。

一、佛说毗摩罗诘经所

宫城西北五六里，至一伽蓝，僧徒寡少，习学小乘正量部理论。傍有窣堵波，是昔如来说《毗摩罗诘经》①，长者子宝积等献宝盖处。其东有窣堵波，舍利子等于此证无学之果。

[译文]

吠舍厘国宫城向西北方向前行五六里，到达一座寺院。僧徒很少，都研究学习小乘佛教的正量部理论。旁边有座佛塔，这是从前如来讲说《毗摩罗诘经》，无垢称长者的儿子宝积等人进献宝盖的地方。塔的东面有座塔，舍利子等人曾在这里证得无学之果。

[注释]

①《毗摩罗诘经》：又称《维摩诘所说经》。内容是毗摩罗诘（又作维摩诘，吠舍厘城佛教居士）和舍利子、弥勒等及文殊大师问答之辞，说明大乘教理。

二、佛舍利窣堵波及诸遗迹

舍利子证果东南有窣堵波，是吠舍厘王之所建也。佛涅槃后，此国先王分得舍利，式修崇建。《印度记》曰：此中旧有如来舍利一斛，无忧王开取九斗，惟留一斗。后有国王复欲开取，方事兴工，寻即地震，遂不敢开。

其西北有窣堵波，无忧王之所建也。傍有石柱，高五六十尺，上作师子之像。石柱南有池，是群猕猴为佛穿也，在昔如来曾住于此。池西不远有窣堵波，诸猕猴持如来钵上树取蜜之处。池南不远有窣堵波，是诸猕猴奉佛蜜处。池西北隅犹有猕猴形像。

〔译文〕

　　舍利子证果处的东南有座佛塔，是吠舍厘王所建造。佛陀涅槃以后，这个国家的先代君王分得舍利，恭敬地建造佛塔来供养。《印度记》记载：此塔中过去有一斛如来的舍利，无忧王开塔取出九斗，只留下一斗。后来有位国王又想开塔取舍利，正要动工，很快就发生了地震，于是不敢再开塔。

　　舍利子证果处的西北方向有座佛塔，是无忧王所建造的。旁边建有石柱，高五六十尺，上面刻有狮子像。石柱的南面有水池，是一群猕猴为佛陀开凿的，从前如来曾在这里居住。池子的西面不远处有座佛塔，是众猕猴拿着如来食钵到树上取蜜的地方。池子南面不远处有座佛塔，是众猕猴向佛陀奉献蜜的地方。水池的西北角，尚存有猕猴的雕像。

三、无垢称及宝积故宅

　　伽蓝东北三四里有窣堵波，是毗摩罗诘（唐言无垢称，旧曰净名，然净则无垢，名则是称，义虽取同，名乃有异。旧曰维摩诘，讹略也）故宅基趾，多有灵异。去此不远有一神舍，其状垒砖，传云积石，即无垢称长者现疾说法之处。去此不远有窣堵波，长者子宝积之故宅也。去此不远有窣堵波，是庵没罗女故宅，佛姨母等诸苾刍尼于此证入涅槃。

〔译文〕

　　寺院东北三四里有座佛塔，是毗摩罗诘（唐朝话称为无垢称,过去称净名,然而净就是无垢,名就是称,意义虽然相同,名字却有差异。过去又称维摩诘,是错误而有疏略的)故宅的遗址,有许多灵异的事迹。离这里不远有一座神舍,形状像是砖砌,相传是石头垒积而成,就是无垢称长者显现疾病而说法的地方。离这里不远有座佛塔,是无垢称长者的儿子宝积的故居。离这里不远有座佛塔,是庵没罗女的故居,佛陀的姨母等比丘尼在这里修证而进入涅槃。

四、庵没罗女园及佛预言涅槃处

伽蓝北三四里有窣堵波,是如来将往拘尸那国入般涅槃,人与非人随从世尊,至此伫立。次西北不远有窣堵波,是佛于此最后观吠舍厘城。其南不远有精舍,前建窣堵波,是庵没罗女园持以施佛。

庵没罗园侧有窣堵波,是如来告涅槃处。佛昔在此告阿难曰:"其得四神足者①,能住寿一劫。如来今者,当寿几何?"如是再三,阿难不对,天魔迷惑故也。阿难从坐而起,林中宴默。时魔来请佛曰:"如来在世教化已久,蒙济流转,数如尘沙,寂灭之乐,今其时矣。"世尊以少土置爪上,而告魔曰:"地土多耶？爪土多耶?"对曰:"地土多也。"佛言:"所度者如爪上土,未度者如大地土。却后三月,吾当涅槃。"魔闻欢喜而退。阿难林中忽感异梦,来白佛言:"我在林间,梦见大树,枝叶茂盛,荫影蒙密,惊风忽起,摧散无余。将非世尊欲入寂灭？我心怀惧,故来请问。"佛告阿难:"吾先告汝,汝为魔蔽,不时请留。魔王劝我早入涅槃,已许之期,斯梦是也。"

〔译文〕

　　寺院以北三四里的地方有座佛塔,这里是如来将要前往拘尸那国涅槃时,人和非人等众生跟随着世尊,在这里伫立的地方。再往西北不远处有座佛塔,是佛陀在这里最后观望吠舍厘城的地方。南面不远处有座精舍,前面建有佛塔,这里是庵没罗女将园奉献给佛的地方。

　　庵没罗园旁有座佛塔,这里是如来告诉大家将要涅槃的地方。佛陀从前在这里告诉阿难说:"获得四神足的人,可以享寿命一劫。如来现在的寿命该有多长?"这样连问了三遍,阿难都不回答,这是被天魔迷惑的缘故。阿难从座位上起身,到林中静坐。这时天魔来对佛陀说:"如来在世间教化已经很久了,蒙您超度而脱离轮回的,数量如同尘沙一般。您享受寂灭的欢乐,现在是时候了。"世尊以少量的土放在指甲上,而问天魔说:"地上的土多呢?还是指甲上的土多?"天魔回答:"地上的土多。"佛陀说:"我所度化的众生如同指甲上的土,而没有度化的人如大地上的土。三个月后,我就要涅槃了。"天魔听说后,高兴地退下去。阿难在树林中忽然感受到一个奇怪的梦境,回来报告佛陀说:"我在树林中间,梦见有株大树,枝叶茂盛,树荫浓密,狂风忽然吹起,枝叶被吹得干干净净。该不会是世尊将要入寂灭吧?我的心中充满恐惧,所以前来请问。"佛陀告诉阿难说:"我先前告诉过你,你为天魔所蒙蔽,没有及时挽留我。魔王劝我早些进入涅槃,我已答应了他期限,这就是你做的梦。"

①四神足：又名四如意足，是三十七道品中四正勤所修的行品，也就是用四种定力摄心，使定慧均等，神力充沛，所愿皆得，故名如意足。包括欲神足、勤神足、心神足、观神足。

五、千佛本生故事

告涅槃期侧不远有窣堵波，千子见父母处也。昔有仙人，隐居岩谷，仲春之月，鼓濯清流，麛鹿随饮①，感生女子，姿貌过人，惟脚似鹿。仙人见已，收而养焉。其后命令求火，至余仙庐，足所履地，迹有莲花。彼仙见已，深以奇之，令其绕庐，方乃得火。鹿女依命，得火而还。时梵豫王畋游见花，寻迹以求，悦其奇怪，同载而返。相师占言，当生千子。余妇闻之，莫不图计。日月既满，生一莲花，花有千叶，叶坐一子。余妇诬罔，咸称不祥，投殑伽河，随波泛滥。乌耆延王下流游观，见黄云盖乘波而来，取以开视，乃有千子，乳养成立，有大力焉。恃有千子，拓境四方，兵威乘胜，将次此国。时梵豫王闻之，甚怀震惧，兵力不敌，计无所出。是时鹿女心知其子，乃谓王曰："今寇戎临境，上下离心，贱妾愚忠，能败强敌。"王未之信也，忧惧良深。鹿女乃升城楼，以待寇至。千子将兵，围城已匝，鹿女告曰："莫为逆事！我是汝母，汝是我子。"千子谓曰："何言之谬？"鹿女手按两乳，流注千岐，天性所感，咸入其口。于是解甲归宗，释兵返族,两国交欢,百姓安乐。

千子归宗侧不远有窣堵波,是如来经行旧迹,指告众曰:"昔吾于此归宗见亲。欲知千子,即贤劫中千佛是也。"

[译文]

在如来预告涅槃期限处旁边不远,有座佛塔,是一千个儿子会见父母之处。从前有位仙人,隐居在山谷中,春天二月时,在清溪中洗澡沐浴。有只母鹿跟着出来饮水,由于感应而生下女子,姿貌过于常人,只有脚长得像鹿脚。仙人见到后,将她收养。后来让她出去借火,到了其他仙人庐舍,她的脚所踩过的地方,印迹呈现莲花状。那些仙人见到后,深感奇怪,让她围绕庐舍走一圈,才能得到火。鹿女听从吩咐,得火后返回。当时梵豫王外出狩猎,见到地上莲花印迹,循着足迹寻找,喜爱鹿女的奇特相貌,用车载着一同返回。相师占卜说,她将生下一千个儿子。其余的妃子听说后,无不图谋计策。孕期满了之后,鹿女生下一朵莲花,莲花有一千片叶子,每片叶子上都坐着一个儿子。其余的妃子诬陷造谣,都说这是不吉祥的事情,于是把莲花投进殑伽河,顺着河水漂流下去。乌耆延王在下游游览,看到黄色云盖随波而来,把莲花取过来打开一看,里面有一千个儿子,就哺育他们成人,花了很大力气。乌耆延王仗恃着有一千个儿子,向四方开拓疆土,他的军队乘着取胜的威力,将要到达这个国家。当时梵豫王听说后,心中很是恐惧,自己军队的兵力不敌,想不出主意来。这时鹿女心中知道那些人是自己的儿子,就对梵豫王说:"现在敌寇兵临国境,上下离心,贱妾虽然愚忠,却能够打败强敌。"梵豫王不相信她，忧愁恐惧更加厉害。鹿女于是登上城楼，等待敌寇的到来。那一千个儿子率领兵马，把城池围得严严实实。鹿女对他们说："不要做大逆不道的事！我是你们的母亲，你们是我的儿子。"一千个儿子说："你怎么说出如此荒谬的话？"鹿女用手按住两个乳房，流出一千道乳汁来，由于天性的感应，都流入一千个儿子的口中。一千个儿子于是脱下盔甲，重归本宗，解除武装，返回本族，两国因之和好，百姓安居乐业。

在一千个儿子回归本宗处的旁边不远有座佛塔，这是如来经行的遗迹。如来指着这里告诉众人说："从前我在这里回到本宗而见到双亲。要知道那一千个儿子，就是贤劫中的一千个佛。"

〔注释〕

①麀(yōu)鹿：母鹿。《诗·大雅·灵台》："王在灵囿，麀鹿攸伏。"

六、重阁讲堂及诸圣迹

述本生东有故基，上建窣堵波，光明时烛，祈请或遂，是如来说《普门陀罗尼》等经重阁讲堂余址也。

讲堂侧不远有窣堵波，中有阿难半身舍利。去此不远有数百窣堵波，欲定其数，未有克知，是千独觉入寂灭处。

吠舍厘城内外周隍，圣迹繁多，难以具举。形胜故墟，鱼鳞间峙，岁月骤改，炎凉亟移，林既摧残，池亦枯涸，朽株余迹，其详验焉。

大城西北行五六十里，至大窣堵波，栗呫(昌叶反)

婆子(旧曰离车子,讹也)别如来处①。如来自吠舍厘城趣拘尸那国,诸栗呫婆子闻佛将入寂灭,相从号送。世尊既见哀慕,非言可谕,即以神力化作大河,崖岸深绝,波流迅急,诸栗呫婆子悲恸以止,如来留钵,作为追念。

〔译文〕

　　佛陀讲述本生故事地方的东面有一处旧基,上面建有佛塔,时常放射光芒,祈求的人时而如愿,这里是如来讲说《普门陀罗尼》等经典的重阁讲堂遗址。

　　讲堂旁边不远处有座佛塔,里面有阿难的半身舍利。离这里不远有几百座佛塔,想弄清具体数目,却没有人能够知道,这里是一千位独觉修行者涅槃的地方。

　　吠舍厘城内外四周,圣迹极多,难以一一列举。名胜古迹,如鱼鳞般间隔分布。岁月巨变,寒暑交替,树林已经被摧残,池水也已经干涸,只留下枯树遗迹,可以详细地提供验证。

　　吠舍厘都城向西北方向前行五六十里,到达一座大佛塔,是栗呫婆子(过去称离车子,错了)送别如来的地方。如来从吠舍厘城前往拘尸那国,众多栗呫婆子听说佛陀将要涅槃,便跟随着哭号送别。世尊见到众人悲哀仰慕,非言语所能慰喻,就用神力变化出一条大河,河岸陡峭高深,河流湍急。栗呫婆子只得忍住悲恸而停留下来,如来留下他的食钵,供他们追念。

〔注释〕

　　①栗呫婆子:公元前六世纪跋耆国毗舍厘城刹帝利种姓之名。又作利车、离奢、栗唱、隶车、黎昌、律车、梨车毗、离车毗、栗呫婆、栗呫毗等,意译为薄皮。其祖先从一胞肉中生,因有此名。

七、故城及大天王本生故事

吠舍厘城西北减二百里,有故城,荒芜岁久,居人旷少。中有窣堵波,是佛在昔为诸菩萨、人、天大众引说本生,修菩萨行,曾于此城为转轮王,号曰摩诃提婆(唐言大天)。有七宝应①,王四天下,睹衰变之相,体无常之理,冥怀高蹈,忘情大位,舍国出家,染衣修学。

〔译文〕

吠舍厘城西北方向不到二百里的地方,有一座旧城,荒芜已经很久,居民稀少。里面有座佛塔,这是佛陀从前为菩萨、人、天大众讲说本生故事,修菩萨行时,曾在这座城中做转轮王,号称为摩诃提婆(唐朝话称作大天)的地方。大天转轮王有七宝相应,统治四方天下,但他目睹衰变的世相,体会到无常的道理,暗中怀有脱离世俗之念,忘怀国王的大位,舍弃国政而出家,穿上僧衣修习佛学。

〔注释〕

①七宝应:七宝为轮宝、象宝、马宝、珠宝、女宝、居士宝、兵宝和臣宝。出现这七宝,表示有轮王出世。

八、七百贤圣结集

城东南行十四五里,至大窣堵波,是七百贤圣重结集处。佛涅槃后百一十年,吠舍厘城有诸苾刍,远离佛法,谬行戒律。时长老耶舍陀住侨萨罗国①,长老三菩伽住秼菟罗国^②，长老厘波多住韩若国^③，长老沙罗住吠舍厘国^④，长老富阇苏弥罗住波罗梨弗国^⑤。诸大罗汉心得自在，持三藏，得三明，有大名称，众所知识，皆是尊者阿难弟子。时耶舍陀遣使告诸贤圣，皆可集吠舍厘城。犹少一人，未满七百。是时富阇苏弥罗以天眼见诸大贤圣集议法事，运神足至法会。时三菩伽于大众中右袒长跪，扬言曰："众无哗！钦哉，念哉！昔大圣法王善权寂灭，岁月虽淹，言教尚在。吠舍厘城懈怠苾刍，谬于戒律，有十事出，违十力教。今诸贤者深明持犯，俱承大德阿难指诲，念报佛恩，重宣圣旨。"时诸大众莫不悲感，即召集诸苾刍，依毗奈耶，诃责制止，削除谬法，宣明圣教。

〔译文〕

吠舍厘城向东南方向前行十四五里，到达一座大佛塔，这是七百贤圣重新结集的地方。佛陀涅槃一百一十年之后，吠舍厘城有许多比丘，远离佛法，奉行荒谬的戒律。这时长老耶舍陀住在憍萨罗国，长老三菩伽住在秼菟罗国，长老厘波多住在韩若国，长老沙罗住在吠舍厘国，长老富阇苏弥罗住在波罗梨弗国。这些大罗汉心中已证得自在境界，持诵三藏，获得三明智慧，享有崇高声望，为众人所了解，都是尊者阿难的弟子。当时耶舍陀派遣使者遍告各位贤圣，都可以在吠舍厘城集会。还缺一人，不满七百之数。这时富阇苏弥罗用天眼看到贤圣们集会商议法事，就运起神足之力来到法会上。这时三菩伽在大众中袒露右臂，长跪在地，高声说："大家不要喧哗！请恭敬地思念。从前大圣法王善巧权变而进入涅槃,岁月虽然过了很长时间,他的教诲仍在。吠舍厘城懈怠的比丘持守着荒谬的戒律,有十件事情出格,违背了佛陀的教诲。现在各位贤者深明戒律,都承蒙大德阿难的教诲,思念报答佛陀的重恩,重新宣布佛陀的圣旨。"这时大家无不悲感交集,当即召集诸位比丘,依照毗奈耶藏,呵责制止那些错误的行为,废除他们荒谬的戒律,宣扬申明佛陀的教谕。

〔注释〕

①耶舍陀:又作耶舍陀迦兰提子、耶舍迦那子、耶舍那、耶舍等。主张盐净等十事非法,组织七百比丘进行律部结集,组成上座部,成为南传佛教所说之上座部创始者。

②三菩伽:即商那和修,又作奢那婆数、舍那波私、舍那和修、舍那婆斯、耶贳羁、奢搦迦、商诺迦缚婆等,意译胎衣、自然衣、麻衣。阿难的弟子,付法藏之第三祖。

③厘波多:又作离婆多、梨婆多、厘波多等。阿难的弟子,精通律法。

④沙罗:又作沙留、遮楼、沙兰等。

⑤富阇苏弥罗:又作级阇苏弥罗、不阇苏摩等。

九、湿吠多补罗伽蓝

七百贤圣结集南行八九十里,至湿吠多补罗僧伽蓝,层台轮焕,重阁翚飞①,僧众清肃,并学大乘。其傍则有过去四佛坐及经行遗迹之处。其侧窣堵波,无忧王之所建也。如来在昔南趣摩揭陀国,北顾吠舍厘城,中途止息遗迹之处。

从七百贤圣结集处向南前行八九十里,到达湿吠多补罗寺院,层层高台高大华美,重重楼阁高檐飞翘,僧徒清静肃穆,都学习大乘佛教。旁边有过去四佛打坐和经行遗迹的场所。旁边的佛塔,是无忧王所建造的。这是如来从前南到摩揭陀国,北望吠舍厘城,中途休息的遗迹之处。

〔注释〕

①翚(huī)飞:飞翔。

十、阿难分身寂灭传说

湿吠多补罗伽蓝东南行三十余里,殑伽河南北岸各有一窣堵波,是尊者阿难陀分身与二国处。阿难陀者,如来之从父弟也,多闻总持,博物强识,佛去世后继大迦叶任持正法,导进学人。在摩揭陀国,于林中经行,见一沙弥讽诵佛经,章句错谬,文字纷乱。阿难闻已,感慕增怀,徐诣其所,提撕指授①。沙弥笑曰:"大德耄矣,所言谬矣! 我师高明,春秋鼎盛,亲承示诲,诚无所误。"阿难默然,退而叹曰:"我年虽迈,为诸众生,欲久住世,住持正法。然众生垢重,难以诲语,久留无利,可速灭度。"于是去摩揭陀国,趣吠舍厘城,渡殑伽河,泛舟中流。摩揭陀王闻阿难去,情深恋德,即严戒驾,疾驰追请,数百千众营军南岸。吠舍厘王闻阿难来,悲喜盈心,亦治军旅,奔驰迎候,数百千众屯集北岸。两军相对,旌旗翳日。阿难恐斗其兵，更相杀害，从舟中起，上升虚空，示现神变，即入寂灭，化火焚骸，骸又中析，一堕南岸，一堕北岸。于是二王各得一分，举军号恸，俱还本国，起窣堵波，而修供养。

从此东北行五百余里，至弗栗恃国（北人谓三伐恃国，北印度境）②。

[译文]

湿吠多补罗寺院向东南方向前行三十多里，殑伽河南北岸各有一座佛塔，这是尊者阿难陀把身体分给两国的地方。阿难陀，是如来的堂弟，博学多闻而能持不失，通晓众物而记忆力强，在佛陀去世后，继承大迦叶主持正法，引导后进学人。阿难陀在摩揭陀国时，有一次在树林中经行，见到一个沙弥诵读佛经，章句出错，文字淆乱。阿难听到后，感慕佛陀，更加思念佛陀，缓步走过去，点拨指教这位沙弥。沙弥笑着说："大德老了，你的话错了！我的老师很高明，正年富力强，我亲自得到他的教诲，肯定没有错误。"阿难沉默不语，退下来叹息说："我年岁虽然高迈，为了广大众生，想要久留于世间，维持佛法。然而众生污垢太重，难以教诲。我久留世间没有益处，可以赶快涅槃。"于是离开摩揭陀国，前往吠舍厘城，渡殑伽河，船行于河中央。摩揭陀王听说阿难离去，深情地眷念他的德行，就率领兵马，赶紧追上去请他留下来，成百上千的兵士，扎营在南岸。吠舍厘王听说阿难前来，悲喜满怀，也整顿军队，奔驰前来迎候，成百上千的兵士扎营在北岸。两国军队相对，旗帜遮住了太阳。阿难担心双方军队交战，互相杀害，就从船上起身，飞升入空中，显示出神通变化,就进入涅槃了,化出烈火焚烧骨骸,骨骸又分成两半,一半落在南岸,一半落在北岸。于是两位国王各得一份,全军号啕大哭,都回到本国,建造佛塔,而加以供养。

从这里向东北方向前行五百多里,到达弗栗恃国(北方人称为三伐恃国,在北印度境内)。

〔注释〕

①提撕:拉扯、提携,引申为教导、提醒。颜之推《颜氏家训·序致》:"吾今所以复为此者,非敢轨物范世也,业以整齐门内,提撕子孙。"参见卷二"印度总述"之"教育"条。

②弗栗恃国:又作跋耆等,旧地在今印度达尔班加北部。都城在马杜巴尼以北的巴里迦尔,即下文提到的"占戍拿"。

卷八　一国

摩揭陀国(上)

　　摩揭陀国周五千余里,城少居人,邑多编户。地沃壤,滋稼穑,有异稻种,其粒粗大,香味殊越,光色特甚,彼俗谓之供大人米。土地垫湿,邑居高原。孟夏之后,仲秋之前,平居流水,可以泛舟。风俗淳质,气序湿暑。崇重志学,尊敬佛法。伽蓝五十余所,僧徒万有余人,并多宗习大乘法教。天祠数十,异道实多。

〔译文〕

　　摩揭陀国方圆五千多里,城市中居民稀少,乡镇中编户繁多。土壤肥沃,滋养庄稼,有一种特异的稻谷,谷粒粗大,香味特浓,光泽颜色特别好看,当地俗称为供大人米。摩揭陀国地势低矮潮湿,城镇位于高处,初夏之后,仲秋之前,平地遍布流水,可以行船。风俗淳厚质朴,气候潮湿暑热。人们崇尚、重视学术,尊重、敬仰佛法。佛教寺院有五十多所,僧徒一万多人,大多信奉、研习大乘佛教。天祠几十所,外道信徒很多。

一、波吒厘子城及传说

　　殑伽河南有故城,周七十余里,荒芜虽久,基址尚在。昔者人寿无量岁时,号拘苏摩补罗城(唐言香花宫城)①。王宫多花，故以名焉。逮乎人寿数千岁，更名波吒厘子城(旧曰巴连弗邑，讹也)。

初，有婆罗门高才博学，门人数千，传以授业。诸学徒相从游观，有一书生徘徊怅望。同俦谓曰："夫何忧乎?"曰："盛色方刚，羁游履影，岁月已久，艺业无成。顾此为言，忧心弥剧。"于是学徒戏言之曰："今将为子求娉婚亲。"乃假立二人为男父母，二人为女父母，遂坐波吒厘树，谓女婿树也。采时果，酌清流，陈婚姻之绪，请好合之期。时假女父攀花枝以授书生曰："斯嘉偶也，幸无辞焉。"书生之心欣然自得，日暮言归，怀恋而止。学徒曰："前言戏耳! 幸可同归。林中猛兽恐相残害。"书生遂留，往来树侧。景夕之后，异光烛野，管弦清雅，帷帐陈列。俄见老翁策杖来慰，复有一妪携引少女，并宾从盈路，祛服奏乐②。翁乃指少女曰："此君之弱室也。"酣歌乐宴，经七日焉。学徒疑为兽害，往而求之，乃见独坐树阴，若对上客，告与同归，辞不从命。后自入城，拜谒亲故，说其始末。闻者惊骇，与诸友人同往林中，咸见花树是一大第，童仆役使驰驱往来，而彼老翁从容接对，陈馔奏乐，宾主礼备。诸友还城，具告远近。期岁之后，生一子男。谓其妻曰："吾今欲归，未忍离阻。适复留止，栖寄飘露。"其妻既闻，具以白父。翁谓书生曰："人生行乐，讵必故乡？今将筑室，宜无异志。"于是役使灵徒，功成不日。香花旧城，迁都此邑。由彼子故,神为筑城,自尔之后,因名波吒厘子城焉。

〔译文〕

殑伽河南岸有座旧城,方圆七十多里,虽然荒芜已久,但基址还在。过去人寿无限长的时候,这里称为拘苏摩补罗城(唐朝话称作香花宫城)。王宫中花朵繁多,所以用此命名。等到了人寿几千岁时,改名为波吒厘子城(过去称巴连弗邑,错了)。

当初,有位婆罗门才能出众,学问广博,门人有几千人,婆罗门传授他们道业。众多的学生跟着婆罗门出游观览,有一个书生却在那里徘徊,怅然张望。同伴们问他说:"忧愁什么呢?"这位书生回答说:"我血气方刚,远离家乡游学于外,时间已经过去很久了,学业却没有成就。一想到这里,忧愁的心情更为加剧。"于是同伴们对他开玩笑说:"现在就将为你求婚娶妻。"于是假设二人为男方父母,二人为女方父母,坐在波吒厘树下,称之为女婿树。他们采来新鲜花果,盛来清水,按照婚姻的程序,相约结婚的日期。假扮女方父亲的同伴折下一根花枝交给书生说:"这就是你的佳人,希望不要推辞。"书生心中欣然自得,傍晚将要回去时,他心怀依恋而留下来。学生们说:"刚才的话是开玩笑的,希望同我们一起回去。树林中的猛兽恐怕会伤害你。"书生还是留下来了,徘徊于树旁。天黑之后,奇异的光芒照耀原野,管弦声清亮高雅,帷帐一排排列出。不久就见一个老头拄着拐杖前来慰问,又有一位老妇人领着一位少女,还有宾客随从挤满了道路,全都穿着礼服,奏着音乐。老翁指着少女说:"这就是你的妻子。"大家歌舞宴席,一共持续了七天。学生们怀疑这位书生被野兽所害,前去寻找他,只见他独自坐在树荫下,如同接待贵宾。请他一同回去,他推辞而不听从。书生后来自己进入城中，拜见亲属朋友，叙述事情始末经过。听到的人感到惊讶，书生和亲友们一同前往树林中，大家看到原来的那棵花树是一座大宅院，奴仆差役往来奔走，而那位老人从容地迎接客人，摆设筵席，演奏音乐，宾主尽礼。亲友们回到城中，详细地告诉远近之人。一年之后，二人生了一个儿子。书生对他的妻子说："我现在想回去，又不忍心和你离别。而要留下来，又有栖寄在外，如露水漂泊的感觉。"他的妻子听说后，便全部禀报了父亲。老翁对书生说："人生享受快乐，何必非在故乡呢？现在就为你建筑房舍，不要再生异心了。"于是老翁役使神灵，没过几天就盖好了房屋。香花旧城也迁到这里。由于书生的缘故，神灵为之筑城，从此之后，就称这里作波吒厘子城了。

〔注释〕

①拘苏摩补罗城：旧地在今印度北部的巴特那。

②袨（xuàn）服：盛服。

二、无忧王地狱处

王故宫北有石柱，高数十尺，是无忧王作地狱处。释迦如来涅槃之后第一百年，有阿输迦（唐言无忧，旧曰阿育，讹也）王者，频毗娑罗①（唐言影坚，旧曰频婆娑罗，讹也）王之曾孙也，自王舍城迁都波吒厘，重筑外郭，周于故城。年代浸远，唯余故基。伽蓝、天祠及窣堵波，余址数百，存者二三。唯故宫北临殑伽河，小城中有千余家。

初，无忧王嗣位之后，举措苛暴，乃立地狱，作害生灵。周垣峻峙，隅楼特起，猛焰洪炉，铦锋利刃，备诸苦具，拟像幽涂，招募凶人，立为狱主。初以国中犯法罪人，无校轻重，总入涂炭。后以行经狱次，擒以诛戮，至者皆死，遂灭口焉。时有沙门，初入法众，巡里乞食，遇至狱门，狱吏凶人擒欲残害。沙门惶怖，请得礼忏。俄见一人缚来入狱，斩截手足，磔裂形骸，俯仰之间，肢体糜散。沙门见已，深增悲悼，成无常观，证无学果。狱卒曰："可以死矣。"沙门既证圣果，心夷生死，虽入镬汤，若在清池，有大莲花而为之座。狱主惊骇，驰使白王，王遂躬观，深赞灵祐。狱主曰："大王当死。"王曰："何？"对曰："王先垂命，令监刑狱，凡至狱垣皆从杀害，不云王入而独免死。"王曰："法已一定，理无再变。我先垂令，岂除汝身？汝久滥生，我之咎也。"即命狱卒，投之洪炉。狱主既死，王乃得出，于是颓墙堙堑，废狱宽刑。

[译文]

　　摩揭陀国旧王宫北面有个石柱，高几十尺，这是无忧王建造地狱的地方。释迦如来涅槃之后的第一百年间，有位阿输迦（唐朝话称作无忧，过去称阿育，错了）国王，是频毗娑罗（唐朝话称作影坚，过去称频婆娑罗，错了）王的曾孙，从王舍城迁都到波吒厘，重新筑起外城，围在旧城外，年代久远，只剩下旧基。佛教寺院、外道天祠和佛塔，遗址有几百处，留下来的仅有十之二三。只有旧宫北边靠近殑伽河的小城中，还有一千多户人家。

　　当初，无忧王继位后，举措苛刻暴虐，并设立地狱，残害生灵百姓。这所地狱四周围墙高耸，角楼高起，有烧着烈火的洪炉，刀锋锋利的刀剑，备齐了各种刑具，模仿着阴司地狱，招募凶残的人，设立为狱主。开始是拿国内犯法的罪人，不分轻重，统统投入地狱之中。后来，凡途经地狱的人，都擒拿过来诛杀，到了这里的人都被杀害至死，因此情况不被外界知道。当时有一位沙门，入佛门不久，巡游乡间乞食，经过地狱之门，凶恶的狱吏把他擒获后，将要杀害他。沙门害怕起来，请求拜佛忏悔。不久见到一个人被绑来地狱，先是砍去手脚，然后撕裂身体，顷刻之间，他的肢体便散架了。这位沙门见此情景，深感悲伤，修成无常之观，证得无学之果。狱卒对他说："你可以死了。"沙门既然已经证得圣果，心中对生死同等对待，虽然进入沸水中，就如同在清水池中，有一朵大莲花成为他的座位。狱主受到惊吓，派人跑去报告无忧王。无忧王于是亲自前来观看，深深赞叹神灵佑助。狱主说："大王应当死去。"无忧王说："为什么？"狱主回答说："大王先前颁下命令，让我监守刑狱，凡是到地狱围墙的都一概杀死，却没说过大王进来而能单独免死。"无忧王说："法律已经定下来，没有再改变的道理。我先前发布命令，难道把你除开了吗？你长久滥活于世上，是我的过错。"当即命令狱卒把狱主投入洪炉。狱主死后，无忧王才得以出来。于是无忧王毁去围墙，填平沟堑，废除地狱，放宽刑罚。

[注释]

① 频毗娑罗王：公元前六世纪前半期摩揭陀国国王。在位期间，国家势力强盛，是北印度大国。不过，他并不是无忧王的曾祖父，玄奘此处当系误记。

三、无忧王建舍利塔

地狱南不远有窣堵波，基址倾陷，惟余覆钵之势，宝为厕饰，石作栏槛，即八万四千之一也，无忧王以人功建于宫中焉。中有如来舍利一升，灵鉴间起，神光时烛。无忧王废狱之后，遇近护大阿罗汉，方便善诱，随机导化。王谓罗汉曰："幸以宿福，位据人尊，慨兹障累，不遭佛化。今者如来遗身舍利，欲重修建诸窣堵波。"罗汉曰："大王以福德力役使百灵，以弘誓心匡护三宝，是所愿也，今其时矣。"因为广说献土之因，如来悬记兴建之功。无忧王闻以庆悦，召集鬼神而令之曰："法王导利，含灵有庆，我资宿善，尊极人中。如来遗身，重修供养，今尔鬼神戮力同心！境极赡部，户满拘胝，以佛舍利起窣堵波。心发于我，功成于汝，胜福之利，非欲独有，宜各营构，待后告命。"鬼神受旨，在所兴功，功既成已，咸来请命。无忧王既开八国所建诸窣堵波，分其舍利，付鬼神已，谓罗汉曰："我心所欲，诸处同时藏下舍利。心虽此冀，事未从欲。"罗汉白王："命鬼神至所期日，日有隐蔽，其状如手，此时也，宜下舍利。"王承此旨，宣告鬼神。逮乎期日，无忧王观候光景，日正中时，罗汉以神通力，申手蔽日，营建之所，咸皆瞻仰，同于此时功绩咸毕。

〔译文〕

　　无忧王地狱南面不远处有座佛塔，基址已经倾斜陷落，只剩下覆钵部分，四侧以珍宝装饰，栏杆以石头砌成，是八万四千座宝塔之一，由无忧王以人力建于宫中。塔内藏有一升的如来舍利，灵异之事不时产生，神光也时时照耀。无忧王废除地狱后，遇到了近护大阿罗汉。罗汉以方便之法循循善诱，随顺时机加以开导。无忧王对罗汉说："我有幸以前世的福德，位居国王之位，可叹由于业障的牵累，不能遇到佛陀的教化。现在想为如来的遗身舍利重新修建诸多佛塔。"罗汉说："大王凭借着福德的力量役使大众，以宏大的誓愿来匡护三宝，这是我所希望的，现在正是时候。"罗汉因此为无忧王详说他为佛施土的因缘，如来预言的无忧王兴建宝塔之功。无忧王听说后非常高兴，召集鬼神，命令他们说："佛陀法王以利相导，众生都应该庆幸。我凭借前世善业，成为人类中最为尊贵的国王。我想为如来的遗身舍利重新建塔供养。现在你们鬼神要戮力同心！在整个赡部洲，亿万民众中，为佛陀舍利建造佛塔。由我发心，由你们成功，殊胜福德的利益，我不想独占，应各自营造，完成后再来复命。"那些鬼神接受命令后，在各处动工，大功告成后，都来请示。无忧王打开八国所建造的佛塔，平分舍利，交给鬼神后，对罗汉说："我心里所期望的，是各处同时存放舍利。心中虽有这个愿望，事情恐怕不能如愿。"罗汉告诉无忧王："大王命令鬼神到所约定的日子，太阳被遮住，阴影如手的形状，就在这个时候，存放舍利。"无忧王接受这个旨意，告诉给鬼神。到了约定的日子，无忧王观察太阳的影子。当太阳在正中时，罗汉运用神通的力量，伸手遮住太阳，建塔的地方全都看到了，一同在这个时候完成了工程。

四、如来足迹石

窣堵波侧不远，精舍中有大石，如来所履，双迹犹存，其长尺有八寸，广余六寸矣。两迹俱有轮相，十指皆带花文，鱼形映起，光明时照。昔者如来将取寂灭，北趣拘尸那城，南顾摩揭陀国，蹈此石上，告阿难曰："吾今最后留此足迹，将入寂灭，顾摩揭陀也。百岁之后，有无忧王命世君临，建都此地，匡护三宝，役使百神。"及无忧王之嗣位也，迁都筑邑，掩周迹石，既近宫城，恒亲供养。后诸国王竞欲举归，石虽不大，众莫能转。近者设赏迦王毁坏佛法，遂即石所，欲灭圣迹，凿已还平，文彩如故。于是捐弃殑伽河流，寻复本处。其侧窣堵波，即过去四佛坐及经行遗迹之所。

〔译文〕

佛塔旁不远，精舍中有块大石头，如来曾在上面踩过，一双脚印还保留着，长有一尺八寸，宽有六寸多。两个脚印上都有轮相，十个脚趾都带有花纹，鱼形花纹显现出来，时有光芒照耀。从前如来将要进入涅槃的时候，向北到达拘尸那城，向南回望摩揭陀国，踩在这块石头上，告诉阿难说："我现在最后留下这双脚印，将要进入寂灭，回头看一看摩揭陀。一百年之后，有位无忧王君临天下，在这里建都，匡护三宝，役使众神。"等到无忧王继位，迁都此地，筑起新城，妥善保护这块石头遗迹，由于石头靠近王宫，经常亲自供养。后来各国国王争相想抬这块石头回去，石头虽然不大，众人却不能移动。近来设赏迦王毁坏佛法，于是来到石头处，想要毁灭圣迹，凿过后又跟原来一样平，花纹和色彩如同往常一样。接着设赏迦王又把石头抛到殑伽河流水中，不久它又回到了原处。旁边的佛塔，是过去四佛打坐与经行遗迹的场所。

五、无忧王大石柱

佛迹精舍侧不远，有大石柱，高三十余尺。书记残缺，其大略曰："无忧王信根贞固，三以赡部洲施佛、法、僧，三以诸珍宝重自酬赎。"其辞云云，大略斯在。

〔译文〕

佛迹精舍旁边不远，有个大石柱，高三十多尺。记录的文字已经残缺，大致意思是："无忧王信仰坚定坚贞，三次把赡部洲施舍给佛、法、僧，三次用各种珍宝重新自己赎回来。"文字所云，大略就是这个意思。

六、摩醯因陀罗故事

故宫北有大石室，外若崇山，内广数丈，是无忧王为出家弟役使神鬼之所建也。初，无忧王有同母弟，名摩醯因陀罗（唐言大帝），生自贵族，服僭王制，奢侈纵暴，众庶怀怨。国辅老臣进谏王曰："骄弟作威，亦已太甚。夫政平则国治，人和则主安，古之明训，由来久矣。愿存国典，收付执法。"无忧王泣谓弟曰："吾承基绪，覆焘生灵，况尔同胞，岂忘惠爱？不先匡导，已陷刑法。上惧先灵，下迫众议。"摩醯因陀罗稽首谢曰："不自谨行，敢干国宪,愿赐再生,更宽七日。"于是置诸幽室,严加守卫,珍羞上馔,进奉无亏。守者唱曰:"已过一日,余有六日。"至第六日已,既深忧惧,更励身心,便获果证。升虚空,示神迹,寻出尘俗,远栖岩谷。无忧王躬往谓曰:"昔拘国制,欲致严刑。岂意清升,取证圣果。既无滞累,可以还国。"弟曰:"昔羁爱网,心驰声色,今出危城,志悦山谷。愿弃人间,长从丘壑。"王曰:"欲静心虑,岂必幽岩?吾从尔志,当为崇树。"遂召命鬼神而告之曰:"吾于后日广备珍羞,尔曹相率来集我会,各持大石,自为床坐。"诸神受命,至期毕萃。众会既已,王告神曰:"石座纵横,宜自积聚。因功不劳,垒为虚室。"诸神受命,不日而成。无忧王躬往迎请,止此山庐。

[译文]

旧王宫的北面有间大石室,外面看上去像高山,里面有几丈宽,这是无忧王为出家的弟弟驱使鬼神所建造的。当初,无忧王有个同母的弟弟,名叫摩醯因陀罗(唐朝话称作大帝),出自贵族家庭,服饰僭用国王的规格,奢侈残暴,百姓对他心怀怨恨。辅佐老臣规劝无忧王说:"你骄纵的弟弟作威作福,也已经太过分了。只有政事公平国家才能安定,人心和合君主才能安定,这是古人的明训,由来已久了。希望陛下遵循国家法典,将他逮捕交付给执法者。"无忧王哭着对弟弟说:"我继承先人留下的基业,保护生灵百姓,何况你是同胞兄弟,岂会忘记爱护你?我先前没能匡扶引导你,已经让你触犯刑法,我对上怕得罪先人之灵,对下又迫于民众的议论。"摩醯因陀罗叩头谢罪说:"我没能谨慎行事,岂敢冒犯国家宪法,希望你赐给我再生的机会,宽限七天。"无忧王于是把他关在暗室中,严加守卫,上等的珍馐美味,照常进奉而不减少。看守的人喊道:"已经过了一天,还剩六天。"到第六天过完,摩醯因陀罗深怀忧愁恐惧,更加激励身心,于是获得果证。他飞升到空中,显示神异现象,随即脱离尘俗,远远地栖息于山谷之中。无忧王亲自前去对他说:"从前拘于国家制度,想加以严厉的刑罚。哪想到你得道高升,证得圣果。既然已无尘俗的牵挂,你现在可以回到国中了。"他的弟弟说:"从前羁绊于爱网,驰心于声色,现在逃出了危城,心中喜爱住在山谷。希望抛弃人间世俗,可以长时间住在山野之中。"无忧王说:"你想要心思清静,何必一定在幽深的山谷中?我顺从你的志向,为你营建住处。"于是招来鬼神命令他们:"我在后天要准备大量美味佳肴,你们都要来参加我的集会,各自带来大石头,自己设立座位。"众神受命后,到时候都来聚会。宴会结束后,无忧王对鬼神们说:"石座凌乱,应该各自堆聚起来,利用现有石头不用花大气力,可垒成一间石室。"众神接到命令,不到一天时间就完成了。无忧王亲自前往迎请摩醯因陀罗,住到这间山庐中。

七、无忧王诸营造遗迹

故宫北,地狱南,有大石槽,是无忧王匠役神功,作为此器,饭僧之时,以储食也。

故宫西南有小石山,周岩谷间,数十石室,无忧王为近护等诸阿罗汉役使鬼神之所建立。傍有故台余基积石,池沼涟漪,清澜澄鉴,邻国远人谓之圣水,若有饮濯,罪垢消灭。

山西南有五窣堵波，崇基已陷，余址尚高，远而望之，郁若山阜，面各数百步，后人于上重更修建小窣堵波。《印度记》曰：昔无忧王建八万四千窣堵波已，尚余五升舍利，故别崇建五窣堵波，制奇诸处，灵异间起，以表如来五分法身①。薄信之徒窃相评议，云是昔者难陀王建此五藏，以储七宝。其后有王，不甚淳信，闻先疑议，肆其贪求，兴动军师，躬临发掘。地震山倾，云昏日翳，窣堵波中大声雷震，士卒僵仆，象马惊奔。自兹已降，无敢觊觎。或曰："众议虽多，未为确论。"循古所记，信得其实。

〔译文〕

旧王宫以北，地狱以南，有个大石槽，是无忧王驱使鬼神之力建成的器物，在斋供僧人时用以储放食品。

旧王宫的西南有座小石头山，山谷中分布着几十座石室，这是无忧王驱使鬼神为近护等阿罗汉所建立的。旁边有旧台阁基础的积石，湖池中水波荡漾，清清的波澜澄清有如明镜，远方邻国的人称为圣水，如果饮用、洗涤，罪垢就会消失。

山的西南有五座佛塔，高高的塔基已经陷落，遗址还很高，远远地望去，重重叠叠犹如山丘，每一面各有几百步，后人在上面又重新修建了小塔。《印度记》记载：过去无忧王建造八万四千座佛塔之后，还剩五升佛陀舍利，所以另外隆重地修建了五座佛塔，形制不同于别处佛塔，灵异时有出现，用以表现如来的五分法身。一些不信仰佛法的人私下议论，说是从前难陀王建立这五个宝库，以储放七宝。其后有位国王，不太信佛法，听到先前怀疑性的议论，便放纵自己的贪求之心，发动军队，亲自前来发掘。不料忽然间地动山摇，乌云遮住太阳，佛塔中雷声大震，将士兵卒都倒伏于地，象、马惊慌地奔散。从这以后，没有人敢再觊觎。有人说："各种说法虽然多，都不能算作定论。"依据古书所记载的，可以相信这是事实。

〔注释〕

　　①五分法身：具有五种功德法而成的身体，包括即戒身、定身、慧身、解脱身、解脱知见身。

八、鸡园僧伽蓝

　　故城东南有屈（居勿反）屈吒阿滥摩（唐言鸡园）僧伽蓝，无忧王之所建焉。无忧王初信佛法也，式遵崇建，修殖善种，召集千僧，凡、圣两众，四事供养，什物周给。颓毁已久，基址尚在。

〔译文〕

　　旧城的东南方向，有所屈屈吒阿滥摩（唐朝话称作鸡园）寺院，是无忧王建造的。无忧王最初信仰佛法时，恭敬地营建，积累善德的种子，召集一千僧人，包括凡夫僧和圣僧两部分，以四事供养，各种物品都齐备地供给。寺院毁坏已久，遗址还存在。

九、阿摩落伽窣堵波

　　伽蓝侧有大窣堵波，名阿摩落伽。阿摩落伽者，印度药果之名也。无忧王遘疾弥留，知命不济，欲舍珍宝，崇树福田。权臣执政，诫勿从欲。其后因食，留阿摩落果，玩之半烂，握果长息，问诸臣曰："赡部洲主今是何人？"诸臣对曰："惟独大王。"王曰："不然。我今非主。惟此半果，而得自在。嗟乎！世间富贵，危甚风烛。位据区宇，名高称谓，临终匮乏，见逼强臣，天下非己，半果斯在！"乃命侍臣而告之曰："持此半果，诣彼鸡园，施诸众僧，作如是说：'昔一赡部洲主，今半阿摩落王，稽首大德僧前，愿受最后之施。凡诸所有，皆已丧失，惟斯半果，得少自在。哀愍贫乏，增长福种。'"僧中上座作如是言："无忧大王宿期弘济，疟疾在躬，奸臣擅命，积宝非己，半果为施。承王来命，普施众僧。"即召典事，羹中总煮，收其果核，起窣堵波。既荷厚恩，遂旌顾命。

〔译文〕

鸡园寺院旁有座大佛塔，名叫阿摩落伽。所谓阿摩落伽，是印度一种药用果子的名称。无忧王患病，弥留之际，知道寿命难以延续，想要施舍珍宝，为来世营造福田。当时权臣掌管朝政，告诫他不要随心所欲。其后利用吃饭的机会，无忧王留下一颗阿摩落果，把玩得烂了一半时，握住果子长叹，他问臣属们说："赡部洲的主宰现在是谁？"臣属们回答说："唯独只有大王。"无忧王说："不对。我现在不是主宰。我只有这半个果子，可以自由支配。唉！世间的富贵比风中之烛更难保住，我位置占有天下，名号高过所有称谓，而临终时空无所有，受到强臣的逼迫，天下已不是我自己的，只有这半个果子还在。"无忧王于是告诉侍臣说："拿上这半个果子前往鸡园寺院，施舍给僧人们，对他们这样说：'从前整个赡部洲的主宰，现在的半个阿摩落果王，谨向大德高僧前叩头，希望接受最后的施舍。以前所拥有的，都已经丧失，只有这半个果子，能够稍微支配。请可怜贫穷之人，以此培植增长福种。'"僧人中的上座长老回答道："无忧大王从前期望周济天下，如今疟疾在身，奸臣擅权，积累的珍宝已非自己所有，用这半个果子作为布施。我遵循大王的命令，已经普遍地施舍给各位僧人。"当即招来典事僧，将果子煮到汤羹中，然后收集果核，建造佛塔。既然接受了无忧王的厚恩，寺院就以此举来昭显他的临终嘱咐。

十、建捷椎声窣堵波及提婆故事

阿摩落伽窣堵波西北故伽蓝中，有窣堵波，谓建捷椎声[①]。

初，此城内伽蓝百数，僧徒肃穆，学业清高，外道学人销声缄口。其后僧徒相次殂落，而诸后进莫继前修。外道师资，传训成艺，于是命俦召侣，千计万数，来集僧坊，扬言唱曰："大击捷椎，招集学人！"群愚同止，谬有扣击，遂白王，请校优劣。外道诸师高才达学，僧徒虽众，辞论庸浅。外道曰："我论胜。自今以后，诸僧伽蓝不得击捷椎以集众也。"王允其请，依先论制。僧徒受耻，忍诟而退，十二年间不击捷椎。时南印度那伽阏剌树那菩萨（唐言龙猛，旧译曰龙树，非也）幼传雅誉，长擅高名，舍离欲爱，出家修学，深究妙理，位登初地。有大弟子提婆者，智慧明敏，机神警悟，白其师曰："波吒厘城诸学人等，辞屈外道，不击揵椎，日月骤移，十二年矣。敢欲摧邪见山，然正法炬。"龙猛曰："波吒厘城外道博学，尔非其俦，吾今行矣。"提婆曰："欲摧腐草，讵必倾山？敢承指诲，黜诸异学。大师立外道义，而我随文破折，详其优劣，然后图行。"龙猛乃扶立外义，提婆随破其理，七日之后，龙猛失宗，已而叹曰："谬辞易失，邪义难扶，尔其行矣，摧彼必矣！"提婆菩萨夙擅高名，波吒厘城外道闻之也，即相召集，驰白王曰："大王昔纡听览，制诸沙门不击揵椎，愿垂告命，令诸门候，邻境异僧勿使入城，恐相党援，轻改先制。"王允其言，严加伺候。提婆既至，不得入城。闻其制令，便易衣服，叠僧伽胝，置草束中，褰裳疾驱，负戴而入。既至城中，弃草披衣，至此伽蓝，欲求止息。知人既寡，莫有相舍，遂宿揵椎台上。于晨朝时，便大振击。众闻伺察，乃客游比丘。诸僧伽蓝，传声响应，王闻究问，莫得其先。至此伽蓝，咸推提婆。提婆曰："夫揵椎者，击以集众。有而不用，悬之何为？"王人报曰："先时僧众论议堕负，制之不击，已十二年。"提婆曰："有是乎？吾于今日，重声法鼓。"使报王曰："有异沙门欲雪前耻。"王乃召集学人，而定制曰："论失本宗，杀身以谢。"于是外道竞陈旗鼓，喧谈异议，各曜辞锋。提婆菩萨既升论座，听其先说，随义折破，曾不浃辰[2]，摧诸异道。国王大臣莫不庆悦，建此灵基,以旌至德。

〔译文〕

　　阿摩落伽佛塔西北的旧寺院中,有座佛塔,称作建捷椎声。

　　当初,这座城内有寺院一百多所,僧徒严肃庄重,学业清高,外道的学者只有沉默缄口。后来高明的僧徒相继去世,而后辈学者不能继承前人的事业。外道的导师,传授弟子成功,于是召集同伴法侣,人数成千上万,来到僧徒的住处,高声喊道:"大力敲击捷椎,召集你们的学者!"一些愚蠢的僧人一同跑来,胡乱敲击捷椎,于是禀报国王,请求比赛优劣。外道各位大师才能高明,博学通达,僧徒虽然人多,论说却很庸俗肤浅。外道们说:"我们辩论获胜了。从今以后,所有佛教寺院不能敲击捷椎来召集众人。"国王答应他们的请求,依照先前的规则。佛教僧徒蒙受耻辱,忍着屈辱退下去,十二年间不曾敲击捷椎。当时南印度的那伽阏剌树那菩萨(唐朝话称作龙猛,旧译为龙树,是不对的)幼年就有美好的名声相传,长大后独擅高名,舍弃欲爱,出家修行佛法,深究精妙的佛理,已经达到初地阶位。他有个叫提婆的大弟子,聪慧灵敏,机警善悟,对老师说:"波吒厘城的那些学人,辩论为外道所屈服,不敲击捷椎,岁月流逝,已经十二年了。我斗胆要去摧毁邪见之山,点燃正法的火炬。"龙猛说:"波吒厘城的外道博学多才,你不是他们的对手,还是我现在去吧。"提婆说:"想要摧毁腐草,何必倾倒整座山?我愿秉承您的教诲,去驳倒那些外道学者。大师你来树立外道的理论,我来随文破解,详细地弄清他们的优劣之后,再考虑出行。"龙猛于是树立外道主张,提婆随文而击破其理论,七天之后,龙猛失守宗旨,随后感叹地说:"荒谬的言辞容易失误,邪恶的主张难以扶持,你就去吧,一定可以击败他们!"提婆菩萨一向有很高的名声,波吒厘城的外道听说后,就互相召集,跑去报告国王说:"大王从前屈尊听取辩论,下令所有沙门不得敲击捷椎,希望你发布命令,下令给各个守门官,凡是邻国僧人不让进城。恐怕他们互相支援,轻易改变先前的制度。"国王答应他们的请求,严密地加以防范观察。提婆到达后,无法进城。听说国王的命令后,他就变换衣服,叠好自己的僧伽胝衣,放到草束中,撩起衣服快步奔走,背着草束进了城。到城中后,提婆丢掉草束,披上僧衣,到了这所寺院,要求留宿歇息。有识之士既然稀少,也就没有人肯留他,提婆于是住到捷椎台上。天刚亮时,提婆就大力敲击捷椎。众人听到后去查看,发现是一位外地的僧人。各个寺院,都跟着敲击捷椎响应。国王听到捷椎声后追究查问,没有人知道是谁先敲击的,到了这所寺院,都推说是提婆。提婆说:"所谓捷椎,就是用来敲击集合众人的。有捷椎而不用,挂着是为了什么呢?"国王的使者回答说:"先前的僧人辩论失败,国王下令不让他们敲击,已经十二年了。"提婆说:"有这样的事吗?我在今天要重敲佛法之鼓。"使者报告国王说:"有一位外国沙门想要洗刷以前的耻辱。"国王于是召集学者,定下规则说:"如果辩论失去本派宗旨,要以死来谢罪。"于是外道信徒竞相陈述观点,高声谈论各种主张,炫耀自己的口才。提婆菩萨登上论座后,听他们一一说完,随其主张而加以批驳,不到十二天,就驳倒了所有外道。国王和大臣没有人不庆幸欢喜,于是建造这座佛塔,以表彰提婆菩萨的大德。

〔注释〕

①捷椎:亦作犍椎、犍槌等,梵语的音译,意为"声鸣"。是敲击有声而

能集众人的钟、磬一类器物。

②浹辰:古代以干支纪日,自子至亥一周十二日为浹辰。《左传·成公九年》:"浹辰之间,而楚克其三都。"

十一、马鸣遗迹

建击捷椎窣堵波北有故基,昔鬼辩婆罗门所居处也。

初,此城中有婆罗门,葺宇荒薮,不交世路,祠鬼求福,魍魉相依,高论剧谈,雅辞响应。人或激难,垂帷以对。旧学高才,无出其右,士庶翕然,仰之犹圣。有阿湿缚窭沙(唐言马鸣)菩萨者,智周万物,道播三乘,每谓人曰:"此婆罗门学不师受,艺无稽古,屏居幽寂,独擅高名,将非神鬼相依,妖魅所附,何能若是者乎?夫辩资鬼授,言不对人,辞说一闻,莫能再述。吾今往彼,观其举措。"遂即其庐而谓之曰:"仰钦盛德,为日已久。幸愿褰帷,敢伸宿志。"而婆罗门居然简傲,垂帷以对,终不面谈。马鸣心知鬼魅,情甚自负,辞毕而退,谓诸人曰:"吾已知之,摧彼必矣。"寻往白王:"唯愿垂许,与彼居士较论剧谈。"王闻骇曰:"斯何人哉!若不证三明,具六通,何能与彼论乎?"命驾躬临,详鉴辩论。是时马鸣论三藏微言,述五明大义,妙辩纵横,高论清远,而婆罗门既述辞已,马鸣重曰:"失吾旨矣,宜重述之。"时婆罗门默然杜口,马鸣叱曰:"何不释难?所事鬼魅宜速授辞!"疾褰其帷,视占其怪。婆罗门惶遽而曰:"止!

止！"马鸣退而言曰："此子今晨声闻失坠。虚名非久，斯之谓也。"王曰："非夫盛德，谁鉴左道？知人之哲，绝后光前。国有常典，宜旌茂实。"

[译文]

建击捷椎佛塔北面有个遗址，是从前鬼辩婆罗门所居住的地方。

当初，这座城中有一个婆罗门，在荒野中盖了房子，不与世人交往，祭祀鬼神以祈求福佑，与鬼怪依附在一起，高谈阔论，清雅的言辞彼此响应。如果有人发难，便放下幕帘对答。宿学高才的人中，没有人能够超过他。官吏民众都对他肃然起敬，如同圣人一般景仰他。有一位阿湿缚寠沙（唐朝话称作马鸣）菩萨，智慧全面，遍知万物，道行高深，通晓三乘佛法，时常对别人说："这个婆罗门学问没有老师传授，才艺没有古训可循，独自住在荒野之中，独自博得崇高的名声，如果不是鬼神相依，妖魔附身，怎么能够如此呢？辩论依靠鬼神传授，言谈无法与人面对，话说过一遍后，不能加以复述。我现在要前往那里，考察他的举动。"马鸣菩萨于是到了婆罗门住处，对他说："我仰慕您的盛德，已经很长时间了。希望您掀起幕帘，让我谈一谈心中一向的想法。"而那位婆罗门态度傲慢，垂着帘子回答，最终也没有当面谈话。马鸣心知对方是鬼魅所附，神情十分自负，说过话后就退下来，对众人说："我已知道了，驳倒他是一定的。"随即前去禀报国王："希望您允许，让我同那位居士进行辩论。"国王听说后惊讶地说："这是个什么样的人啊！如果不证得三明智慧，具备六种神通，怎么能够同那人辩论呢？"于是下令备车亲自前去，详细考察他们的辩论。这时，马鸣菩萨论说三藏的精微道理，叙述五明的根本大义，妙论纵横捭阖，高论清雅悠远。而那婆罗门在讲述完后，马鸣又说："你没有领会我的意思，应该再说一遍。"这时婆罗门默不作声，闭口不答，马鸣斥责说："你为什么不解释疑难？你所侍奉的鬼魅应赶快传授答辞！"飞快地撩起婆罗门的幕帘，查看里面的怪异现象。婆罗门慌忙地说："住手！住手！"马鸣退下来说："这个人今天早晨声誉扫地。虚名不能长久，就是说的这种事。"国王说："如果不是大德，谁能识破旁门左道？鉴别他人的智慧，真是空前绝后。国家有定制，应嘉奖真才实学的人。"

十二、鞬罗择迦伽蓝及附近佛遗迹

城西南隅二百余里，有伽蓝余迹。其傍有窣堵波，神光时烛，灵瑞间发，近远众庶莫不祈请，是过去四佛坐及经行遗迹之所。

故伽蓝西南行百余里，至鞬罗择迦伽蓝。庭宇四院，观阁三层，崇台累仞，重门洞启，频毗娑罗王末孙之所建也。旌召高才，广延俊德，异域学人，远方髦彦，同类相趋，肩随戾止。僧徒千数，并学大乘。中门当涂，有三精舍，上置轮相，铃铎虚悬，下建层基，轩槛周列，户牖栋梁，壖垣阶陛，金铜隐起，厕间庄严。中精舍佛立像高三丈，左多罗菩萨像[①]，右观自在菩萨像。凡斯三像，鍮石铸成，威神肃然，冥鉴远矣。精舍中各有舍利一升，灵光或照，奇瑞间起。

鞮罗择迦伽蓝西南九十余里,至大山,云石幽蔚,灵仙攸舍。毒蛇暴龙,窟穴其薮,猛兽挚鸟,栖伏其林。山顶有大磐石,上建窣堵波,其高十余尺,是佛入定处也。昔者如来降神至此,坐斯磐石,入灭尽定,时经宿焉。诸天灵圣供养如来,鼓天乐,雨天花。如来出定,诸天感慕,以宝金银起窣堵波。去圣逾邈,宝变为石。自古迄今,人未有至。遥望高山,乃见异类。长蛇猛兽,群从右旋;天仙灵圣,肩随赞礼。

山东岗有窣堵波,在昔如来伫观摩揭陀国所履之处也。

[译文]

城西南方二百多里处,有一所寺院的遗址。它的旁边有座佛塔,神奇的光芒时常照耀,灵异的祥瑞时而发生,远近的民众百姓没有不前来祈求的。这里是过去四佛打坐与经行遗迹的地方。

旧寺院向西南方向前行一百多里,到达鞮罗择迦寺院。庭院房屋有四座,观台楼阁有三层,高高的观台高达数仞,重重的大门洞开,由频毗婆罗王的末代孙子所建造。他大张旗鼓地招募有才之人,广泛地延聘有德之士,外国的学者,远方的俊杰,趋之若鹜,相随而来。僧徒有数千人,都学习大乘佛教。中门正对着大路,有三座精舍,屋顶设置轮相,四周悬挂着铃铎,下面建起层台,栏杆四周排列,有门有窗,雕梁画栋,矮墙与台阶上,金铜隐然显现,镶嵌得十分庄严。中间精舍供有佛陀立像高达三丈,左边精舍供奉的是多罗菩萨像,右边精舍供奉的是观自在菩萨像。这三座圣像,都是输石铸成,威严的神情庄重肃穆,神灵的鉴戒传播久远。三座精舍中各有一升舍利,不时放出灵光,奇特的祥瑞时时生起。

鞮罗择迦寺院向西南方向前行九十多里,到达一座大山,云雾幽深汇集,是神灵、仙人居住的地方。毒蛇和暴龙在荒泽林薮中筑穴而居,猛兽和凶鸟栖息在树林中。山顶上有大磐石,上面建有佛塔,高十多尺,是佛陀入定的地方。从前如来降临到这里,坐在这块磐石上,入灭尽定,时间经过了一整夜。诸天神灵众仙都来供养如来,奏起天上的音乐,撒下天上的花朵。如来出定后,天神们感慨敬慕,用珍宝、金银建造起这座佛塔。离开圣人的时代久远,如今珍宝变为了石头。从古到今,没有人到达过这里。遥望远处高山,只看到其他动物。长蛇和猛兽,成群地围绕着佛塔向右旋转,天神众仙和神灵圣人,相互跟随着赞颂与礼拜。

大山的东岗上有座佛塔,是从前如来伫立观看摩揭陀国所经过的地方。

〔注释〕

①多罗菩萨:“多罗”意译亦作眼、眼瞳。多罗菩萨是观自在菩萨的化身,传说是从观自在菩萨眼中生出。

十三、德慧伽蓝及遗事

山西北三十余里,山阿有伽蓝,负岭崇基,疏崖峙阁。僧徒五十余人,并学大乘法教。瞿那末底(唐言德慧)菩萨伏外道之处①。

初,此山中有外道摩沓婆者,祖僧佉之法而习道焉。

学穷内外，言极空有，名高前列，德重当时，君王珍敬，谓之国宝，臣庶宗仰，咸曰家师。邻国学人承风仰德，俦之先进，诚博达也。食邑二城，环居封建。时南印度德慧菩萨幼而敏达，早擅精微，学通三藏，理穷四谛。闻摩沓婆论极幽微，有怀挫锐，命一门人裁书谓曰："敬问摩沓婆善安乐也。宜忘劳弊，精习旧学，三年之后，摧汝嘉声。"如是第二、第三年中，每发使报。及将发迹，重裁书曰："年期已极，学业何如？吾今至矣，汝宜知之。"摩沓婆甚怀惶惧，诫诸门人及以邑户："自今之后，不得居止沙门异道。"递相宣告，勿有犯违。时德慧菩萨杖锡而来，至摩沓婆邑，邑人守约，莫有相舍，诸婆罗门更詈之曰："断发殊服，何异人乎？宜时速去，勿此止也！"德慧菩萨欲摧异道，冀宿其邑，因以慈心，卑辞谢曰："尔曹世谛之净行，我又胜义谛之净行，净行既同，何为见拒？"婆罗门因不与言，但事驱逐。逐出邑外，入大林中。林中猛兽，群行为暴，有净信者恐为兽害，乃束蕴持杖，谓菩萨曰："南印度有德慧菩萨者，远传声问，欲来论议，故此邑主惧坠嘉声，重垂严制，勿止沙门。恐为物害，故来相援。行矣自安，勿有他虑。"德慧曰："良告净信，德慧者，我是也。"净信闻已，更深恭敬，谓德慧曰："诚如所告，宜可速行。"即出深林，止息空泽。净信纵火持弓，周旋左右，夜分已尽，谓德慧曰："可以行矣，恐人知闻，来相图害。"德慧谢曰："不敢忘德。"于是遂行，至王宫,谓门者曰:"今有沙门,自远而至,愿王垂许,与摩沓婆论。"王闻惊曰:"此妄人耳。"即命使臣往摩沓婆所,宣王旨曰:"有异沙门来求谈论,今已莹洒论场,宣告远近,伫望来仪,愿垂降趾。"摩沓婆问王使曰:"岂非南印度德慧论师乎?"曰:"然。"摩沓婆闻,心甚不悦,事难辞免,遂至论场。国王、大臣,士庶、豪族,咸皆集会,欲听高谈。德慧先立宗义,洎乎景落,摩沓婆辞以年衰,智昏捷对,请归静思,方酬来难。每事言归,及旦升座,竟无异论。至第六日,欧血而死。其将终也,顾命妻曰:"尔有高才,无忘所耻!"摩沓婆死,匿不发丧,更服鲜绮,来至论会。众咸喧哗,更相谓曰:"摩沓婆自负才高,耻对德慧,故遣妇来,优劣明矣。"德慧菩萨谓其妻曰:"能制汝者,我已制之。"摩沓婆妻知难而退。王曰:"何言之密,彼便默然?"德慧曰:"惜哉,摩沓婆死矣!其妻欲来与我论耳。"王曰:"何以知之?愿垂指告。"德慧曰:"其妻之来也,面有死丧之色,言含哀怨之声,以故知之,摩沓婆死矣。能制汝者,谓其夫也。"王命使往观,果如所议。王乃谢曰:"佛法玄妙,英贤继轨,无为守道,含识沾化,依先国典,褒德有常。"德慧曰:"苟以愚昧,体道居贞,存止足,论济物,将弘汲引,先摧傲慢,方便摄化,今其时矣。唯愿大王以摩沓婆邑户子孙千代常充增伽蓝人,则垂诚来叶,流美无穷。唯彼净信见匡护者福延于世,食用同僧,以劝清信,以褒厚德。"于是建此伽蓝,式旌胜迹。

初,摩沓婆论败之后,十数净行逃难邻国,告诸外道耻辱之事,招募英俊,来雪前耻。王既珍敬德慧,躬往请曰:"今诸外道不自量力,结党连群,敢声论鼓,惟愿大师摧诸异道。"德慧曰:"宜集论者。"于是外道学人欣然相慰:"我曹今日,胜其必矣。"时诸外道阐扬义理,德慧菩萨曰:"今诸外道逃难远游,如王先制,皆是贱人,我今如何与彼对论?"德慧有负座竖,素闻余论,颇闲微言,侍立于侧,听诸高谈。德慧拊其座而言曰:"床,汝可论。"众咸惊骇,异其所命。时负座竖便即发难,深义泉涌,清辩响应。三复之后,外道失宗,重挫其锐,再折其翮。自伏论已来,为伽蓝邑户。

〔译文〕

大山西北方向三十多里的地方,山坡上有一所寺院,背靠高高的山岭,台基高大,疏凿悬崖建起耸峙的楼阁。僧徒有五十多人,都学习大乘佛教。这里是瞿那末底(唐朝话称作德慧)菩萨降伏外道的地方。

当初,这座山中有个叫摩沓婆的外道信徒,宗奉僧佉的学说而修习道行。他学问穷究内外,言论极尽空、有的义理,名声高迈于前辈,德行受重于当代,君王珍重、敬爱他,称之为国宝,臣属百姓景仰他,都称他为家师。邻国的学者闻风仰慕他的德行,尊之为先进,确实是博学通达的人。摩沓婆的食邑有两座城市,环绕着,分封给他。当时南印度的德慧菩萨,年幼时聪明而通达,早就以精深微妙闻名,学问贯通三藏,说理穷尽四谛,听说摩沓婆论辩极尽深奥精微，有心要挫败他的锐气。便命令一个门人送信前去说："敬问摩沓婆安好快乐！你应忘记劳累疲惫，精心研习旧学，三年之后，我将要摧毁你的好名声。"像这样在第二年、第三年当中，都派使者前去报信。等到将要启程时，又致信说："约定的时间已到，你的学业怎么样？我现在就要到了，你应该知道。"摩沓婆心中很是惶恐害怕，告诫门人以及封城中的住户说："从今以后，不能留宿沙门外道。"让大家互相转告，不要有所违犯。这时德慧菩萨拄着锡杖前来，到了摩沓婆的封邑，封邑中的人们遵守禁令，没有人留他住宿。那些婆罗门更是骂他："剪断头发，穿着奇异服装，是什么怪人啊！应赶快离开，不要停留在这里。"德慧菩萨想要摧败外道，希望留宿在封邑中，便用慈悲之心和谦卑的语言道歉说："你们是按世俗真谛清净修行的人，我是按胜义谛清净修行的人，同是清净修行，为什么要被拒于门外？"婆罗门便不和他说话，只是驱赶他，赶到城外，进入大森林中。树林中凶猛的野兽，成群出来残害人命，有位信仰佛教的人担心德慧菩萨被野兽伤害，就打着火把，拿着棍杖来对菩萨说："南印度有位德慧菩萨，远远地传来消息，想要前来辩论，所以邑主担心丧失他美好的名声，发布严厉的禁令，不准留宿沙门。我担心你为野兽所害，所以前来援助。你走吧，自己保重，不要有其他顾虑。"德慧菩萨说："实话告诉你这位净信居士，你说的德慧，就是我。"那位净信居士听说后，更增加了恭敬，对德慧菩萨说："真要是像你所说这样的话，就赶快走吧！"于是走出深深的树林，停歇在空旷的草泽上，净信者点着火把拿着弓，在德慧菩萨身边护卫。黑夜过去了，他对德慧说："你可以走了，我担心有人知道后，前来图谋杀害你。"德慧菩萨感谢他说："不敢忘记你的恩德。"于是德慧菩萨出发，到达王宫，对守门人说："现在有位沙门从远方到来，希望得到国王的准许，让我同摩沓婆辩论。"国王听后惊讶地说："这真是个狂妄的人。"就命令使者赶到摩沓婆那里，宣布国王的旨意说："有位外来沙门前来要求辩论，现在已经洒扫辩论场地，宣告给了远近的人，大家都在盼望您前来，希望你能光临。"摩沓婆询问国王的使者说："难道不是南印度的德慧论师吗？"使者回答："是的。"摩沓婆听说后，心中十分不悦，又难以推辞，于是就来到了辩论场地。国王、大臣、官吏、百姓和豪族，都赶来集会，想听一听精彩的辩论。德慧先提出论点，到了影子落下的傍晚，摩沓婆借口年老体衰，脑力昏沉，不能马上回答，请求回去静心思索，再来答复对方的问难。每次他都提出回去静思，等到第二天登上论座，竟然又没有特别的见解。到了第六天，便吐血而死。摩沓婆临终时，交代妻子说："你有高强的才能，不要忘记了我的耻辱！"摩沓婆死后，他的妻子藏匿消息秘不发丧，反而穿着鲜艳的服装，来到辩论场所。众人都喧闹起来，互相说："摩沓婆自恃才能高强，耻于同德慧对答，所以派妻子来，谁优谁劣是很分明的。"德慧菩萨对摩沓婆的妻子说："能够制服你的人，我已经制服了。"摩沓婆的妻子于是知难而退。国王说："你说了什么秘密的话，她便默不作声了？"德慧说："可惜啊，摩沓婆已经死了！他的妻子想来和我辩论。"国王说："你怎么知道的呢？希望您能赐告。"德慧菩萨说："他的妻子来的时候，脸上有死丧的神色，言语中含有哀怨的声音，因此可以知道，摩沓婆已经死了。所谓'能够制服你的人'，说的就是她的丈夫。"国王派人前去察看，果然如德慧所说。国王于是道歉说："佛法十分玄妙，英才相继涌现，以无为之术守护大道，众生蒙受佛法教化。依照国家前世法典，应该予以褒奖。"德慧菩萨说："我苟且地以愚昧之身,体察佛道,信心贞固,有知足之心,言论弘济万物,将要开导众人,必须先摧败他的傲慢心,再用方便善巧来度化,现在正是时机。希望大王把摩沓婆封邑之人的子孙千代一直充作寺院的邑户,这样就可给后世留下教训,美名永远流传下去。那位护卫过我的信佛人,应该福禄延于后世,饮食用度同于僧人,以激励信佛之人,褒奖厚德之士。"于是建造了这座寺院,表彰德慧菩萨的功绩。

当初,摩沓婆辩论失败之后,有十几个婆罗门逃难到邻国,把遭受耻辱的事告诉那里的外道信徒,招募了许多英才,要来洗刷先前的耻辱。国王珍视敬重德慧菩萨,亲自前去请他:"现在那些外道不自量力,结成党派群伙,竟敢擂响论战之鼓,希望大师能够摧败那些外道。"德慧菩萨说:"应该召集辩论的人。"这时,外道学者高兴地互相安慰说:"我们今天胜利是必然的。"辩论时,那些外道学者阐述义理,德慧菩萨说:"现在这些外道逃难,远游在外,根据国王先前的制令,都是贱民。我现在怎么能与他们面对面地辩论呢?"德慧有个背座床的仆人,平素常在一旁听到德慧的议论,很是熟悉佛教精微的旨趣。这时他侍立在德慧身边,听着大家高妙的谈论。德慧拍着座床说:"床,你可以参加辩论。"众人都感到惊讶,不理解他的意思。这时背座床的仆人便发言诘难,深奥的义理如泉水般涌现出来,清晰的辩辞如回声般响应。三个回合之后,外道信徒失去了宗旨,锐气再度受挫,羽翼再次被折断。他们自从辩论失败以来,被确定为寺院邑户。

〔注释〕

①瞿那末底:约公元五至六世纪南印度人,佛教瑜伽行宗的著名学

者,唯识十大论师之一,著作现存有真谛所译《随相论》一卷。

十四、戒贤伽蓝及伏外道事

德慧伽蓝西南二十余里,至孤山,有伽蓝,尸罗跋陀罗(唐言戒贤)论师论义得胜[1],舍邑建焉。竦一危峰,如窣堵波,置佛舍利。

论师,三摩呾吒国之王族,婆罗门之种也。少好学,有风操,游诸印度,询求明哲。至此国那烂陀僧伽蓝,遇护法菩萨,闻法信悟,请服染衣,谘以究竟之致,问以解脱之路。既穷至理,亦究微言,名擅当时,声高异域。南印度有外道,探赜索隐,穷幽洞微,闻护法高名,起我慢深嫉,不阻山川,击鼓求论,曰:"我,南印度人也。承王国内有大论师,我虽不敏,愿与详议!"王曰:"有之,诚如议也。"乃命使臣请护法曰:"南印度有外道,不远千里,来求较论。惟愿降迹,赴集论场。"护法闻已,摄衣将往。门人戒贤者,后进之翘楚也,前进请曰:"何遽行乎?"护法曰:"自慧日潜晖,传灯寂照,外道蚁聚,异学蜂飞,故我今者,将摧彼论。"戒贤曰:"恭闻余论,敢摧异道。"护法知其俊也,因而允焉。是时戒贤年甫三十,众轻其少,恐难独任。护法知众心之不平,乃解之曰:"有贵高明,无云齿岁,以今观之,破彼必矣。"逮乎集论之日,远近相趋,少长咸萃。外道弘闻大猷,尽其幽致;戒贤循理责实,深极幽玄。外道辞穷,蒙耻而退。王用酬德,封此邑城。论师辞曰:"染衣之士,事资知足,清

净自守,何以邑为?"王曰:"法王晦迹,智舟沦溵,不有
旌别,无励后学。为弘正法,愿垂哀纳。"论师辞不获
已,受此邑焉。便建伽蓝,穷诸规矩,舍其邑户,式修
供养。

[译文]

德慧菩萨寺院向西南方向前行二十多里,到达一座孤山,有
一座寺院,是尸罗跋陀罗(唐朝话称作戒贤)论师论辩获胜后,
施舍封邑建造的。耸立着一座陡峭的山峰,状似佛塔,放置着佛
舍利。

尸罗跋陀罗论师,是三摩呾吒国的王族,属婆罗门种姓。他
年少好学,有风度操守,游历五印度,访求高明贤哲。到了这个
国家的那烂陀寺,遇上护法菩萨,听他说法后信解觉悟,请求出
家,探讨获得究竟真理之法,询问解脱苦难之路。既穷尽最高的
理论,也研讨微妙的言论,美誉冠绝于当代,名声远播于异国。
南印度有位外道信徒,探讨索求幽渺隐晦之理,穷尽理解精微之
言,听说护法菩萨的崇高名声,产生了傲慢忌妒之心,不以山水
为阻,前来击鼓请求辩论,说:"我是南印度人,听说大王国内有
位大论师,我虽然不聪敏,也愿意和他详尽地辩论一番!"国王
说:"是有这样一位论师,就按你说的办。"于是命令使臣去邀请
护法菩萨说:"南印度有位外道论师,不远千里,前来要求辩论。
希望你屈驾降临,赶赴辩论场所。"护法菩萨听说后,整理行装
将要前往。他的门人戒贤,是后辈中的佼佼者,上前请问说:
"为什么要这样匆匆地出发呢?"护法菩萨说:"自从智慧的太阳
隐藏起来,佛法的传灯不再明朗地照耀,外道信徒就如蚂蚁般聚

集,异端学说像蜂虫般飞播,所以我现在要去摧毁他们的论点。"门徒戒贤说:"我曾恭敬地听过您的高论,斗胆前去摧败外道信徒!"护法菩萨知道他是位英才,便答应了。这时戒贤论师年刚三十,众人轻视他年少,恐怕难以独当其任。护法菩萨知道众人心中不服,就解释说:"重要的是才华高明,不是年龄。以现在的情况看来,戒贤击破敌人是肯定的。"等到辩论的日子,远近的人都赶来,年长年幼的人都汇集到一起。外道论师阐述其道义,详细地展现深奥的道理。戒贤根据道理,证以事实,讲得极为深刻。外道理屈词穷,蒙受耻辱而退出会场。国王为了酬谢戒贤论师的恩德,封给他这座城。戒贤论师推谢说:"出家之人,凡事要当知足,我们清净自守,要封邑有何用?"国王说:"法王离开人间,智慧之舟沉沦,如果不对有德之士加以表彰区别,就不能激励后学。为了弘扬佛教正法,希望你发慈悲之心收下。"戒贤论师推辞不掉,就接受了这个封邑。随后建造寺院,规模形制极为工巧,施舍邑户给寺院,供养僧人。

〔注释〕

①尸罗跋陀罗:公元六至七世纪人,初为婆罗门教徒,后改信佛教。为大乘瑜伽行派的论师,曾长期主持那烂陀寺。

十五、伽耶城与伽耶山

戒贤伽蓝西南行四五十里,渡尼连禅河①,至伽耶城②。甚险固,少居人,唯婆罗门有千余家,大仙人之祚胤也,王所不臣,众咸宗敬。

城北三十余里,有清泉,印度相传谓之圣水,凡有饮濯，罪垢消除。

城西南五六里至伽耶山。溪谷沓冥，峰岩危险，印度国俗称曰灵山。自昔君王驭宇承统，化洽远人，德隆前代，莫不登封而告成功。山顶上有石窣堵波，高百余尺，无忧王之所建也，灵鉴潜被，神光时烛，昔如来于此演说《宝云》等经。

伽耶山东南有窣堵波，迦叶波本生邑也[3]。其南有二窣堵波，则伽耶迦叶波、捺地迦叶波（旧曰那提迦叶，讹也。洎诸迦叶，例无波字，略也）事火之处。

[译文]

戒贤论师寺院向西南方向前行四五十里，渡过尼连禅河，到达伽耶城。这座城市十分险要坚固，居民稀少，只有婆罗门一千多家，都是大仙人的后代，国王不以他们为臣，民众都很敬重他们。

伽耶城北面三十多里的地方，有一处清泉，印度世代相传称之为圣水，凡是饮用或洗涤，罪恶就会消除。

伽耶城向西南方向前行五六里，到达伽耶山。这里山溪河谷幽深，山峰石崖高耸而险峻，印度各国俗称灵山。自古以来，各国君王统御天下，教化遍及远方人民，德行超迈前代，没有不登山祭祀而宣告成功的。山顶上有座石塔，高一百多尺，是无忧王建造的。灵异的力量暗中护佑人间，神奇的光芒时时闪耀，从前如来曾在这里演说《宝云》等经典。

伽耶山东南有座佛塔，是迦叶波出生的地方。它的南面有两座佛塔，是伽耶迦叶波、捺地迦叶波（过去称那提迦叶，错了。

从各个迦叶来看,照例都没有波字,是省略了)崇奉火神的地方。

〔注释〕

①尼连禅河:又作希连禅河、尼连禅那河、尼连然河、泥连河、熙连河、尼连禅江、尼连江水、尼连水,意译为不乐着河,即今帕尔古河汉,为恒河支流,由尼拉杰那河与莫诃那河汇合而成。释迦牟尼出家后,于尼连禅河畔静坐思维,修苦行六年。后舍苦行而入此河沐浴,净身后接受牧牛女难陀波罗之乳糜供养,寻至此河对岸之毕波罗树(即菩提树)下发愿而成道,故此河沿岸颇多释尊成道之古迹。

②伽耶城:今孟加拉巴特那市(Patna)西南九十六公里处之伽耶市,亦称梵天加雅。

③迦叶波:迦叶波、伽耶迦叶波、捺地迦叶波为三兄弟,初为事火外道,其后率徒众皈依佛陀,改信佛教,成为释迦牟尼的早期弟子。

十六、前正觉山及佛成道故事

伽耶迦叶波事火东,渡大河,至钵罗笈菩提山(唐言前正觉山①,如来将证正觉,先登此山,故云前正觉也)。如来勤求六岁,未成正觉,后舍苦行,示受乳糜,行自东北,游目此山,有怀幽寂,欲证正觉。自东北冈登以至顶,地既震动,山又倾摇。山神惶惧,告菩萨曰:"此山者,非成正觉之福地也。若止于此,入金刚定,地当震陷,山亦倾覆。"菩萨下自西南,止半崖中,背岩面涧,有大石室,菩萨即之,加趺坐焉,地又震动,山复倾摇。时净居天空中唱曰:"此非如来成正觉处。自此西南十四五里,去苦行处不远,有毕钵罗树,下有金刚座,去来诸佛咸于此座而成正觉,愿当就彼。"菩萨方起,室中龙曰:"斯室清胜,可以证圣,唯愿慈悲,勿有遗弃。"菩萨既知非取证所,为遂龙意,留影而去(影在昔日,贤愚咸睹,泊于今时,或有得见)。诸天前导,往菩提树。逮乎无忧王之兴也,菩萨登山上下之迹,皆树旌表,建窣堵波,度量虽殊,灵应莫异,或花雨空中,或光照幽谷。每岁罢安居日,异方法俗,登彼供养,信宿乃还。

[译文]

　　从伽耶迦叶波事火处往东,渡过一条大河,到达钵罗笈菩提山(唐朝话称作前正觉山,如来将要证得正觉,先登上这座山,所以称为前正觉)。如来勤苦修行六年,没有证成正觉,后来舍弃苦行,接受牧女的乳糜。他从东北方向走过来,观望这座山,感到这里清幽寂静,想要在这里证得正觉。如来从东北冈登到山顶,大地发生震动,山体也摇晃起来。山神感到惶恐害怕,告诉菩萨说:"这座山,不是证得正觉的福地。如果您停留在这里,进入金刚定,大地会震动陷落,这座山也会倒塌。"菩萨于是从西南面下山,停在半山腰,背靠岩石面对深涧的地方,有个大石室,菩萨走到里面,结跏趺坐,大地又发生震动,山又摇晃起来。这时净居天在空中高声说道:"这里不是如来证成正觉的地方。从这里向西南方向走十四五里,离修苦行处不远,有棵毕钵罗树,树下有金刚座,过去与将来的诸佛都在这个座位上证成正觉,希望您到那里去。"菩萨正要起身,石室中的龙王说:"这座石室清静幽雅,可以证成圣果,希望菩萨慈悲,不要遗弃。"菩萨已经知道这里不是证成正觉之地,为满足龙王的意愿,留下身影而去（从前贤人愚人都可以见到石室中的佛影，到了今天，还有人时而能见到）。在天神的引导下，菩萨前往菩提树下。等到无忧王兴起，菩萨上下山的遗迹，都树立起标志，建造佛塔，形制大小虽然不同，灵验感应却没有差异，有时鲜花撒布空中，有时神光照耀幽深的山谷。每年结束安居的日子，各地僧俗人士，都登山供养佛迹，度过一夜才返回。

〔注释〕

①钵罗笈菩提山：今莫拉山，在伽耶城以南。

十七、菩提树垣

前正觉山西南行十四五里，至菩提树。周垣砖垒，崇峻险固，东西长，南北狭，周五百余步。奇树名花，连阴接影；细莎异草，弥漫缘被。正门东辟，对尼连禅河，南门接大花池，西厄险固，北门通大伽蓝。墙垣内地，圣迹相邻，或窣堵波，或复精舍，并赡部洲诸国君王、大臣、豪族钦承遗教，建以记焉。

〔译文〕

前正觉山向西南方向前行十四五里，到达菩提树。周围垒着砖墙，高峻而险固，东西宽长，南北狭窄，方圆五百多步。珍奇的树木，名贵的花卉，阴影相接；纤细的莎草，特异的杂草，弥漫开来，遍布于地。正门向东而开，对着尼连禅河，南门连接着大花池，西边扼守着险固地势，北门通往大寺院。墙垣之内，圣迹相接，有佛塔，有精舍，都是赡部洲各国君王、大臣、豪门大族敬奉佛陀遗教而建造作为纪念的。

（一）金刚座

菩提树垣正中，有金刚座。昔贤劫初成，与大地俱起，据三千大千世界中，下极金轮，上侵地际，金刚所成，周百余步，贤劫千佛坐之而入金刚定，故曰金刚座焉。证圣道所，亦曰道场，大地震动，独无倾摇。是故如来将证正觉也，历此四隅，地皆倾动，后至此处，安静不倾。自入末劫，正法浸微，沙土弥覆，无复得见。佛涅槃后，诸国君王传闻佛说金刚座量，遂以两躯观自在菩萨像南北标界，东面而坐。闻诸耆旧曰："此菩萨像身没不见，佛法当尽。"今南隅菩萨没过胸臆矣。

〔译文〕

菩提树围墙内正中央，有佛陀的金刚座。从前贤劫刚刚形成之时，金刚座与大地一起出现，位于三千大千世界的中央，下面抵达金轮，上面至于地面，由金刚构成，方圆一百多步，贤劫中的一千佛都坐在上面而入金刚定，所以称为金刚座。佛陀证成圣道的场所，也称为道场，当大地震动时，唯独这里不动不摇。所以如来将要证成正觉时，走到金刚座的四方，大地都倾斜摇动，后来到了这里，安稳平静不动。自从进入末劫以来，佛法日趋衰微，沙土弥漫开来，金刚座再也看不到了。在佛陀涅槃后，各国君王听闻佛陀所说金刚座的大小后，就以两尊观自在菩萨像作为南北长度的界标，面朝东而坐。听老年人讲："如果这两尊菩萨像隐没不见，佛法就会消亡。"如今南边的菩萨像已经埋没到胸部了。

(二)菩提树及其事迹

金刚座上菩提树者,即毕钵罗之树也。昔佛在世,高数百尺,屡经残伐,犹高四五丈。佛坐其下成等正觉,因而谓之菩提树焉。茎干黄白,树叶青翠,冬夏不凋,光鲜无变。每至如来涅槃之日,叶皆凋落,顷之复故。是日也,诸国君王,异方法俗,数千万众,不召而集,香水香乳,以溉以洗。于是奏音乐,列香花,灯炬继日,竞修供养。如来寂灭之后,无忧王之初嗣位也,信受邪道,毁佛遗迹,兴发兵徒,躬临剪伐。根茎枝叶,分寸斩截,次西数十步而积聚焉,令事火婆罗门烧以祠天。烟焰未静,忽生两树,猛火之中,茂叶含翠,因而谓之灰菩提树。无忧王睹异悔过,以香乳溉余根,洎乎将旦,树生如本。王见灵怪,重深欣庆,躬修供养,乐以忘归。王妃素信外道,密遣使人,夜分之后,重伐其树。无忧王旦将礼敬,惟见蘖株,深增悲慨,至诚祈请,香乳溉灌,不日还生。王深敬异,垒石周垣,其高十余尺,今犹见在。近设赏迦王者,信受外道,毁嫉佛法,坏僧伽蓝,伐菩提树,掘至泉水,不尽根柢,乃纵火焚烧,以甘蔗汁沃之,欲其焦烂,绝灭遗萌。数月后,摩揭陀国补剌拿伐摩王(唐言满胄),无忧王之末孙也,闻而叹曰:"慧日已隐,惟余佛树,今复摧残,生灵何睹?"举身投地,哀感动物。以数千牛构乳而溉,经夜树生,其高丈余。恐后剪伐,周峙石垣,高二丈四尺。故今菩提树隐于石壁上出二丈余。

菩提树东有精舍,高百六七十尺,下基面广二十余步,垒以青砖,涂以石灰。层龛皆有金像,四壁镂作奇制,或连珠形,或天仙像,上置金铜阿摩落伽果(亦谓宝瓶,又称宝壶)。东面接为重阁,檐宇特起三层,橡柱栋梁,户扉寮牖,金银雕镂以饰之,珠玉厕错以填之。奥室邃宇,洞户三重。外门左右各有龛室,左则观自在菩萨像,右则慈氏菩萨像,白银铸成,高十余尺。

精舍故地,无忧王先建小精舍,后有婆罗门更广建焉。初,有婆罗门不信佛法,事大自在天,传闻天神在雪山中,遂与其弟往求愿焉。天曰:"凡诸愿求,有福方果。非汝所求,非我能遂。"婆罗门曰:"修何福可以遂心?"天曰:"欲植善种,求胜福田,菩提树者,证佛果处也。宜时速返,往菩提树,建大精舍,穿大水池,兴诸供养,所愿当遂。"婆罗门受天命,发大信心,相率而返,兄建精舍,弟凿水池,于是广修供养,勤求心愿,后皆果遂,为王大臣,凡得禄赏,皆入檀舍。

精舍既成,招募工人,欲图如来初成佛像。旷以岁月,无人应召。久之,有婆罗门来告众曰:"我善图写如来妙相。"众曰:"今将造像,夫何所须?"曰:"香泥耳。宜置精舍之中,并一灯照我,入已,坚闭其户,六月后乃可开门。"时诸僧众皆如其命。尚余四日,未满六月,众咸骇异,开以观之。见精舍内佛像俨然,结加趺坐,右足居上,左手敛,右手垂,东面而坐,肃然如在。座高四尺二寸,广丈二尺五寸,像高丈一尺五寸,两膝相去八尺八寸,两肩六尺二寸,相好具足,慈颜若真,惟右乳上涂莹未周。既不见人,方验神鉴,众咸悲叹,殷勤请知。有一沙门,宿心淳质,乃感梦见往婆罗门而告曰:"我是慈氏菩萨,恐工人之思不测圣容,故我躬来图写佛像。垂右手者,昔如来之将证佛果,天魔来娆,地神告至,其一先出,助佛降魔,如来告曰:'汝勿忧怖,吾以忍力,降彼必矣。'魔王曰:'谁为明证?'如来乃垂手指地,言:'此有证。'是时第二地神踊出作证,故今像手仿昔下垂。"众知灵鉴,莫不悲感。于是乳上未周,填厕众宝,珠璎宝冠,奇珍交饰。设赏迦王伐菩提树已,欲毁此像,既睹慈颜,心不安忍,回驾将返,命宰臣曰:"宜除此佛像,置大自在天形。"宰臣受旨,惧而叹曰:"毁佛像则历劫招殃,违王命乃丧身灭族,进退若此,何所宜行?"乃召信心以为役使,遂于像前横垒砖壁,心惭冥暗,又置明灯,砖壁之前画自在天。功成报命,王闻心惧,举身生疱,肌肤攫裂,居未久之,便丧没矣。宰臣驰返,毁除障壁,时经多日,灯犹不灭。像今尚在,神工不亏。既处奥室,灯炬相继,欲睹慈颜,莫由审察,必于晨朝持大明镜,引光内照,乃睹灵相。夫有见者,自增悲感。

[译文]

金刚座上的菩提树,就是毕钵罗树。从前佛陀在世的时候,树高几百尺，屡次经过摧残砍伐，仍高四五丈。佛陀坐在树下证成等正觉，因而称之为菩提树。树干呈黄白色，枝叶青青翠绿，无论冬夏都不凋谢，光亮鲜艳没有变化。每到如来涅槃的日子，树叶全部凋落，不久又恢复原状。在这一天，各国君王、各地僧俗人士，成千上万，不召而集，用香水香乳浇灌洗涤菩提树。大家在这里演奏音乐，摆列香花，连日灯火，竞相供养。如来寂灭之后，无忧王刚刚继位的时候，信仰接受邪道，毁坏佛陀遗迹，兴师动众，亲自前来砍伐。菩提树的树根、树干与枝叶，被斩截成碎片，在西面几十步的地方堆积起来，命令事火的婆罗门焚烧用以祭天。火焰还未熄灭，忽然生长出两棵树来，在猛火之中，茂密的枝叶包含翠绿，因而称之为灰菩提树。无忧王目睹这一灵异而悔过，用香乳浇溉菩提树残根，等到次日清晨，菩提树生长得如同原来一样。无忧王见到这一灵异情形，更加欣喜欢庆，亲自前来供养，欢乐得忘记了返归。无忧王的王妃一向信奉外道，秘密派遣使者，在半夜之后，再次砍伐菩提树。无忧王早上将要礼敬，只看到残枝，十分悲伤感慨，虔诚地祈请，用香乳浇灌，不到一天又生长出来了。无忧王十分敬畏惊异，在周围垒上石墙，高十多尺，现在仍然存在。近代的设赏迦王，信仰接受外道，嫉恨毁灭佛法，破坏寺院，砍伐菩提树，挖到看见泉水，仍没有掘尽树根，就纵火焚烧，用甘蔗汁浇灌，想把菩提树根烧焦烧烂，灭绝它重新萌发的可能。几个月之后，摩揭陀国的补剌拿伐摩王（唐朝话称为满胄），是无忧王的末代孙，听闻此事后叹息说："智慧的太阳已经隐没，只剩下这棵佛树，现在又加以摧残，百姓生灵还能看什么呢？"全身倒在地上，悲痛感动万物，用几千头牛的牛乳加以浇灌，一夜过后，菩提树又长起来，高一丈多。他担心菩提树以后又被砍伐，在周围垒起石墙，高二丈四尺。所以现在的菩提树隐没于石墙中,树梢露出石墙二丈多。

菩提树东面有座精舍,高一百六七十尺,下边的基座每面宽二十多步,用青砖垒起,用石灰涂抹。每层龛中都有金像,四面墙壁雕刻得形制奇特,有的是连珠形,有的是天仙像,上面安放着金色的铜质阿摩落伽果(亦称作宝瓶,又称宝壶)。东面连接着重重楼阁,屋檐飞起三层,椽柱与栋梁,门扇与窗户,都用金银镂刻装饰,用珠玉错落地镶嵌于其中。幽深的房屋,三重洞门相连。外门左右各有龛室,左面供奉着观自在菩萨像,右面供奉着慈氏菩萨像,都用白银铸成,高十多尺。

在精舍的旧地,无忧王先前建有一座小精舍,后来有婆罗门又将其扩建。当初,有位婆罗门不相信佛法,事奉大自在天,听说天神住在雪山中,就与他的弟弟前去求愿。天神说:"凡是种种愿望要求,有福力才能实现。这既不是你所能祈求的,也不是我所能满足你的。"婆罗门说:"修什么福德才能满足心愿呢?"天神说:"想要种植善根,求得殊胜福田,菩提树是诸佛证得佛果的地方。你应该及时返回,前往菩提树,建造大精舍,穿凿大水池,兴办各种供养,所求愿望就会实现。"婆罗门接受天神之命,发起坚定的大信心,相率返回,兄长建造精舍,弟弟穿凿水池。随后广修供养,精勤祈求实现心愿,后来果然实现了,成为国王大臣,凡是所得到的俸禄赏赐都用于施舍。

精舍修成后,招募工人,想要绘制如来刚成佛时的画像。经过了许多岁月,没有人应召。很久以后,有个婆罗门前来告诉僧众说:"我善于描绘如来的妙相。"僧众问说:"现在就要造像了,你需要什么呢?"婆罗门说:"只是香泥而已。可以放置在精舍内,并用一盏灯为我照明,我进去后,就紧紧地关上门,六个月后才可以打开门。"这时那些僧众都按照他的吩咐行事。还剩下四天，未满六个月时，众人都十分害怕惊讶，便打开门去观看。只见精舍内佛像庄严，结加趺坐，右脚叠在上面，左手提起，右手下垂，面朝东而坐，肃穆的样子如同佛陀在世一般。佛像底座高四尺二寸，宽一丈二尺五寸，像高一丈一尺五寸，两膝相隔八尺八寸，两肩宽六尺二寸。各种相好具足，慈祥的面容有如真身，只是右乳上绘制得还不周全。既然看不到画工，僧众这才证实是神明灵鉴。众人都悲伤叹息，殷勤地寻求其中原因。有一位沙门一向心地淳厚质朴，于是梦见那位婆罗门告诉他说："我是慈氏菩萨，因为担心画工的思维想象不出佛陀圣容，所以我亲自来绘制佛像。佛像垂右手，是从前如来将要证成佛果的时候，天魔前来骚扰，地神前来报告，其中一个地神先出面，帮助佛陀降伏天魔。如来告诉他说：'你不要忧愁害怕，我用忍力一定能降服天魔。'魔王说：'谁能做个明证？'如来于是垂手指地说：'这里有证人。'这时候第二个地神跳出来做证。所以现在的佛像手指仿照从前的样子向下垂。"众人知道神明显灵，无不悲痛感慨。于是在佛像乳上未周之处，填充上各种宝物，用珠璎、宝冠，以及奇异的珍宝交相装饰。设赏迦王砍伐菩提树后，又想毁坏这尊佛像，等到见了佛像慈祥的容貌后，不忍下手，将要回驾返回时，命令他的宰臣说："应该除掉这座佛像，安放大自在天的像。"宰臣接受旨意后，畏惧地叹息说："毁灭佛像会历劫遭殃，违背王命则丧身灭族，进退如此之难，我该怎么办呢？"于是招来一名佛教信徒，充当役差，在佛像前横着垒上一道砖墙，心中惭愧让佛像处于昏暗中，又放上一盏明灯。在砖壁前画上一幅自在天的像。事情完成后报告给设赏迦王，设赏迦王听到后内心恐惧，全身长出脓疱，肌肤皮肉绽裂，没过多久，就丧命死去了。那位宰臣赶紧返回寺院，拆除障壁。虽然经历了很多日子，灯还没有熄灭。佛像还存在，神巧的工艺没被毁坏。由于处于内室之中，所以灯火不断，想要一睹佛陀慈祥的容貌，没有办法详细看清楚，必须在早晨拿着一面大明镜，引阳光进来照射，才能看清灵相。凡是见到的人，自然增添悲伤感慨。

(三) 如来成道时日

如来以印度吠舍佉月后半八日成等正觉，当此三月八日也。上座部则吠舍佉月后半十五日成等正觉，当此三月十五日也。是时如来年三十矣，或曰年三十五矣。

〔译文〕

如来在印度吠舍佉月后半月的第八天证成等正觉，相当于我国的三月八日。上座部则认为是在吠舍佉月后半月的第十五天证成等正觉，相当于我国的三月十五日。这时如来已经年满三十岁了，也有人说他已三十五岁了。

(四) 如来成道及诸奉佛遗迹

菩提树北，有佛经行之处。如来成等正觉已，不起于座，七日寂定。其起也，至菩提树北，七日经行，东西往来，行十余步，异花随迹，十有八文。后人于此垒砖为基，高余三尺。闻诸先志曰：此圣迹基，表人命之修短也。先发诚愿，后乃度量，随寿修短，数有增减。

经行基北道左盘石上，大精舍中有佛像，举目上望。昔者如来于此七日观菩提树，目不暂舍。为报树恩，故此瞻望。

菩提树西不远，大精舍中有鍮石佛像，饰以奇珍，东面而立。前有青石，奇文异彩。是昔如来初成正觉，梵王起七宝堂，帝释建七宝座，佛于其上七日思惟，放异光明，照菩提树。去圣悠远，宝变为石。

菩提树南不远，有窣堵波，高百余尺，无忧王之所建也。菩萨既濯尼连河，将趣菩提树，窃自惟念何以为座，寻自发明，当须净草。天帝释化其身为刈草人，荷而逐路。菩萨谓曰："所荷之草颇能惠耶？"化人闻命，恭以草奉，菩萨受已，执而前进。

受草东北不远，有窣堵波，是菩萨将证佛果，青雀、群鹿呈祥之处。印度休征，斯为嘉应，故净居天随顺世间，群从飞绕，效灵显圣。

菩提树东大路左右，各一窣堵波，是魔王娆菩萨处也。菩萨将证佛果，魔王劝受轮王，策说不行，殷忧而返。魔王之女请往诱焉，菩萨威神，衰变冶容，扶羸策杖，相携而退。

菩提树西北精舍中，有迦叶波佛像，既称灵圣，时烛光明。闻诸先记曰：若人至诚，旋绕七周，在所生处，得宿命智。

迦叶波佛精舍西北二砖室，各有地神之像。昔者如来将成正觉，一报魔至，一为佛证。后人念功，图形旌德。

菩提树垣西北不远，有窣堵波，谓郁金香，高四十余尺，漕矩吒国商主之所建也。昔漕矩吒国有大商主，宗事天神，祠求福利，轻蔑佛法，不信因果。其后将诸商侣，贸迁有无，泛舟南海，遭风失路，波涛飘浪，时经三岁，资粮罄竭，糊口不充。同舟之人，朝不谋夕，戮力同志，念所事天，心虑已劳，冥功不济。俄见大山，崇崖峻岭，两日联晖，重明照朗。时诸商侣更相慰曰："我曹有福，遇此大山，宜于中止，得自安乐。"商主曰："非山也，乃摩竭鱼耳①。崇崖峻岭，须鬣也；两日联晖，眼光也。"言声未静，舟帆飘凑。于是商主告诸侣曰："我闻观自在菩萨于诸危厄能施安乐，宜各至诚，称其名字。"遂即同声，归命称念。崇山既隐，两日亦没。俄见沙门，威仪庠序，杖锡凌虚，而来拯溺，不逾时而至本国矣。因即信心贞固，求福不回，建窣堵波，式修供养，以郁金香泥而周涂上下。既发信心，率其同志，躬礼圣迹，观菩提树。未暇言归，已淹晦朔。商侣同游，更相谓曰："山川悠间，乡国辽远，昔所建立窣堵波者，我曹在此，谁其洒扫？"言讫，旋绕至此。忽见有窣堵波，骇其由致，即前瞻察，乃本国所建窣堵波也。故今印度因以郁金为名。

菩提树垣东南隅尼拘律树侧窣堵波，傍有精舍，中作佛坐像。昔如来初证佛果，大梵天王于此劝请转妙法轮。

菩提树垣内，四隅皆有大窣堵波。在昔如来受吉祥草已，趣菩提树，先历四隅，大地震动，至金刚座，方得安静。

树垣之内，圣迹鳞次，差难遍举。

[译文]

　　菩提树的北面，有佛陀经行的场所。如来证成等正觉后，没有从座位上立即起身，而是入定七天。等到起身后，走到菩提树的北面，经行七天，东西往来走动，走了十多步，随着他的足迹，留下了十八处奇异的花纹。后人在这里垒砖建起台基，高三尺多。据古代典籍讲：这个先圣的遗迹台基，能显示人寿命的长短。先要发下至诚的誓愿，然后度量台基，根据发愿人寿命的长短，数额会有所增减。

　　经行台基北面道路左侧的磐石上，一处大精舍中有座佛像，抬着眼睛向上看。从前如来在这里历时七天观看菩提树，眼睛不曾离开。为了报答菩提树的恩情，所以佛陀如此瞻望。

　　菩提树西面不远，一处大精舍中有尊输石佛像，用奇异的珍宝装饰，面东而立。精舍前面有块青石，上有奇异的纹路色彩。从前如来在这里刚刚证成正觉，梵王为他建起七宝堂，帝释建起七宝座，佛陀坐在上面思考了七天，放出奇异的光芒，照耀着菩提树。离圣人的时代已经遥远，如今七宝变成了石头。

　　菩提树南面不远，有座佛塔，高一百多尺，是无忧王所建造的。菩萨在尼连河洗浴后，将要前往菩提树，暗自思量用什么充当座位，很快想到应用净草。这时天帝释变化为一位割草人，挑着草赶路。菩萨问道："你所挑的草，能够施舍一些吗?"变化之人听到后，恭敬地将草奉献给菩萨。菩萨接受后，拿着草向前行进。

受草处东北不远，有一座佛塔，是菩萨将要证得佛果，青雀和鹿群显示祥瑞的地方。印度的吉兆中，这是很好的征候。所以净居天顺从世间的习俗，一起围绕菩萨飞行，来展示灵异显现神圣。

菩提树东面大路的左右两边，各有一座佛塔，是魔王骚扰菩萨的地方。菩萨将要证得佛果，魔王劝他当转轮王，劝说无效，怀着深深的忧愁返回。魔王的女儿们请求前往引诱，菩萨显现威神，使她们艳丽的容貌变得衰老，拖着瘦弱的身体，挂着拐杖，互相搀扶着败退。

菩提树西北的精舍中，有迦叶波佛像，以灵验神圣著称，时常放射出光芒。据早先的记载说：如果有人以至诚之心，旋绕佛像七周，就能在出生之地，获得宿命智。

迦叶波佛精舍西北面，有两间砖室，各有一位地神的像。从前如来将要证成正觉的时候，一个地神报告魔王的到来，一个地神为佛作证。后人感念二神的功绩，就绘制了他们的图像来表彰他们的德行。

菩提树围墙西北面不远的地方，有座佛塔，称为郁金香，高四十多尺，是漕矩吒国的商主所建的。从前漕矩吒国有位大商主，宗奉天神，祭祀祈求福禄，轻视佛法，不相信因果报应。后来他率领商队，交易有无，在南海中行船，遭遇大风迷失道路，在波涛中随浪漂泊。经过了三年，粮食全部吃光，没有东西糊口。同船的人朝不保夕，于是努力同心，祈求所尊奉的天神，用尽了心力，却没能请到神灵暗中保护。忽然看见一座大山，高高的山崖，险峻的山岭，两个太阳一并发光，双重光明朗朗相照。这时商人们互相安慰说："我辈有福气，遇上了这座大山，应该在此停留，以图稍得安乐。"商主说："这不是山，是摩竭鱼。崇山峻岭,是它的胡须;两日联辉,是它的眼光。"话音还未落下,船帆已经飘近摩竭鱼。于是商主告诉同伴们说:"我听说观自在菩萨在危难之中,能给人们施以安乐。我们应各自诚心,称念他的名字。"于是就同声称念观自在菩萨的名字,表示皈依。崇山隐没下去,两个太阳也不见了。不久,看到一个沙门威武庄严,挂着锡杖腾空而来拯救他们,不一会儿就到了本国。这位商主因此生起信心,信仰贞固,坚定地追求福德,建造佛塔,恭敬供养,用郁金香泥涂抹佛塔上下。商主生发信心后,率领那些志同道合者,亲身前往礼拜瞻仰圣迹,来此观看菩提树。还没顾得上说回去,已经过了一个月时间。商人们一同游览,互相说:"山川阻隔,家乡遥远,我辈在这里,从前我们所建造的佛塔,有谁洒扫呢?"说完后,旋绕到了这里。忽然看见有一座佛塔,众人惊讶它的突然出现,就前去瞻仰,发现就是他们在本国所建造的佛塔。所以现在的印度,就用郁金香作为塔名。

菩提树墙垣东南角,尼拘律树旁有座佛塔,塔旁有座精舍,精舍中有尊佛的坐像。从前如来刚刚证得佛果时,大梵天王在这里劝请佛陀转妙法轮。

菩提树墙垣内,四个角落都有大佛塔。从前如来接受吉祥草后,前往菩提树,先到四个角落,大地震动,等到了金刚座,才安稳下来。

菩提树墙垣之内,圣迹如鱼鳞般排列,一个接着一个,难以一一列举。

〔注释〕

①摩竭鱼:亦作"摩伽罗鱼""摩迦罗鱼"。传说中的大鱼,一说指鲸鱼,一说泛指鲨鱼、鳄鱼等类凶猛之鱼。

(五)菩提树垣附近诸迹

菩提树垣外,西南窣堵波,奉乳糜二牧女故宅。其侧窣堵波,牧女于此煮糜。次此窣堵波,如来受糜处也。

〔译文〕

菩提树墙垣的外面,西南方向有座佛塔,是奉献乳糜的二位牧女的故居。旁边的佛塔,牧女正是在这里煮乳糜。再过去的一座佛塔,是如来接受乳糜的地方。

(六)南门外遗迹

菩提树垣南门外有大池,周七百余步,清澜澄镜,龙鱼潜宅,婆罗门兄弟承大自在天命之所凿也。次南一池,在昔如来初成正觉,方欲浣濯,天帝释为佛化成。池西有大石,佛浣衣已,方欲曝晒,天帝释自大雪山持来也。其侧窣堵波,如来于此纳故衣。次南林中窣堵波,如来受贫老母施故衣处。

帝释化池东林中,有目支邻陀龙王池①,其水清黑,其味甘美。西岸有小精舍,中作佛像。昔如来初成正觉,于此宴坐,七日入定。时此龙王警卫如来,即以其身绕佛七匝,化出多头,俯垂为盖,故池东岸有其室焉。

目支邻陀龙池东,林中精舍有佛羸瘦之像。其侧有经行之所,长七十余步,南北各有毕钵罗树。故今土俗,诸有婴疾,香油涂像,多蒙除差。是菩萨修苦行处。如来为伏外道，又受魔请，于是苦行六年，日食一麻一麦，形容憔悴，肤体羸瘠，经行往来，攀树后起。

菩萨苦行毕钵罗树侧，有窣堵波，是阿若憍陈如等五人住处。初，太子之舍家也，彷徨山泽，栖息林泉，时净饭王乃命五人随瞻侍焉。太子既修苦行，憍陈如等亦即勤求。

憍陈如等住处东南，有窣堵波，菩萨入尼连禅那河沐浴之处。河侧不远，菩萨于此受食乳糜。其侧窣堵波，二长者献麨蜜处。佛在树下结加趺坐，寂然宴默，受解脱乐。过七日后，方从定起。时二商主行次林外，而彼林中神告商主曰："释种太子今在此中，初证佛果，心凝寂定，四十九日未有所食，随有奉上，获大善利。"时二商主各持行资麨蜜奉上，世尊纳受。

长者献麨侧，有窣堵波，四天工奉钵处。商主既献麨蜜，世尊思以何器受之。时四天王从四方来，各持金钵，而以奉上。世尊默然，而不纳受，以为出家不宜此器。四天王舍金钵，奉银钵，乃至颇胝、琉璃、马脑、车渠、真珠等钵，世尊如是皆不为受。四天王各还宫，奉持石钵，绀青映彻，重以进献。世尊断彼此故，而总受之，次第重垒，按为一钵，故其外侧有四际焉。

四天王献钵侧不远，有窣堵波，如来为母说法处也。如来既成正觉，称天人师，其母摩耶自天宫降于此处，世尊随机示教利喜。其侧涸池岸有窣堵波，在昔如来现诸神变化有缘处。

现神变侧有窣堵波，如来度优楼频螺迦叶波三兄弟及千门人处。如来方垂善导，随应降伏，时优楼频螺迦叶波五百门人请佛教，迦叶波曰："吾亦与尔俱返迷途。"于是相从来至佛所。如来告曰："弃鹿皮衣，舍祭火具。"时诸梵志恭承圣教，以其服用投尼连河。捺地迦叶波见诸祭器随流漂泛，与其门人候兄动静，既见改辙，亦随染衣。伽耶迦叶波与二百门人闻其兄之舍法也，亦至佛所，愿修梵行。

度迦叶波兄弟西北窣堵波，是如来伏迦叶波所事火龙处。如来将化其人，先伏所宗，乃至梵志火龙之室。夜分已后，龙吐烟焰，佛既入定，亦起火光，其室洞然，猛焰炎炽。诸梵志师恐火害佛，莫不奔赴，悲号愍惜。优楼频螺迦叶波谓其徒曰："以今观之，未必火也，当是沙门伏火龙耳。"如来乃以火龙盛置钵中，清旦持示外道门人。其侧窣堵波，五百独觉同入涅槃处也。

目支邻陀龙池南窣堵波，迦叶波救如来溺水处也。迦叶兄弟时推神通，远近仰德，黎庶归心。世尊方导迷徒，大权摄化，兴布密云，降澍暴雨，周佛所居，令独无水。迦叶是时见此云雨，谓门人曰："沙门住处将不漂溺？"泛舟来救，乃见世尊履水如地，蹈河中流，水分沙现。迦叶见已，心伏而退。

〔译文〕

菩提树围墙南门外有个大水池，方圆七百多步，清澈的池水,澄清有如明镜,龙、鱼潜居其中,是两位婆罗门兄弟秉承大自在天的命令所开凿的。再往南有一个水池,是从前如来刚刚证成正觉,正要洗衣沐浴时,天帝释为佛陀变化而成的。池子西面有块大石头,是佛陀洗完衣服后,正要曝晒,天帝释从大雪山为他搬来的。旁边的佛塔,如来曾在这里缝补旧衣服。又往南去的树林中有座佛塔,是如来接受一位贫穷老妇人施舍旧衣服的地方。

天帝释所化水池以东的树林中,有座目支邻陀龙王池,池水呈青黑色,味道甜美。池子西岸有座小精舍,里面供有佛像。从前如来刚刚证成正觉,在这里静坐,入定七天。当时这个水池的龙王为如来警卫,就以它的身子在佛陀周围绕了七圈,变化出很多龙头,下垂作为伞盖,所以水池东岸有其居室。

目支邻陀龙池的东面,树林中的一座精舍里面供奉有瘦弱的佛陀像。旁边有佛陀经行的地方,长七十多步,南北各有一棵毕钵罗树。所以现在这里流行一种风俗,凡是有患病者,用香油涂抹佛像,多数都能痊愈。这里是菩萨修苦行的地方。如来为了降伏外道,又受魔王请求,于是苦行六年,每天只吃一粒芝麻、一粒麦子,面容憔悴,肌肤身体瘦弱,经行往来的时候,要攀着树枝才能起身。

菩萨苦行毕钵罗树的旁边,有座佛塔,是阿若憍陈如等五人的住处。当初,太子舍弃家庭,彷徨于山林草泽中,栖息于树林泉水旁,当时净饭王就命令这五人跟随察看侍候。太子修苦行时,憍陈如等人也跟着勤修苦行。

憍陈如等人住处的东南面,有座佛塔,是菩萨进入尼连禅那河沐浴的地方。河边不远,菩萨在这里接受食用乳糜。旁边的佛塔,是两位长者奉献炒麦粉和蜂蜜的地方。佛陀在菩提树下趺跌而坐，静默入定，享受解脱的欢乐。过了七天后，才从定中起身。这时两位商主行路，在树林外休息，而那树林之神告诉商主说："释迦太子现在树林中，刚刚证得佛果，心志专一入定，四十九天没有吃东西，你们可随自己所有奉上食物，能获得大善利益。"这时二位商主各自拿着准备在途中吃的炒麦粉和蜂蜜献上，世尊接受了。

长者献炒麦粉处的旁边，有座佛塔，是四大天王奉献食钵的地方。商主奉献炒麦粉和蜂蜜后，世尊思考着该用什么器皿来接受。这时四位天王从四方赶来，各自拿着金钵，将其献上。世尊沉默不语，而不接受，认为出家不应使用这样的器物。四位天王舍弃金钵，献上银钵，以至换上颇胝、琉璃、玛瑙、车渠、真珠等钵，世尊都像这样而没有接受。四位天王各自回宫，取来石钵，色泽紫青，呈半透明状，重新献上，世尊因为没有彼此分别心，就全部收下，次第叠起，按成一个钵，所以钵外有四条边际。

四位天王献钵处旁边不远，有座佛塔，是如来为母亲说法的地方。如来证成正觉后，称为天人师，他的母亲摩耶从天宫降临此处，世尊随其机缘，教导佛法，让她内心欢喜，导以莫大利益。旁边干涸的水池岸边有座佛塔，是从前如来显现各种神通变化，度化有缘人的地方。

佛陀显现神通处旁边有座佛塔，是如来度化优楼频螺迦叶波三兄弟和他们一千门徒的地方。如来正要施行教化，随机降伏外道，当时优楼频螺迦叶波的五百门徒请求佛陀教化，迦叶波说："我也和你们一起从迷途返回。"于是一起来到佛陀那里。如来告诉他们："丢弃鹿皮衣，丢掉祭火的器具。"这时梵志们都恭敬地秉承教诲，把他们所穿所用的东西抛入尼连河。捺地迦叶波见到各种祭器在河中随波漂流，和他的门徒一起观察兄长的动静，见到兄长改弦更辙，随佛出家，也跟着出了家。伽耶迦叶波和他的二百门徒听说二位兄长舍弃原先的信仰，也到了佛陀那里，愿意一起修习梵行。

度化迦叶波兄弟处的西北有座佛塔，是如来降伏迦叶波所祭祀的火龙的地方。如来将要度化迦叶波，先要降伏他的崇拜对象，于是住到迦叶波所祭祀火龙的屋子里。半夜之后，火龙喷出火焰。佛陀入定后，也发出火光，将室内照得通红，火焰猛烈地燃烧。那些梵志师担心烈火伤害佛陀，无不奔赴现场，悲伤地痛哭怜惜。优楼频螺迦叶波对他的门徒说："现在看来，未必是着火了。应该是沙门降伏火龙。"如来把火龙放在钵中，清晨拿给外道门徒看。旁边的佛塔，是五百位独觉修行者一同入涅槃的地方。

目支邻陀龙池南面的佛塔，是迦叶波救援如来落水的地方。迦叶波兄弟当时以其神通为世人推重，远近的人敬仰其德操，百姓民众归心。世尊正要引导迷途之人，大开方便度化众生，就布起浓云，下起暴雨，唯独佛陀居处四周没有水。迦叶波当时见到浓云暴雨，对门徒们说："沙门住处该不会被淹吧？"划着船来救援，只见世尊踏水如走平地，走到河流中央，水流分开，显露出沙土。迦叶波见到后，心悦诚服而退回去。

〔注释〕

①目支邻陀：又作目脂邻陀、目真邻陀、目邻、母真邻那、母止邻那、文真邻陀等，意译为解脱。释迦牟尼成道后，目支邻陀龙王邀其至龙宫坐禅，龙王因闻佛法而脱龙身之苦，故名。

（七）东门外遗迹

菩提树垣东门外二三里，有盲龙室。此龙者，殃累宿积，报受生盲。如来自前正觉山欲趣菩提树，途次室侧，龙眼忽明，乃见菩萨将趣佛树，谓菩萨曰："仁今不久当成正觉。我眼盲冥，于兹已久，有佛兴世，我眼辄明，贤劫之中，过去三佛出兴世时，已得明视。仁今至此，我眼忽开，以故知之，当成佛矣。"

菩提树垣东门侧，有窣堵波，魔王怖菩萨之处。初，魔王知菩萨将成正觉也，诱乱不遂，忧惶无赖，集诸神众，齐整魔军，治兵振旅，将胁菩萨。于是风雨飘注，雷电晦冥，纵火飞烟，扬沙激石，备矛盾之具，极弦矢之用。菩萨于是入大慈定，凡厥兵杖变为莲华。魔军骇怖，奔驰退散。其侧不远有二窣堵波，帝释、梵王之所建也。

〔译文〕

菩提树墙垣东门外二三里处，有间盲龙室。这条盲龙，积累了过去世的罪业，受报而成天生眼盲。如来从前正觉山要到菩提树时，途经盲龙室旁，盲龙的眼睛忽然复明了，于是见到菩萨要前往菩提树，就对菩萨说："您如今不久将要证成正觉。我的眼睛瞎了，到现在已经很久，有佛出世时，我的眼睛就会见到光明。贤劫当中，过去三佛出世时，我曾得以清楚地看到东西。您现在到这里，我的眼睛忽然睁开，因为这个缘故可以得知，您将要成佛了。"

菩提树墙垣东门旁，有座佛塔，是魔王恐吓菩萨的地方。当初，魔王知道菩萨将要证得正觉，诱惑捣乱而不成功，忧虑恐惧而没有办法，就召集各路鬼神，整顿魔军，训练士兵，准备胁迫菩萨。于是狂风大作，暴雨骤降，雷电交加，天昏地暗，大火燃烧，烟雾飞舞，飞沙走石，矛盾等兵器备齐，弓箭之类全部用上。菩萨这时进入大慈定，所有的兵器都变为莲花。魔军惊恐万状，奔跑逃散。旁边不远有两座佛塔，是帝释、梵王所建造的。

（八）北门外摩诃菩提僧伽蓝

菩提树北门外摩诃菩提僧伽蓝，其先僧伽罗国王之所建也。庭宇六院，观阁三层，周堵垣墙高三四丈，极工人之妙，穷丹青之饰。至于佛像，铸以金银，凡厥庄严，厕以珍宝。诸窣堵波高广妙饰，中有如来舍利，其骨舍利大如手指节，光润鲜白，皎彻中外。其肉舍利如大真珠，色带红缥。每岁至如来大神变月满之日，出示众人（即印度十二月三十日，当此正月十五日也）。此时也，或放光，或雨花。僧徒减千人，习学大乘上座部法①，律仪清肃，戒行贞明。

昔者，南海僧伽罗国，其王淳信佛法，发自天然。有族弟出家，想佛圣迹，远游印度，寓诸伽蓝，咸轻边鄙。于是返迹本国，王躬远迎，沙门悲耿，似若不能言。王曰："将何所负，若此殷忧？"沙门曰："凭恃国威，游方问道，羁旅异域，载罹寒暑，动遭凌辱，语见讥诮。负斯忧耻，讵得欢心？"王曰："若是者何谓也？"曰："诚愿大王福田为意，于诸印度建立伽蓝，既旌圣迹，又擅高名，福资先王，恩及后嗣。"曰："斯事甚美，闻之何晚？"于是以国中重宝献印度王。王既纳贡，义存怀远，谓使臣曰："我今将何持报来命？"使臣曰："僧伽罗王稽首印度大吉祥王！大王威德远振，惠泽遐被。下土沙门，钦风慕化，敢游上国，展敬圣迹，寓诸伽蓝，莫之见馆，艰辛已极，蒙耻而归。窃图远谋，贻范来叶，于诸印度建一伽蓝，使客游乞士，息肩有所，两国交欢，行人无替。"王曰："如来潜化，遗风斯在，圣迹之所，任取一焉。"使者奉辞报命，群臣拜贺，遂乃集诸沙门，评议建立。沙门曰："菩提树者，去来诸佛咸此证圣，考之异议，无出此谋。"于是舍国珍宝，建此伽蓝，以其国僧而修供养，乃刻铜为记曰："夫周给无私，诸佛至教；惠济有缘，先圣明训。今我小子，丕承王业，式建伽蓝，用旌圣迹，福资祖考，惠被黎元。唯我国僧而得自在，及有国人亦同僧例。传之后嗣，永永无穷。"故此伽蓝多执师子国僧也。

〔译文〕

菩提树墙垣北门外的摩诃菩提寺院，是从前僧伽罗国王所建造的。庭宇有六进院落，楼阁三层，四周围墙高三四丈，极尽工匠的巧妙技艺，穷尽绘画装饰。至于佛像，用金银铸成，显示庄严之处都镶嵌着珍宝。各佛塔中都很高大，精妙装饰，里面藏有如来舍利。骨舍利大如手指节，光润鲜白，内外透明。肉舍利如同大真珠，呈红色和淡青色。每年到如来大神变月的满月之日,舍利便被拿出来供人们观看(就是印度的十二月三十日,相当于我国的正月十五日)。这时,或者放出光芒,或者天上落下花朵。寺院里僧徒不足一千人,研习大乘佛教的上座部法,戒律威仪清净严肃,戒行端正贞固。

从前,南海中有僧伽罗国,国王笃信佛法,出自天性。他有个本族的弟弟出家,思念佛陀圣迹,于是远游到印度,寄居在各寺院,因为来自边鄙之地而受到轻视。于是返回本国,国王亲自远迎。他的沙门弟弟悲伤哽咽,好像说不出话来。国王问道:"你有什么委屈,以至于如此忧伤?"沙门说:"我依仗国家威望,云游四方访求真谛,寄居异国他乡,经历寒暑之苦,动辄遭受凌辱,被言语讥讽。受到这种侮辱,哪里能心情愉快呢?"国王说:"情况如此,该怎么办呢?"沙门说:"真心希望大王以广种福田为意,在五印度建立寺院,既旌表佛陀圣迹,又获取美好名声。使先代君王得到福惠,恩泽也能及于后代。"国王说:"这事太好了,怎么听到得这么晚?"于是把国库中珍贵的宝物献给印度王。印度王接受贡品后,为安抚远方之人,对使者说:"我现在该拿什么来回报贵国呢?"使者说:"僧伽罗王谨向印度大吉祥王叩首,大王威名恩德传布远方,福泽遍及天下。敝国的沙门,仰慕大国风化,游历上国,朝拜佛陀圣迹,寄居在寺院中,但没有人敢留宿,艰难辛苦至极,蒙受耻辱而归。我国私下作长远打算,为后世子孙树立榜样,希望在印度建立一所寺院,使远游的沙门有个歇肩的地方,使两国友好相处,来往不断。"印度王说:"如来教诲潜移默化,遗风犹存,在有圣迹的地方,可以任意选取一处建造寺院。"使者得到答复后回国复命,群臣朝拜庆贺,于是集合沙门,讨论建寺之处。沙门说:"菩提树,是过去与将来诸佛都在那里证成圣果的地方。比较各种意见,没有比这里更好的。"于是施舍国家珍宝，建造这所寺院，让本国的僧人去恭敬地供养。于是在铜板上刻记铭文说："周济施舍而无私心，是诸佛的最高教导；惠助有缘之人，是先代圣人的明确训示。现在我这卑微之人，继承先王大业，建造这所寺院，旌表圣人遗迹，使祖先得福，恩惠施及于百姓。凡属我国僧人皆可自由出入，其他国人也同僧侣之例。传给子孙后代，永世都无穷尽。"所以这所寺院里，大多住着执师子国的僧人。

〔注释〕

①大乘上座部：本书将上座部作为大乘佛法，与今日的普遍看法不同。

（九）安居月日

菩提树南十余里，圣迹相邻，难以备举。每岁比丘解安居，四方法俗百千万众，七日七夜，持香花，鼓音乐，遍游林中，礼拜供养。印度僧徒依佛圣教，皆以室罗伐拿月前半一日入雨安居，当此五月十六日；以颎湿缚庚阇月后半十五日解雨安居，当此八月十五日。印度月名，依星而建，古今不易，诸部无差。良以方言未融，传译有谬，分时计月，致斯乖异，故以四月十六日入安居，七月十五日解安居也。

〔译文〕

菩提树向南十多里，佛陀圣迹比比皆是，难以详尽列举。每年比丘结束安居后，四方的僧俗成千上万，七天七夜，手持香花，鼓奏音乐,遍游林中,前来礼拜供养。印度的僧徒依照佛陀教导,都在室罗伐拿月前半月的一日入雨安居,相当于我国的五月十六日;在颂湿缚庚阇月的后半月的十五日结束雨安居,相当于我国的八月十五日。印度的月份名称,依星宿而定,古今没有改变,各部没有不同。只是因为方言未加融合,翻译时有误差,分时计月,导致不同,所以我国在四月十六日入安居,七月十五日结束安居。

卷九 一国

摩揭陀国（下）

十八、香象池

菩提树东渡尼连禅那河，大林中有窣堵波。其北有池，香象侍母处也。如来在昔修菩萨行，为香象子，居北山中，游此池侧。其母盲也，采藕根，汲清水，恭行孝养，与时推移。属有一人，游林迷路，彷徨往来，悲号恸哭。象子闻而愍焉，导之以示归路。是人既还，遂白王曰："我知香象游舍林薮，此奇货也，可往捕之。"王纳其言，兴兵往狩。是人前导，指象示王，即时两臂堕落，若有斩截者。其王虽惊此异，仍缚象子以归。象子既已维絷多时，而不食水草，典厩者以闻，王遂亲问之。象子曰："我母盲冥，累日饥饿，今见幽厄，讵能甘食？"王愍其情也，故遂放之。

其侧窣堵波前建石柱，是昔迦叶波佛于此宴坐。其侧有过去四佛座及经行遗迹之所。

〔译文〕

从菩提树往东渡过尼连禅那河，在大树林中有座佛塔。塔的北面有个水池，是香象服侍其母亲的地方。如来从前修菩萨行时，身为香象之子，住在北面的山中，游玩到这个水池边。它的母亲眼睛失明，香象子采集藕根，汲取清水，恭敬地孝敬奉养母亲，时间过了一年又一年。有一次遇上一个人在树林中游玩迷失了道路，在林中来往彷徨，悲恸地哭号。香象子听到后可怜他，引导这个人并指给他回去的道路。那个人回去后，便禀报国王说："我知道香象居住在这个树林中，这是名贵的动物，可前往捕捉。"国王听取了他的意见，发兵前去狩猎。那个人带路，把香象指给国王看，当时两个胳膊就脱落了，好像有人斩断那样。国王虽然惊讶于这个怪异现象，仍然绑住小象带回去了。小象被囚禁多时，而不吃水草。管理象厩的人报告上去，国王亲自审问。小象说："我的母亲眼睛瞎了，多日饥饿，我现在被囚禁，怎么能安心吃得下去呢？"国王怜悯它的孝心，当即便放了它。

池旁的佛塔前建有石柱，是从前迦叶波佛在这里静坐的地方。石柱旁边有过去四佛的座位以及经行遗迹的场所。

十九、外道发恶愿处

四佛座东，渡莫诃河①，至大林中，有石柱，是外道入定及发恶愿处。昔有外道郁头蓝子者，志逸烟霞，身遗草泽，于此法林栖神匿迹。既具五神通，得第一有定②。摩揭陀王特深宗敬，每至中时，请就宫食。郁头蓝子凌虚履空，往来无替。摩揭陀王候时瞻望，亦既至已，捧接置座。王将出游，欲委留事，简擢中宫，无堪承命。有少息女，淑慎令仪，既亲且贤，无出其右。摩揭陀王召而命曰："吾方远游，将有所委，尔宜悉心，慎终其事。彼郁头蓝仙，宿所宗敬，时至来饭，如我所奉。"敕诫既已，便即巡览。少女承旨，瞻候如仪，大仙至已，捧而置座。郁头蓝子既触女人，起欲界染，退失神通，饭讫言归，不得虚游。小心愧耻，诡谓女曰："我比修道业，入定怡神，凌虚往来，略无暇景，国人愿睹，闻之久矣。然先达垂训，利物为务，岂守独善，忘其兼济？今欲从门而出，履地而往，使夫睹见之徒，咸蒙福利。"王女闻已，宣告远近，是时人以驰竞，洒扫衢路，百千万众，伫望来仪。郁头蓝子步自王宫，至彼法林。宴坐入定，心驰外境，栖林则乌鸟嘤啭，临池乃鱼鳖喧声，情散心乱，失神废定。乃生忿恚，即发恶愿："愿我当来为暴恶兽，狸身鸟翼，搏食生类，身广三千里，两翅各广千五百里，投林唉诸羽属，入流食彼水生。"发愿既已，忿心渐息，勤求顷之，复得本定。不久命终，生第一有天③，寿八万劫。如来记之，天寿毕已，当果昔愿，得此弊身，从是流转恶道，未期出离。

〔译文〕

四佛座位向东，渡过莫诃河，到达大树林中，里面有个大石柱，是一位外道入定和发恶愿的地方。从前有位外道名叫郁头蓝子，志在隐居山水，住于草泽之中，在这片法林中栖息匿迹。在具备五种神通后，又获得第一有定。摩揭陀王对他特别崇敬，每到中午时分，便请他到宫中就餐。郁头蓝子腾空飞行，往来从不间断。摩揭陀王到时便候望他，当他到达后，伸手迎接，为他安置座位。有一次摩揭陀王将要出游，想要委托留守事宜，在宫中挑选，没有可以承担使命的。他有个小女儿，为人贤淑而讲究礼仪，既可亲又贤能，没有人能超过她。摩揭陀王把她招来吩咐道："我就要远游，要有事情委托，你应该尽心尽力，有始有终地办好这件事情。那位郁头蓝仙，我一向崇敬，时间到了就来吃饭，你要像我那样侍奉他。"告诫完后，摩揭陀王就出去巡察了。少女秉承意旨，每天按仪式等候迎接大仙。等郁头蓝子到达后，伸手引接入座。郁头蓝子接触女人后，产生了世俗爱欲，失去了神通，吃饭后回去，不能腾空飞行。他心中惭愧，假意对少女说："我以前修习道行，坐禅入定，怡神养心，腾空往来，不曾有过空闲，国人想见见我，我听说很久了。然而先贤留下训示，以利于他人为己任，岂能独善其身，而忘记兼济天下呢？我今天想从大门出去，走路返回，使那些看见我的人，都获得福德利益。"国王的女儿听到后，宣告给远近的人。这个时候人们都争着赶来，洒扫道路，成千上万的人伫立着等候郁头蓝子到来。郁头蓝子从王宫步行而出，到了那片法林。他静坐入定，心神却无法收敛，坐在林中只听到乌鸦和鸟叫，到水池边又是鱼鳖的喧闹声，心烦意乱，失去了神通，丧失了禅定。于是心生怨恨，当即发下恶愿："希望我将来变成凶暴的恶兽，狐狸的身子，飞鸟的翅膀，搏食生灵，身体长三千里，两个翅膀各长一千五百里，进入树林就吃那些鸟类，钻进水流则吃那些鱼类。"发愿之后，怨恨之心逐渐平息，勤苦修炼了一阵，又获得原来的禅定。不久死去，转生在第一有天，寿命八万劫。如来预言，在他第一有天寿命结束后，将会实现从前的誓愿，获得丑陋的身体，从此在恶道中流转，没有脱离恶道的期限。

　①莫诃河:河名,确址未详,或以为即今柏瓦尔河上流。

　②第一有定:即非想非非想处定。处于不是想象、也不是非想象的境地,是无色界的第四天,是三界的最高境界。

　③第一有天:即有顶天,是无色界的第四天。

二十、鸡足山及大迦叶故事

　　莫诃河东入大林野,行百余里,至屈屈(居勿反)吒播陀山(唐言鸡足)①,亦谓窭卢播陀山(唐言尊足山)。高峦峭无极,深壑洞无涯,山麓谿涧,乔林罗谷,岗岑岭嶂,繁草被岩,峻起三峰,傍挺绝崿,气将天接,形与云同。其后尊者大迦叶波居中寂灭,不敢指言,故云尊足。摩诃迦叶波者,声闻弟子也,得六神通,具八解脱。如来化缘斯毕,垂将涅槃,告迦叶波曰:"我于旷劫勤修苦行,为诸众生求无上法,昔所愿期,今已果满。我今将欲入大涅槃,以诸法藏嘱累于汝,住持宣布,勿有失坠。姨母所献金镂袈裟,慈氏成佛,留以传付。我遗法中诸修行者,若比丘、比丘尼、邬波索迦(唐言近事男。旧曰伊蒲塞,又曰优婆塞,皆讹也)、邬波斯迦(唐言近事女。旧曰优婆斯,又曰优婆夷,皆讹也),皆先济渡,令离流转。"迦叶承旨,住持正法。结集既已,至第二十年,厌世无常,将入寂灭,乃往鸡足山。山阴而上,屈盘取路,至西南岗。山峰险阻,崖径槃薄,乃以锡扣,剖之如割。

山径既开，逐路而进，縈纡曲折，回互斜通，至于山顶，东北面出。既入三峰之中，捧佛袈裟而立，以愿力故，三峰敛覆，故今此山三脊隆起。当来慈氏世尊之兴世也，三会说法之后，余有无量憍慢众生，将登此山，至迦叶所，慈氏弹指，山峰自开。彼诸众生既见迦叶，更增憍慢。时大迦叶授衣致辞，礼敬已毕，身升虚空，示诸神变，化火焚身，遂入寂灭。时众瞻仰，憍慢心除，因而感悟，皆证圣果。故今山上建窣堵波，静夜远望，或见明炬。及有登山，遂无所睹。

[译文]

从莫诃河向东进入大森林，前行一百多里，到达屈屈吒播陀山（唐朝话称为鸡足山），也称作窭卢播陀山（唐朝话称为尊足山）。山峰高峻陡峭没有顶点，深深的洞壑无边无际，山坡峡谷中，林木布满山谷，山岗山岭上，层层叠嶂，繁草覆盖山岩，三座山峰险峻地耸立，旁边挺立着悬崖，气势与天相接，形势与云朵相同。后来尊者大迦叶波在这山中寂灭，人们不敢直呼其名，所以称为尊足。摩诃迦叶波，是如来的声闻弟子，证得六种神通，具备八种解脱。如来度化有缘人结束，将要涅槃时，告诉迦叶波说："我在以往许多劫中勤奋修习苦行，为众生求无上之法，从前的愿望，如今已经实现。我现在将要进入大涅槃，把各种法藏托付给你，你要住持正法，广为传布，不得失误。我姨母所献的金缕袈裟，在慈氏菩萨成佛后，留给你传交托付。按我遗法修行的各种人，如比丘、比丘尼、邬波索迦（唐朝话称为近事男。过去称伊蒲塞，又称优婆塞，都错了）、邬波斯迦（唐朝话称近事女。过去称优婆斯，又称优婆夷，都错了），都要先行济度，使他们出离轮回。"迦叶波秉承佛陀旨意，维护佛法。结集之后，到第二十年，厌倦世俗生活的无常，打算进入涅槃，便前往鸡足山。他由北坡上去，沿着曲折的路，到了西南冈。那里山峰险峻，悬崖上道路不通，便以锡杖叩击，像刀割般地剖开岩石。山路开通后，沿路而上，迂回曲折，来回盘旋，到达山顶，面朝东北而出。进入三峰之后，捧着佛陀袈裟站在那里，由于愿力的缘故，三个山峰收敛在一起，所以现在这座山有三个背脊隆起。未来慈氏世尊出世，三会说法之后，剩余有无数傲慢的众生，将要登上这座山，到达迦叶波所在的地方，慈氏一弹手指，山峰会自动打开。众生见到迦叶波后，更加骄傲怠慢。这时大迦叶波向慈氏世尊传授袈裟并致辞，行礼致敬之后，飞身入空中，显示出各种神通变化，化出火来焚烧身体，于是进入涅槃。这时众生看到这一切，傲慢的心意消除，从而感悟，都证得圣果。所以现在山上建有佛塔，夜深人静时远远地望过去，有时可以看到明亮的火炬。而等到登上山去时，却什么也看不到。

〔注释〕

①屈屈吒播陀山：意译作鸡足山、鸡脚山、尊足山、狼足山、狼迹山等，确切所指众说不一。或谓在印度佛陀伽雅东南32公里处。

二十一、佛陀伐那山及杖林

鸡足山东北行百余里，至佛陀伐那山[1]。峰崖崇峻，巘崿隐嶙。岩间石室，佛尝降止。傍有磐石，帝释、梵天摩牛头栴檀涂饰如来[2]，今其石上余香郁烈。五百罗汉潜灵于此，诸有感遇，或得睹见。时作沙弥之形，入里乞食。或隐或显，灵奇之迹，差难以述。

佛陀伐那山空谷中东行三十余里，至泄（移结反）瑟知林（唐言杖林）。林竹修劲，被山弥谷。其先有婆罗门，闻释迦佛身长丈六，常怀疑惑，未之信也，乃以丈六竹杖，欲量佛身。恒于杖端出过丈六，如是增高，莫能穷实，遂投杖而去，因植根焉。中有大窣堵波，无忧王之所建也。如来在昔，于此七日为诸天人现大神通，说深妙法。

[译文]

从鸡足山向东北方向前行一百多里，到达佛陀伐那山，山峰悬崖高耸险峻，山崖峰峦突兀而起。岩石间的石室，佛陀曾经降临歇息过。旁边有块磐石，帝释、梵天曾用它磨碎牛头栴檀为如来涂抹装饰，现在石头上仍余香浓烈。五百罗汉的神灵潜伏在这里，那些有感应的人，有时能够看见。他们经常化作沙弥的样子，到乡村乞食。有时隐身，有时显灵，神奇的事迹很难加以叙述。

佛陀伐那山的空谷中向东前行三十多里，到达泄瑟知林（唐朝话称作杖林）。林内的竹子修长挺拔，布满山谷。先前有一位婆罗门，听说释迦佛身长一丈六尺，时常心怀疑问，不能相信。就用一丈六尺的竹杖，想要丈量佛陀的身躯，而佛身总在竹杖顶端超过一丈六尺，如此增高，不能确知高度。婆罗门于是扔下竹杖离去，竹杖就在这里生了根。杖林中有座大佛塔，是无忧王所建造的。如来从前曾在这里用七天时间为天神大众显示大神通,演说精妙的教义。

〔注释〕

①佛陀伐那山:意译为觉林山,即今佛陀因山。

②牛头栴(zhān)檀:生长于牛头山的栴檀,又称赤栴檀。栴檀木有香味,经久不腐,能作雕刻、建筑材料和香料。

(一)胜军故事

杖林中近有邬波索迦阇耶犀那者(唐言胜军)①,西印度刹帝利种也,志尚夷简,情悦出林,迹居幻境,心游真际,内外典籍,穷究幽微,辞论清高,仪范闲雅。诸沙门、婆罗门、外道异学、国王、大臣、长者、豪右,相趣通谒,伏膺请益。受业门人,十室而六。年渐七十,耽读不倦,余艺捐废,惟习佛经,策励身心,不舍昼夜。印度之法,香末为泥,作小窣堵波,高五六寸,书写经文,以置其中,谓之法舍利也。数渐盈积,建大窣堵波,总聚于内,常修供养。故胜军之为业也,口则宣说妙法,导诱学人;手乃作窣堵波,式崇胜福;夜又经行礼诵,宴坐思惟,寝食不遑,昼夜无怠。年百岁矣,志业不衰。三十年间,凡作七拘胝(唐言亿)法舍利窣堵波。每满一拘胝,建大窣堵波,而总置中,盛修供养,请诸僧众,法会称庆。其时神光烛曜,灵异昭彰。自兹厥后,时放光明。

〔译文〕

杖林中近来有一位居士叫作阇耶犀那(唐朝话称作胜军),

是西印度刹帝利种姓,他志向崇尚简朴,性情爱好山水,身处虚幻之境,心游真如法性,内外的典籍他都穷究其奥妙,谈吐言辞清雅高明,仪态风范端方高雅。众多的沙门、婆罗门、外道异学、国王、大臣、长者、贵族,都相率前来求见,虚心请教。受业的门人,十家中便有六家。胜军年近七十,勤读而不知疲倦,其他学业都放弃,只研习佛经,鞭策激励自己身心,不分白天黑夜。印度有一种习俗,用香末和成泥,制成小佛塔,高五六寸,书写经文,放到塔内,称之为法舍利。数量逐渐积累,就建立大佛塔,把小塔聚集在里面,常常加以供养。所以胜军致力的事情,就是口中宣讲佛法以引导学人,手中制作佛塔以修福积德,夜晚则经行诵经,静坐沉思,废寝忘食,白天黑夜都不懈怠。胜军年龄已经一百岁了,意志学业仍然丝毫不衰退。三十年中,共制作了七拘胝(唐朝话称作亿)法舍利佛塔。每满一拘胝,就建一座大佛塔,把小塔聚集于其中,隆重地供养,请来众多僧人,举行法会庆贺。这时神光照耀,灵异昭著。从此以后,时常放射光芒。

〔注释〕

①阇耶犀那:公元七世纪印度著名学者,精通宗教、哲学、天文、地理、医方术数,因明学造诣尤深。玄奘曾从其求学二年。

(二)杖林附近诸迹

杖林西南十余里,大山阳有二温泉,其水甚热。在昔如来化出此水,于中浴焉。今者尚存,清流无减,远近之人,皆来就浴,沉痾宿疹,多有除差。其傍则有窣堵波,如来经行之处也。

杖林东南行六七里,至大山,横岭之前有石窣堵波。昔如来雨三月为诸人天于此说法,时频毗娑罗王欲来听法,乃疏山积石,垒阶以进,广二十余步,长三四里。

大山北三四里,有孤山,昔广博仙人栖隐于此[①],凿崖为室,余趾尚存。传教门人,遗风犹扇。

孤山东北四五里,有小孤山,山壁石室,广袤可坐千余人矣。如来在昔于此三月说法。石室上有大磐石,帝释、梵天摩牛头栴檀涂饰佛身,石上余香,于今郁烈。

[译文]

从杖林向西南方向前行十多里,在大山的南面有两个温泉,水流很热。从前如来变化出这些泉水,在里面洗浴。现在还存在,清澈的流水没有减少,远近的人都来这里沐浴,多年的疾病,大多都能痊愈。温泉旁边有座佛塔,是如来经行的地方。

从杖林向东南前行六七里,到达一座大山,横着的山岭前有座石塔。从前如来在雨季三月中为人、天大众在这里讲说佛法,其时频毗娑罗王想来听法,就疏通山崖,垒积岩石,堆成台阶而前进,宽二十多步,长三四里。

大山北面三四里,有座孤山,从前广博仙人隐居在这里,开凿石崖做成房屋,遗址还存在。传扬他学术的门人,遗风还很盛。

孤山东北四五里,有座小孤山,山壁上有一座石室,十分宽广,可坐一千多人。如来从前在这里用了三个月时间说法。石室上有块大磐石,帝释、梵天用来磨碎牛头栴檀,涂抹装饰佛身,石头上残余的香气至今依然浓烈。

〔注释〕

①广博仙人：传说是《吠陀》和《摩诃婆罗多》的编纂者。

（三）阿素洛宫异事

石室西南隅有岩岫，印度谓之阿素洛（旧曰阿修罗，又曰阿须伦，又曰阿须罗，皆讹也）宫也①。往有好事者，深闲咒术，顾俦命侣，十有四人，约契同志，入此岩岫。行三四十里，廓然大明，乃见城邑台观，皆是金银琉璃。是人至已，有诸少女伫立门侧，欢喜迎接，甚加礼遇。于是渐进，至内城门，有二婢使各捧金盘，盛满花香，而来迎候。谓诸人曰："宜就池浴，涂冠香花，已而后入，斯为美矣。"唯彼术士，宜时速进，余十三人遂即沐浴。即入池已，恍若有忘，乃坐稻田中，去此之北平川中，已三四十里矣。

〔译文〕

石室西南角有个岩洞，印度人称为阿素洛（过去称阿修罗，又称阿须伦，又称阿须罗，都错了）宫。从前有个好事之徒，精通咒术，邀集同伙，有十四个人，约定同心协力，进入这个岩洞。走了三四十里，豁然开朗，于是见到城邑台观，都是金银琉璃建成。这些人到达后，有一群少女站立在城门边，欢喜地迎接，十分地以礼相待。于是渐渐行进，到了内城门，有两个婢女各自捧着金盘，盛满了鲜花香料，前来迎接。对这些人说："你们应先到池中沐浴，涂过香料，头戴花冠，然后进去，这样才美妙。"只有那位术士,抓住时机赶快前进,剩下的十三人,便去沐浴。进入池中后,好像忘记了什么,忽然发现竟然坐在稻田中,距离这个岩洞以北的平原上,已经有三四十里了。

〔注释〕

①阿素洛:又称为阿修罗等,略称修罗。意译为非天、非同类、不端正。为六道之一,八部众之一,十界之一。阿修罗为印度最古诸神之一,属于战斗一类之鬼神,经常被视为恶神,而与帝释天争斗不休。

(四)栈道

石室侧有栈道,广十余步,长四五里。昔频毗婆罗王将往佛所,乃斩石通谷,疏崖导川,或垒石,或凿岩,作为阶级,以至佛所。

〔译文〕

石室旁边有一条栈道,宽十多步,长四五里。从前频毗婆罗王将要前往佛陀那里,就凿通山石河谷,疏导山崖河流,有时垒石头,有时凿山岩,铺成台阶,一直到佛陀住处。

二十二、上茅宫城(旧王舍城)

从此大山中东行六十余里,至矩奢揭罗补罗城(唐言上茅宫城)①。上茅宫城,摩揭陀国之正中,古先君王之所都,多出胜上吉祥香茅,以故谓之上茅城也。崇山四周,以为外郭,西通峡径,北辟山门,东西长,南北狭,周一百五十余里。内城余趾周三十余里。羯尼迦树遍诸蹊径②,花含殊馥,色烂黄金,暮春之月,林皆金色。

〔译文〕

从这座大山中向东前行六十多里,到达矩奢揭罗补罗城(唐朝话称作上茅宫城)。上茅宫城,在摩揭陀国的正中央,古代早先的君王作为都城的地方,因为盛产上好的吉祥香茅,所以称为上茅城。上茅城周围崇山峻岭,作为外郭。西面与山路相通,北面开着山门,东西宽长,南北狭窄,方圆一百五十多里。内城遗址方圆三十多里。羯尼迦树遍布所有小路,花朵含着特殊的香味,颜色灿烂似黄金,暮春时节,树林都是一片金色。

〔注释〕

①矩奢揭罗补罗城:古代摩揭陀国都城。在今印度比哈尔邦的腊季吉尔。

②羯(jié)尼迦树:又作迦尼迦等。此树四季开花,叶如金色,或以为属紫铆类,也可能与波罗奢树是同一类。

(一)伏醉象遗迹

宫城北门外有窣堵波,是提婆达多与未生怨王共为亲友①,乃放护财醉象②,欲害如来。如来指端出五师子,醉象于此驯伏而前。

〔译文〕

宫城北门外有座佛塔,这里是提婆达多和未生怨王互相友好,就放出醉象护财,想加害如来的地方。如来的指端化出五头狮子,醉象便在这里驯服地伏到如来的面前。

〔注释〕

①未生怨王:佛陀在世时的摩揭陀国王。后皈依佛教,对佛教兴盛颇多贡献。

②护财:醉象的名字。

(二)舍利弗证果故事

伏醉象东北有窣堵波,是舍利子闻阿湿婆恃比丘(唐言马胜)说法证果之处①。初,舍利子在家也,高才雅量,见重当时,门生学徒,传以受业。此时将入王舍大城,马胜比丘亦方乞食。时舍利子遥见马胜,谓门生曰:"彼来者甚庠序,不证圣果,岂斯调寂?宜少伫待,观其进趣。"马胜比丘已证罗汉,心得自在,容止和雅,振锡来仪。舍利子曰:"长老善安乐耶?师何人,证何法,若此之悦豫乎?"马胜谓曰:"尔不知耶,净饭王太子舍转轮王位,悲愍六趣,苦行六年,证三菩提,具一切智,是吾师也。夫法者,非有非空,难用诠叙,惟佛与佛乃能究述,岂伊愚昧所能详议?"因为颂说,称赞佛法,舍利子闻已,便获果证。

〔译文〕

在降伏醉象处的东北有一座佛塔,这里是舍利子听阿湿婆恃比丘(唐朝话称为马胜)说法后证得圣果的地方。当初,舍利子在家时,才能高超,气度宏大,为当时人所推重,招收了门生学徒,传授给他们学业。舍利子这个时候将要进入王舍大城,马胜比丘也正巧在乞食。当时舍利子远远望见马胜,对他的门生说:"那个过来的人风度非凡,如果不是证得圣果,哪能如此安详宁静?可以稍等一会,看看他的举动。"马胜比丘已经证得罗汉果,心中自由自在,举止温文尔雅,手持锡杖庄重地走来。舍利子说:"长老您安好快乐吧?尊师是谁?所证何法?竟然如此愉悦快乐呢?"马胜对舍利子说:"你不知道吗?净饭王的太子舍弃转轮王位,怜悯六道众生,修习苦行六年,证得三菩提,具备一切智慧,他就是我的老师。至于佛法,不是有也不是空无,难以解说清楚,只有佛和佛之间才能探究讲述。哪里是我辈愚昧之人所能详细议论的呢?"于是为舍利子诵念偈颂,称赞佛法。舍利子听后,便证得了圣果。

〔注释〕

①阿湿婆恃比丘:又译作阿湿波誓等,是释迦牟尼成道后初转法轮所度化的五位比丘之一。

(三)胜密火坑故事

舍利子证果北不远,有大深坑,傍建窣堵波,是室利毱多(唐言胜密)以火坑、毒饭欲害佛处。胜密者,宗信外道,深着邪见。诸梵志曰:"乔答摩国人尊敬,遂令我徒无所恃赖,汝今可请至家饭会,门穿大坑,满中纵火,栈以朽木,覆以燥土。凡诸饭食,皆杂毒药,若免火坑,当遭毒食。"胜密承命,便设毒会。城中之人皆知胜密于世尊所起恶害心,咸皆劝请,愿佛勿往。世尊告曰:"无得怀忧。如来之身,物莫能害。"于是受请而往。足履门阃,火坑成池,清澜澄鉴,莲花弥漫。胜密见已,忧惶无措,谓其徒曰:"以术免火,尚有毒食。"世尊饭食已讫,为说妙法,胜密闻已,谢咎归依。

[译文]

　　舍利子证果处北面不远,有个大深坑,旁边建有佛塔,是室利毱多(唐朝话称胜密)想用火坑、毒饭谋害佛陀的地方。胜密这个人,信仰外道,深深地执着于邪见。那些婆罗门说:"乔答摩受国人尊敬,于是让我们这些人无所依赖。你现在可以请他到家中吃饭相会,在门口挖一个大坑,里面放满火,上面铺上朽木,盖上一层干土。所有食物,都拌上毒药。他如果避免了火坑,也会遭遇毒食。"胜密接受指使,便设下毒饭宴会。城中的人都知道胜密对世尊起了毒害之心,全都劝告请求,希望佛陀不要前往。世尊告诉他们说:"不要担忧,如来的身体,任何东西都不能伤害。"于是接受邀请而往。佛陀脚一踏上门槛,火坑就变成水池,清澈的水波澄清如镜,布满了莲花。胜密见到后,忧虑惶恐,不知如何是好,对他的门徒说:"佛陀以法术免去火坑之苦,还有毒食等着他。"世尊吃过饭后,为胜密讲说精妙的佛法,胜密听了后,向佛陀谢罪而皈依佛教。

(四)时缚迦大医遗迹

　　胜密火坑东北,山城之曲,有窣堵波,是时缚迦大医[①](旧曰耆婆,讹也)于此为佛建说法堂,周其墙垣种植花果,余址蘖株尚有遗迹。如来在世,多于中止。其傍复有时缚迦故宅,余其旧井,墟坎犹存。

〔译文〕

　　胜密火坑的东北,山城的拐弯之处,有一座佛塔,这是时缚迦大医师(过去称耆婆,错了)在这里为佛陀建造说法堂的地方,其围墙四周,种植着许多花果,遗址上树木被砍伐后重生的枝条还有遗迹。如来在世时,常在这里居住。旁边又有时缚迦的故居,留下来的古井,坑坎还存在着。

〔注释〕

　　①时缚迦:又译作侍缚迦等,是频婆娑罗王的庶子,王舍城的著名医生。或说其为王舍城娼女婆罗跋提与频婆娑罗之子无畏王所生的儿子。

二十三、鹫峰及佛迹

　　宫城东北行十四五里,至姞栗陀罗矩吒山(唐言鹫峰,亦谓鹫台。旧曰耆阇崛山,讹也)。接北山之阳,孤标特起,既栖鹫鸟,又类高台,空翠相映,浓淡分色。如来御世垂五十年,多居此山,广说妙法。频毗娑罗王为闻法故,兴发人徒,自山麓至峰岑,跨谷凌岩,编石为阶,广十余步,长五六里。中路有二小窣堵波,一谓下乘,即王至此徒行以进;一谓退凡,即简凡人不令同往。其山顶则东西长,南北狭。临崖西埵有砖精舍,高广奇制,东辟其户,如来在昔多居说法。今作说法之像,量等如来之身。

　　精舍东有长石,如来经行所履也。傍有大石,高丈四五尺,周三十余步,是提婆达多遥掷击佛处也。其南崖下有窣堵波，在昔如来于此说《法华经》。

精舍南山崖侧有大石宝，如来在昔于此入定。

佛石室西北石室，前有大磐石，阿难为魔怖处也。尊者阿难于此入定，魔王化作鹫鸟，于黑月夜分据其大石①，备翼惊鸣，以怖尊者。尊者是时惊惧无措，如来鉴见，伸手安慰，通过石壁，摩阿难顶，以大慈言而告之曰："魔所变化，宜无怖惧。"阿难蒙慰，身心安乐。石上鸟迹、崖中通穴，岁月虽久，于今尚存。

精舍侧有数石室，舍利子等诸大罗汉于此入定。舍利子石室前有一大井，枯涸无水，墟坎犹存。

精舍东北石涧中有大磐石，是如来晒袈裟之处，衣文明彻，皎如雕刻。其傍石上有佛脚迹，轮文虽暗，规模可察。

北山顶有窣堵波，是如来望摩揭陀城，于此七日说法。

〔译文〕

上茅宫城向东北方向前行十四五里，到达姑栗陀罗矩吒山（唐朝话称为鹫峰，也称鹫台。旧称耆阇崛山，错了）。它与北山的南坡相连接，孤峰特起，栖息着鹫鸟，又像高台，天空与翠林互相映照，色彩浓淡分明。如来说法治世将近五十年，大多居住在这座山，广泛地演说精妙的佛法。频毗娑罗王为了听闻佛法，就派出人工，从山脚下到峰顶，跨越山谷，攀登悬崖，垒铺石头作为台阶，宽十多步，长五六里。路途中有两座小佛塔，一个称为下乘，是国王到了这里便徒步行进的地方；一个称作退凡，意思是在这里要屏退凡夫，不让他们一同前往。山顶上东西宽长，南北狭窄。靠近悬崖的西面有一座砖砌的精舍，高大宽广，形制奇特，向东开门，如来从前多住在这里说法。现在造有如来说法的像，规模大小等同于如来的真身。

精舍东面有块长石头，是如来经行时踏过的。旁边有块大石头，高一丈四五尺，四周有三十多步，这是提婆达多远远地投物攻击佛陀的地方。南面山崖下有座佛塔，从前如来在这里讲说过《法华经》。

精舍南面的山崖旁，有座大石室，如来从前在这里坐禅入定。

佛陀石室的西北，有一座石室，前面有块大磐石，是阿难被魔王恐吓的地方。尊者阿难在这里入定，魔王化成鹫鸟，在上半月的晚上，站在大石头上，奋起翅膀惊叫，来恐吓尊者。尊者这时惊讶害怕，不知所措，如来看见后，伸出手来安慰阿难，穿过石壁，抚摸阿难的头顶，用充满大慈大悲的话语对他说："这是魔王变化出来的，你不要害怕。"阿难受到安慰后，身心安乐。石头上的鸟迹，山崖中的空穴，岁月虽过去很久，至今还存在。

精舍旁边有几间石室，舍利子等一些大罗汉曾在此入定。舍利子石室前有一口大井，已经干枯无水，废井坎还存在。

精舍东北的石涧里有块大磐石，这是如来晾晒袈裟的地方，衣服花纹清晰，洁白得如雕刻一般。旁边石头上有佛陀的足迹，轮相的纹路虽然已暗，但轮廓仍然可以观察到。

北面的山顶上有座佛塔，这是如来眺望摩揭陀城，讲法七天的地方。

①黑月:古印度以月之盈缺而将一月分为黑月和白月各十五日,合黑白二月为一个整月。黑月是指满月后至新月前期间,称为"黑月一日至十五日";白月指从新月至满月期间,称之为"白月一日至白月十五日"。参见卷二"印度总述"之"岁时"条。

二十四、毗布罗山

山城北门西,有毗布罗山。闻之土俗曰:山西南崖阴,昔有五百温泉,今者数十而已,然犹有冷有暖,未尽温也。其泉源发雪山之南无热恼池,潜流至此,水甚清美,味同本池。流经五百枝小热地狱,火势上炎,致斯温热。泉流之口,并皆雕石,或作师子白象之首,或作石筒悬流之道,下乃编石为池。诸方异域咸来此浴,浴者宿疹多差。

温泉左右诸窣堵波及精舍,基址鳞次,并是过去四佛坐及经行遗迹之所。此处既山水相带,仁智攸居,隐沦之士盖亦多矣。

〔译文〕

山城北门的西面,有座毗布罗山。听当地人讲:该山西南山崖的北边,从前有五百个温泉,现在只剩几十个而已,然而还是有冷有暖,不全是温泉。这些泉水发源于雪山南面的无热恼池,从地下流到这里。泉水十分清澈甜美,味道与原池相同。流经五百个小型发热的地狱,火势向上蒸腾,以致有这种温热的泉水。泉水流出的口子，都是雕刻过的石头，有的雕成狮子、白象的头，有的雕成石筒下垂流水的通道，下面是石头砌成的水池。各地方和外国的人，都来这里洗浴，沐浴者多年的疾病大多痊愈。

温泉左右周围有众多佛塔和精舍，基址如鱼鳞般相连，都是过去四佛打坐和经行的遗迹。这里山水相连，仁智之士乐于居住，隐居避世的人也很多。

（一）毕钵罗石室及比丘习定故事

温泉西有毕钵罗石室，世尊在昔恒居其中。后壁洞穴是阿素洛宫也。习定比丘多居此室，时出怪异，龙、蛇、师子之形，见之者心发狂乱。然斯圣地，灵圣所止，蹑迹钦风，忘其灾祸。近有比丘，戒行贞洁，心乐幽寂，欲于此室匿迹习定。或有谏曰："勿往彼也。彼多灾异，为害不少，既难取定，亦恐丧身。宜鉴前事，勿贻后悔。"比丘曰："不然。我方志求佛果，摧伏天魔，若此之害，夫何足言？"便即振锡而往室焉。于是设坛场，诵禁咒。旬日之后，穴出少女，谓比丘曰："尊者染衣守戒，为含识归依，修慧习定，作生灵善导。而今居此，惊骇我曹。如来之教，岂若是耶？"比丘曰："我守净戒，遵圣教也。匿迹山谷，远喧杂也。忽此见讥，其咎安在？"对曰："尊者诵咒声发，火从外入，烧我居室，苦我枝属。唯愿悲愍，勿复诵咒。"比丘曰："诵咒自护，非欲害物。往者行人居此习定，期于圣果，以济幽涂，睹怪惊骇，丧弃身命,汝之辜也。其何辞乎?"对曰:"罪障既重,智慧斯浅。自今已来,屏居守分,亦愿尊者勿诵神咒。"比丘于是修定如初,安静无害。

〔译文〕

　　温泉西面有座毕钵罗石室,世尊从前总是住在里面。后壁上的洞穴是阿素洛宫。修习禅定的比丘,多居住于这座石室,石室里时常出现怪异,诸如龙、蛇、狮子的形状,见到的人心神发生狂乱。然而这是一块圣地,为圣人所居住过,钦慕圣人遗风,追随圣人足迹而来的人,就忘记了灾祸。近来有一位比丘,戒行贞固高洁,心中乐于幽静,想在这座石室中避世修习禅定。有人劝告他说:"不要前往那里。那里有很多灾害异常,害人已经不少了,既难以入定,也恐怕丧命。应以前事为鉴,不要招致悔恨。"比丘说:"不是这样的。我正要立志追求佛果,摧败降伏天魔,像这样的伤害,哪里还值得一提?"当即提振锡杖前往石室中。比丘在洞中设立坛场,念诵禁咒。十天之后,洞中走出一位少女,对比丘说:"尊者出家守戒,为众生所归依,勤修智慧,练习禅定,为生灵做向导。可是现在居住在这里,惊吓到了我们。如来的教化,难道是这样的吗?"比丘说:"我恪守戒规,遵循圣人教诲。藏身于山谷中,远离喧嚣嘈杂。忽然受到这个讥讽,过错到底在哪里?"少女回答说:"尊者念咒的声音发出后,烈火从外面进入,焚烧我的居室,害苦了我的徒属。希望尊者慈悲怜悯,不要再念咒了。"比丘说:"念咒是保护自己,不是想要害人。从前修行的人在这里修习禅定,期望获得圣果,以救济迷途之人,都因看到怪异而惊讶恐惧,丧失了性命,这是你的罪过。你还有什么话可说?"少女说:"我的确罪孽业障深重,智慧浅薄。从今以后,我会隐居而安守本分,也希望尊者不要再念神咒。"比丘于是如起初一样修习禅定,安静而未受到伤害。

(二)其他诸遗迹

毗布罗山上有窣堵波,昔者如来说法之处,今有露形外道,多依此住,修习苦行,夙夜匪懈,自旦至昏,旋转观察。

山城北门左南崖阴,东行二三里,至大石室,昔提婆达多于此入定。

石室东不远,磐石上有斑采,状血染,傍建窣堵波,是习定比丘自害证果之处。昔有比丘,勤励心身,屏居修定,岁月逾远,不证圣果。退而自咎,窃复叹曰:"无学之果,终不时证;有累之身,徒生何益?"便就此石自刺其颈,是时即证阿罗汉果,上升虚空,示现神变,化火焚身,而入寂灭。美其雅操,建以记功。

比丘证果东石崖上,有石窣堵波,习定比丘投崖证果之处。昔在佛世,有一比丘,宴坐山林,修证果定,精勤已久,不得果证。昼夜继念,无忘静定。如来知其根机将发也,遂往彼而成之,自竹林园至山崖下,弹指而召,伫立以待。此比丘遥睹圣众,身意勇悦,投崖而下,犹其净心,敬信佛语,未至于地,已获果证。世尊告曰:"宜知是时。"即升虚空,示现神变。用彰净信,故斯封记。

〔译文〕

毗布罗山上有座佛塔，是从前如来演说佛法的地方。现在有许多露形外道的信徒，多来依靠着佛塔而居住，修习苦行，晨夕不懈，从早上到黄昏，随着太阳的旋转而观察。

山城北门的左方，从南崖北边向东前行二三里，到达一座大石室，从前提婆达多曾在这里修习禅定。

石室东边不远，磐石上有着斑斓的色彩，状如血染，旁边建有佛塔，这是一位修习禅定的比丘自伤而证得圣果的地方。从前有位比丘，勤勉自励地磨炼身心，独居而修习禅定，时间过了很久，还不能证得圣果。他退而责备自己，私下里又叹息说："无学之果，终究不能及时证得，这产生烦恼的身体，徒然生存有什么益处？"便就着这块磐石刺伤自己的脖子，当时就证得阿罗汉果，飞升到空中，显现神通变化，化出火来焚烧身体，而进入涅槃。后人赞美他高雅的操行，建造了这座塔来纪念他的功德。

比丘证果处东面的石崖上，有座石塔，是一位修习禅定的比丘投崖证果的地方。从前佛陀在世时，有一位比丘，静坐于山林，修习禅定而欲获圣果，精诚勤勉已经很久，不能得到果证。他日夜不停地念佛，不忘寂定。如来知道他的根机将要发动，就前往那里去帮助他成功。佛陀从竹林园来到山崖下，弹指召唤比丘，伫立等待。这位比丘远远地看到圣人大众，身心勇敢愉悦，从山崖跳下去，还保持着清静的心。因为崇敬信仰佛陀的教导，比丘还未落地，已经获得圣果。世尊告诉他说："应该知道这正是时机。"比丘就升入空中，显现神通变化。后人为表彰他的净信，所以建造了这座塔作为纪念。

二十五、迦兰陀竹园

山城北门行一里余，至迦兰陀竹园。今有精舍，石基砖室，东辟其户。如来在世，多居此中，说法开化，导凡拯俗。今作如来之像，量等如来之身。

初，此城中有大长者迦兰陀，时称豪贵，以大竹园施诸外道。及见如来，闻法净信，追惜竹园居彼异众，今天人师无以馆舍。时诸神鬼感其诚心，斥逐外道，而告之曰："长者迦兰陀当以竹园起佛精舍，汝宜速去，得免危厄。"外道愤恚，含怒而去。长者于此建立精舍，功成事毕，躬往请佛。如来是时遂受其施。

〔译文〕

从山城北门前行一里多路，到达迦兰陀竹园。现在这里有座精舍，用石头做地基，用砖砌成房屋，向东开着门。如来在世时，常住在这里面，演说佛法，开导拯救世俗之人。现在精舍里供有如来的像，大小等同于如来的真身。

当初，这座城中有位大长者叫迦兰陀，是当时著名的富豪贵族，把大竹园施舍给了外道。等他见到如来，听了佛法后虔诚地信仰起佛法，迦兰陀后悔把竹园给那些外道居住，而现在天人师的佛陀却没有住处。这时那些鬼神被迦兰陀的诚心所感动，就去驱逐外道而告诉他们说："长者迦兰陀将要用竹园建造佛陀的精舍，你们应赶快离开，以免遭受厄难。"外道信徒感到气愤，怀着怒意离去了。迦兰陀长者在这里建造精舍，完工之后，亲自前往邀请佛陀。如来这时便接受了他的施舍。

(一)佛舍利窣堵波

迦兰陀竹园东有窣堵波，阿阇多设咄路王（唐言未生怨，旧曰阿阇世，讹略也）之所建也①。如来涅槃之后，诸王共分舍利，未生怨王得以持归，式遵崇建，而修供养。无忧王之发信心也，开取舍利，建窣堵波，尚有遗余，时烛光景。

〔译文〕

迦兰陀竹园的东面有座佛塔，是阿阇多设咄路王（唐朝话称作未生怨，旧称阿阇世，是讹误与省略了）所建造的。如来涅槃之后，诸王一起分配舍利，未生怨王得到舍利后带回本国，恭敬地建造了这座佛塔，虔诚供养。无忧王萌发对佛教的信仰后，打开佛塔，取走舍利，重新建造佛塔，塔内还有残余的舍利，时常放射光芒。

〔注释〕

①阿阇多设咄路王：又作阿阇世王、阿阇贳王、阿阇多沙兜楼王、阿社多设咄路王等，意译未生怨王、法逆王，为佛陀在世时中印度摩揭陀国频毗娑罗王之子。其母名韦提希，故亦称阿阇世韦提希子。后弑父王自立，大张中印度霸权。尚在母胎时，相师预言此子降生后将弑父，父王听相师预言，十分惊恐，遂自楼上将之投弃，然仅折断手指而未死，故又称婆罗留支，并以其未生前即已结怨，而称之为未生怨。及长，立为太子，因听信提婆达多之唆使，幽禁父王于地牢中，欲致之死。即位后，并吞邻近小国，威震四方，奠定印度统一之基础。后因弑父之罪而遍体生疮，至佛前忏悔即平愈，遂皈依佛陀。佛陀灭度后，为佛教教团大护法。摩诃迦叶于七叶窟

结集经典时，阿阇世王为大檀越，供给一切之资具。

（二）阿难半身窣堵波

未生怨王窣堵波侧窣堵波，有尊者阿难半身舍利。昔尊者将寂灭也，去摩揭陀国，趣吠舍厘城，两国交争，欲兴兵甲。尊者伤愍，遂分其身。摩揭陀王奉归供养，即斯胜地，式修崇建。

其傍则有如来经行之处。次此不远有窣堵波，是舍利子及没特伽罗子等安居之所。

〔译文〕

未生怨王佛塔旁的佛塔中，有尊者阿难半个身子的舍利。从前阿难尊者将要寂灭时，离开摩揭陀国，前往吠舍厘城，两国发生争端，将要发动战争。尊者怜悯他们，就把自己分成两半。摩揭陀王带回舍利供养，就在这个胜地，恭敬地建造了佛塔。

佛塔旁有如来经行的地方。离这里不远处又有佛塔，是舍利子和没特伽罗子等人在雨季安居的地方。

（三）第一结集

竹林园西南行五六里，南山之阴①，大竹林中有大石室，是尊者摩诃迦叶波于此与九百九十九大阿罗汉以如来涅槃后结集三藏。前有故基，未生怨王为集法藏诸大罗汉建此堂宇。

初，大迦叶宴坐山林，忽睹光明，又睹地震，曰："是何祥变，若此之异？"以天眼观，见佛世尊于双树林间入般涅槃，寻命徒属趣拘尸城。路逢梵志，手执天花，迦叶问曰："汝从何来？知我大师今在何处？"梵志对曰："我适从彼拘尸城来，见汝大师已入涅槃。天人大众咸兴供养，我所持花，自彼得也。"迦叶闻已，谓其徒曰："慧日沦照，世界暗冥，善导遐弃，众生颠坠。"懈怠比丘更相贺曰："如来寂灭，我曹安乐，若有所犯，谁能诃制？"迦叶闻已，深更感伤，思集法藏，据教治犯。遂至双树，观佛礼敬。既而法王去世，人天无导，诸大罗汉亦取灭度，时大迦叶作是思惟："承顺佛教，宜集法藏。"于是登苏迷卢山，击大揵椎，唱如是言："今王舍城将有法事，诸证果人宜时速集！"揵椎声中传迦叶教，遍至三千大千世界，得神通者闻皆集会。是时迦叶告诸众曰："如来寂灭，世界空虚，当集法藏，用报佛恩。今将集法，务从简静，岂恃群居，不成胜业？其有具三明，得六通，闻持不谬，辩才无碍，如斯上人，可应结集。自余果学，各归其居。"于是得九百九十九人。除阿难在学地，大迦叶召而谓曰："汝未尽漏，宜出圣众。"曰："随侍如来，多历年所，每有法议，曾未弃遗。今将结集，而见摈斥？法王寂灭，失所依怙！"迦叶告曰："勿怀忧恼。汝亲侍佛，诚复多闻，然爱惑未尽，习结未断。"阿难辞屈而出，至空寂处，欲取无学，勤求不证。既已疲怠，便欲假寐，未及伏枕，遂证罗汉。往结集所，叩门白至。迦叶问曰："汝结尽耶？宜运神通，非门而入。"阿难承命，从钥隙入，礼僧已毕,退而复坐。是时安居初十五日也。于是迦叶扬言曰:"念哉谛听!阿难闻持,如来称赞,集素呾缆(旧曰修多罗,讹也)藏。优波厘持律明究,众所知识,集毗奈耶(旧曰毗那耶,讹也)藏。我迦叶波集阿毗达磨藏。"雨三月尽,集三藏讫。以大迦叶僧中上座,因而谓之上座部焉。

大迦叶结集西北,有窣堵波,是阿难受僧诃责,不预结集,至此宴坐,证罗汉果。证果之后,方乃预焉。

阿难证果西行二十余里,有窣堵波,无忧王之所建也,大众部结集之处。诸学无学数百千人,不预大迦叶结集之众,而来至此,更相谓曰:"如来在世,同一师学,法王寂灭,简异我曹。欲报佛恩,当集法藏。"于是凡圣咸会,贤智毕萃,复集素呾缆藏、毗奈耶藏、阿毗达磨藏、杂集藏、禁咒藏,别为五藏。而此结集,凡圣同会,因而谓之大众部。

〔译文〕

竹林园向西南方向前行五六里,在南山的北面,大竹林中有座大石室,这是尊者摩诃迦叶波和九百九十九位大阿罗汉一起在如来涅槃后结集三藏的地方。石室前有处旧基址,未生怨王为编纂法藏的各位大罗汉建造了这座厅堂。

当初,大迦叶在山林中静坐,忽然有光明闪耀,又看到大地震动,他说:"这是什么吉祥或灾变,如此异常?"就用天眼观察,只见佛陀世尊在双树林中间将要进入涅槃,马上命令徒属一起赶往拘尸城。路上遇到一位婆罗门，手中拿着天宫的花朵，迦叶问道："你从哪里来？知道我们的大师现在哪里吗？"婆罗门回答说："我刚从那拘尸城来，看到你们的大师已经进入涅槃。天、人大众都在供养，我所拿的花，就是从那里得到的。"迦叶听说后，对自己的徒属说："智慧的太阳已经落下去，世界变得黑暗下来，优秀的导师远离我们，众生将会堕落。"懈怠的比丘则互相庆贺说："如来寂灭后，我们就安乐了。如果有违犯戒律的地方，谁还能呵斥禁止？"迦叶听到这些话后，更加感伤，考虑编纂佛典，根据教义惩治犯戒者。于是前往双树林间，瞻仰佛陀，礼拜致敬。不久，法王佛陀去世，众生天神失去导师，大罗汉们也相继涅槃。当时大迦叶这样想："为了继承和弘扬佛教，我们应该结集佛典。"于是大迦叶登上苏迷卢山，敲击大揵椎，高声宣告这样的话："现在王舍城将有法事，各位证得圣果的人应赶快集会。"揵椎声中传出了迦叶的命令，遍及三千大千世界，得到神通的人听到后都赶来聚会。这时迦叶告诉众人说："如来已经寂灭，世界变得空虚，应当编纂佛典，用来报答佛恩。现在就要编纂了，务必要简洁安静，怎么能依仗人多，无法完成大业？那些具有三明、得到六种神通、听闻谨记佛陀教诲无误、说法无所滞碍，像这样的上人大德，可以参加纂辑。其余果位的人，各自回到住地。"于是得到九百九十九人。阿难还在修学阶段，被排除在外，大迦叶唤他来说："你还没有断尽烦恼，应该离开圣者的集会。"阿难说："我随从照料如来，经过了很多年，他每次说法，我都没有遗漏过。现在编纂佛典，却被排斥在外。法王寂灭，我失去了依靠呀！"迦叶对他说："不要心怀忧虑烦恼，你亲身侍候佛陀，确实见闻博多，只是爱欲之惑还未除尽，世俗烦恼还未断绝。"阿难理屈词穷，退了出来，到了空旷寂静处，想要证得无学之果,经过努力仍达不到。疲倦之后,便想和衣而睡,还没触及枕头,就证得了罗汉果。阿难前往结集的地方,叩门通报自己的到来。迦叶问他说:"你的烦恼断尽了吗?应该运用神通,不必从大门进来。"阿难接受命令,从钥匙缝里进入,礼拜各位僧人后,退下来重新坐下。这时是安居之初的第十五天。于是迦叶高声说:"大家想一想,请认真地听!阿难听闻佛陀教诲而不忘,受到过如来的称赞,由他主编素呾缆(旧称修多罗,错了)藏,优波厘修持戒律,研究深透,是大家所了解的,由他主编毗奈耶(旧称毗那耶,错了)藏。我迦叶波则主编阿毗达磨藏。"雨季三个月结束时,三藏的编纂也完成了。因为大迦叶是僧人中的上座,因而称他们为上座部。

大迦叶结集佛典处西北,有一座佛塔,这是阿难受到僧人们的斥责,不能参与结集,来到这里静坐,而证得罗汉果的地方。证得罗汉果后,阿难方才参加结集。

阿难证得罗汉果处向西前行二十多里,有一座佛塔,由无忧王所建造,这是大众部结集佛典的地方。那些处于修习无学果位的成百上千人,不能加入大迦叶结集的队伍,就来到这里,互相说:"如来在世时,大家向同一个导师学习,法王寂灭后,却把我们挑出来视为异类。为了报答佛的恩情,我们也应当编纂佛典。"于是凡僧与得道高僧都来相会,贤人智者全部荟萃,重新编纂了素呾缆藏、毗奈耶藏、阿毗达磨藏、杂集藏、禁咒藏,另外构成五藏。而这一次结集,凡僧与圣僧一同聚会,因而称之为大众部。

〔注释〕

①南山:即王舍城南现今的稗婆罗山,迦叶等人第一次结集所在之山。

(四)迦兰陀池及石柱

竹林精舍北行二百余步,至迦兰陀池,如来在昔多此说法。水既清澄,具八功德,佛涅槃后,枯涸无余。

迦兰陀池西北行二三里,有窣堵波,无忧王所建也,高六十余尺。傍有石柱,刻记立窣堵波事,高五十余尺,上作象形。

〔译文〕

竹林精舍向北前行二百多步,到达迦兰陀池。如来从前多次在这里说法。池水澄清,具备八种功德。佛陀涅槃后,已经干枯而无残余之水了。

迦兰陀池向西北方向前行二三里,有一座佛塔,是无忧王所建造的,高六十多尺。旁边有个石柱,刻记着建造佛塔的事情,高五十多尺,上面雕刻着大象的形状。

二十六、王舍城

石柱东北不远,至曷罗阇姞利呬城(唐言王舍)[①]。外郭已坏,无复遗堵。内城虽毁,基址犹峻,周二十余里,面有一门。

初,频毗娑罗王都在上茆宫城也,编户之家频遭火害。一家纵逸,四邻罹灾,防火不暇,资产废业,众庶嗟怨,不安其居。王曰:"我以不德,下民罹患,修何福德可以禳之?"群臣曰:"大王德化邕穆,政教明察,今兹细民不谨,致此火灾。宜制严科,以清后犯,若有火起,穷究先发,罚其首恶,迁之寒林。寒林者,弃尸之所,俗谓不祥之地,人绝游往之迹。令迁于彼,同夫弃尸。既耻陋居,当自谨护。"王曰:"善,宜遍宣告居人。"顷之,王宫中先自失火。谓诸臣曰:"我其迁矣。"乃命太子监摄留事,欲清国宪,故迁居焉。时吠舍厘王闻频毗娑罗王野处寒林,整集戎旅,欲袭不虞。边候以闻,乃建城邑,以王先舍于此,故称王舍城也。官属士庶咸徙家焉。或云至未生怨王乃筑此城,未生怨太子既嗣王位,因遂都之。逮无忧王迁都波吒厘城,以王舍城施婆罗门。故今城中无复凡民,惟婆罗门减千家耳。

宫城西南隅有二小伽蓝,诸国客僧往来此止,是佛昔日说法之所。次此西北有窣堵波,殊底色迦(唐言星历。旧曰树提伽,讹也)长者本生故里。

城南门外,道左有窣堵波,如来于此说法及度罗怙罗。

〔译文〕

石柱向东北方向前行不多远,到达曷罗阇姞利呬城(唐朝话称作王舍)。外城已经毁坏,连残余的墙垣也看不见。内城虽然毁坏,基址还很高,方圆二十多里,每面有一个城门。

当初,频毗娑罗王在上茆宫城建都,百姓频繁地遭受火灾。一家不慎,四邻都跟着遭殃,防火都来不及,积累的财产都被报废了,百姓民众嗟叹抱怨,无法安心居住。频毗娑罗王说:"因我不仁德,而让下民遭受祸患,修什么福德可以禳除灾祸呢?"大臣们说:"大王施行德治,政教清明,现在因小民不小心,导致这些火灾。应该制定严厉的法规,来处分今后的违犯者。如有火灾发生,极力追究先发生者,惩治首恶分子,把他迁到寒林。所谓寒林,是抛弃尸体的地方,世俗认为是不吉祥的地方,绝无往来人迹。现在把他们迁到那里,与弃尸同伍。他们既耻于居住在那粗陋的地方,将会自己谨慎看护。"频毗娑罗王说:"好,应该遍告所有居民。"不久,王宫中首先发生了火灾。频毗娑罗王对臣属说:"我该要迁徙了。"于是命令太子代管留守事务,为维护法令,所以迁至寒林居住。这时吠舍厘王听说频毗娑罗王住在郊外寒林,就整顿调集军队,想乘其不备加以袭击。边境守候人员报告了这件事,频毗娑罗王于是就筑起城邑。因为国王首先住在这里,所以称之为王舍城,随后官属和民众都迁到这里居住。有人说到未生怨王时才建筑这座城邑,未生怨太子继位后,就以之为都城。等到无忧王迁都于波吒厘城,把王舍城施舍给了婆罗门。所以现在城中不再有普通民众,只有婆罗门将近一千家而已。

宫城西南角有两座小寺院,各国僧人往来时都住在这里,是佛陀从前说法的地方。由此再往西北有一座佛塔,是殊底色迦(唐朝话称为星历,旧称树提伽,错了)长者的出生地。

宫城南门外,道路的左边有座佛塔,如来曾在这里说法并且度化罗怙罗。

〔注释〕

①曷罗阇姞利呬罗城:王舍城,即今印度北部腊季吉尔以北数公里处。

二十七、那烂陀僧伽蓝

从此北行三十余里,至那烂陀(唐言施无厌)僧伽蓝①。闻之耆旧曰:此伽蓝南庵没罗林中有池,其龙名那烂陀,傍建伽蓝,因取为称。从其实议,是如来在昔修菩萨行,为大国王,建都此地,悲愍众生,好乐周给,时美其德,号施无厌,由是伽蓝因以为称。其地本庵没罗园,五百商人以十亿金钱买以施佛,佛于此处三月说法,诸商人等亦证圣果。佛涅槃后未久,此国先王铄迦罗阿迭多(唐言帝日)敬重一乘,遵崇三宝,式占福地,建此伽蓝。初兴功也,穿伤龙身,时有善占尼乾外道,见而记曰:"斯胜地也,建立伽蓝,当必昌盛,为五印度之轨则,逾千载而弥隆。后进学人易以成业,然多欧血,伤龙故也。"其子佛陀毱多王(唐言觉护)继体承统,聿遵胜业,次此之南又建伽蓝。呾他揭多毱多王(唐言如来)笃修前绪,次此之东又建伽蓝。婆罗阿迭多(唐言幼日)王之嗣位也,次此东北又建伽蓝。功成事毕,福会称庆,输诚幽显,延请凡圣。其会也,五印度僧万里云集。众坐已定,二僧后至,引上第三重阁。或有问曰:"王将设会,先请凡圣,大德何方,最后而至?"曰:"我至那国也,和上婴疹,饭已方行,受王远请,故来赴会。"问者惊骇,遽以白王。王心知圣也,躬往问焉。迟上重阁,莫知所去。王更深信,舍国出家。出家既已,位居僧末,心常怏怏,怀不自安:"我昔为王,尊居最上;今者出家,卑在众末。"寻往白僧,自述情事。于是众僧和合,令未受戒者以年齿为次,故此伽蓝独有斯制。其王之子伐阇罗(唐言金刚)嗣位之后,信心贞固,复于此西建立伽蓝。其后中印度王于此北复建大伽蓝。于是周垣峻峙,同为一门。既历代君王继世兴建,穷诸剞劂,诚壮观也。帝日王大伽蓝者,今置佛像,众中日差四十僧就此而食,以报施主之恩。

僧徒数千,并俊才高学也,德重当时,声驰异域者,数百余矣。戒行清白,律仪淳粹,僧有严制,众咸贞素,印度诸国皆仰则焉。请益谈玄,渴日不足,夙夜警诫,少长相成,其有不谈三藏幽旨者,则形影自愧矣。故异域学人欲驰声问,咸来稽疑,方流雅誉。是以窃名而游,咸得礼重。殊方异域欲入谈议,门者诘难,多屈而还,学深今古,乃得入焉。于是客游后进,详论艺能,其退飞者固十七八矣。二三博物,众中次诘,莫不挫其锐,颓其名。若其高才博物,强识多能,明德哲人,联晖继轨。至如护法、护月,振芳尘于遗教;德慧、坚慧,流雅誉于当时。光友之清论,胜友之高谈,智月则风鉴明敏,戒贤乃至德幽邃。若此上人,众所知识,德隆先达,学贯旧章,述作论释各十数部,并盛流通,见珍当时。

伽蓝四周,圣迹百数,举其二三,可略言矣。

〔译文〕

从这里向北前行三十多里,到达那烂陀(唐朝话称为施无厌)寺院。听老年人讲：这所寺院南面的庵没罗林中有个水池，池中龙的名字叫那烂陀，由于在此池旁建寺院，所以就以它的名字作为寺院名称。从实际情形来讲，是如来从前修菩萨行，做大国王，在这个地方建都，慈悲怜悯众生，喜好周济百姓，当时人赞美他的德行，称之为施无厌，因此寺院用来作为名称。这片地方本来是庵没罗林，有五百个商人用十亿金钱买下后布施给佛陀。佛陀在这里说法三个月，各位商人也证得了圣果。在佛陀涅槃之后不久，这个国家的先代君王铄迦罗阿迭多（唐朝话称作帝日）敬重大乘佛教，尊奉三宝，占卜福地，建造这座寺院。最初动工时，挖伤了龙身。这时有位善于占卜的尼乾外道，看见后预言说："这是一片胜地，建立寺院，一定会昌盛，成为五印度的楷模，一千年后会更加兴旺。后进学者容易完成学业，然而多会吐血，是因为伤了龙身的缘故。"帝日的儿子佛陀毱多王（唐朝话称为觉护）继承王位大统，继续美好的事业，在此地的南面又建造了一所寺院。呾他揭多毱多王（唐朝话称为如来）遵循前代轨迹，在那烂陀寺东面又建造寺院。婆罗阿迭多（唐朝话称为幼日）王继位后，在那烂陀寺的东北面又建造寺院。大功告成后，举行福会庆贺，对知名与不知名的人士都表示了诚意，延请一般的凡僧和得道高僧。集会时，五印度僧人从万里外汇集到这里，众人落座之后，有两位僧人后到，被领上第三层楼阁。有人问道："国王将举办法会时，已提前延请凡僧圣僧，二位高僧来自何方，要最后赶到？"二人回答："我们来自至那国。大和尚患病，我们侍候饭食后才出发，接受幼日王遥远的邀请，所以前来赴会。"询问者感到惊讶害怕，赶紧去禀报国王。幼日王心中知道二人是圣人，亲自前往慰问。迟了一会儿上楼，二人已不知去了何处。幼日王更加深了对佛教的信仰，舍弃王位而出家。

出家以后，位居于僧众的末位，心中常常怏怏不乐，心怀不安："我从前做国王，尊居于最高之位；现在出家，却卑贱得处于最末。"不久便去告诉僧人们，自述了心情和情况。于是僧人们商议，让没受具足戒的人以年龄排列次序，所以这所寺院独有这项制度。这位国王的儿子伐阇罗（唐朝话称为金刚）继位后，信仰贞固，又在那烂陀寺西面建造寺院。后来中印度王又在那烂陀寺北面建立大寺院。于是四周墙垣高筑，同用一个大门。经过历代君王的相继兴修，极尽精雕细刻之能事，实在是壮观。在帝日王大寺院中，如今设置了佛像，每天在僧众中派遣四十人到这里接受饭食，以报答施主的恩情。

那烂陀寺有僧徒几千人，都是才能出众、学问渊博的人。德行为当时人推重，声誉远传异域外国的僧人，有好几百人。他们戒行清白，仪规纯粹，僧人有严格的制度，大家都信仰坚定，印度各国都仰慕而视为楷模。僧众之间互相请教，谈论玄妙的义理，感觉白天不够用，日夜互相督促告诫，老少相互促进。有人如果不谈论三藏的深奥道理，就会自惭形秽。所以外国的学者想要声名远扬，都要来请教释疑，才能传播美誉。因此欺世盗名的人也来到这里游学，都受到礼遇尊重。外地或异国的人想要进入寺院谈论，守门的人先要诘难，有多半人对答不上而返回，只有学通古今的人，才能够进入寺院。于是外来的年轻学者，与他们详细讨论学理，失败而退走的总有十之七八。至于十分之二三的博学之士，众僧相继诘问，没有不挫败其锐气，败颓其名声的。但那些才能高强，博识物理，记忆力强而多才多艺，德操高尚的哲人，仍是相继涌现。至于护法、护月等菩萨，在传扬佛教中美名远振；德慧、坚慧等菩萨，在当时就流传高尚的声誉。光友以清辩闻名，胜友以高谈闻名，智月卓识明敏，戒贤德操深刻。像这样的上人大德，是人所共知的，德行超过前辈，学问贯通从前的著述，论著和注疏解释各有十几部，都广泛流传，为当代人所珍视。

那烂陀寺院的四周，各种圣迹以百计数，以下举例二三例，就可见其概略了。

[注释]

①那烂陀僧伽蓝：印度六至九世纪最著名的佛教寺院。其故址在今印度比哈尔邦巴特那县境内的巴尔贡村。

（一）伽蓝附近诸迹

伽蓝西不远有精舍，在昔如来三月止此，为诸天人广说妙法。次南百余步小窣堵波，远方比丘见佛处。昔有比丘自远方来，至此遇见如来圣众，内发敬心，五体投地，便即发愿求轮王位。如来见已，告诸众曰："彼比丘者甚可愍惜。福德深远，信心坚固，若求佛果，不久当证。今其发愿求转轮王，于当来世必受此报。身体投地下至金轮，其中所有微尘之数，一一尘是一轮王报也。既耽世乐，圣果斯远。"其南则有观自在菩萨立像。或见执香炉往佛精舍，周旋右绕。

观自在菩萨像南窣堵波中，有如来三月之间剃剪发爪，有婴疾病，旋绕多愈。其西垣外池侧窣堵波，是外道执雀于此问佛死生之事。次东南垣内五十余步，有奇树，高八九尺，其干两披，在昔如来嚼杨枝弃地，因植根柢，岁月虽久，初无增减。次东大精舍，高二百余尺，如来在昔于此四月说诸妙法。次北百余步精舍中,有观自在菩萨像,净信之徒兴供养者所见不同,莫定其所,或立门侧,或出檐前。诸国法俗咸来供养。

观自在菩萨精舍北有大精舍,高三百余尺,婆罗阿迭多王之所建也。庄严度量及中佛像,同菩提树下大精舍。其东北窣堵波,在昔如来于此七日演说妙法。西北则有过去四佛坐处。其南输石精舍,戒日王之所建立,功虽未毕,然其图量一十丈而后成之。次东二百余步垣外,有铜立佛像,高八十余尺,重阁六层,乃得弥覆,昔满胄王之所作也。

满胄王铜佛像北二三里,砖精舍中有多罗菩萨像。其量既高,其灵甚察。每岁元日,盛兴供养。邻境国王、大臣、豪族,赍妙香花,持宝幡盖,金石递奏,丝竹相和,七日之中,建斯法会。其垣南门内有大井。昔佛在世,有大商侣热渴逼迫,来至佛所,世尊指其地以可得水。商主乃以车轴筑地,地既为陷,水遂泉涌。饮已闻法,皆悟圣果。

〔译文〕

那烂陀寺院西面不远处有一所精舍,从前如来曾在这里停留了三个月,为天、人大众广泛演说精妙的佛法。再靠南一百多步的小佛塔,是远方比丘来拜见佛陀的地方。从前有位比丘从远方而来,到这里遇见如来和诸位圣贤,内心生发敬意,五体投地,随即发愿请求获得转轮王的果位。如来见到后,告诉大家说："那位比丘非常可惜，值得怜悯。他福德深远，信心坚定，如果求佛果，不久就能证得。现在却发愿求做转轮王，来世必定受到这个果报。他身体拜伏的地方一直下到金轮，其中所有微尘，一颗就是一次轮王之报。他既耽于世俗之乐，离开圣果也就远了。"再往南面有观自在菩萨的站立像。有人看见菩萨手拿香炉前往佛陀精舍，从左向右地环绕而行。

观自在菩萨像南面的佛塔中，有如来在三个月中剪下的头发和指甲，若有患病的人，围绕着此塔旋转后大多能痊愈。西边围墙外的水池旁有座佛塔，是外道手执鸟雀在这里向佛陀询问生死事情的地方。再往东南墙内五十多步，有棵奇特的树，高八九尺，树干向两边披开。这是从前如来把口嚼的杨杖抛在地上，因而扎下了根，岁月虽然已久，树身却没有增减。再往东去的大精舍，高二百多尺，如来从前在这里用了四个月时间讲说种种妙法。再往北去一百多步的精舍中，有观自在菩萨像，虔诚的信徒前来供养，各人所见都不同，不能确定菩萨像的位置，有时立在门旁，有时出门到了屋檐前。各国的僧徒和世人，都前来供养。

观自在菩萨精舍的北面又有一座大精舍，高三百多尺，是婆罗阿迭多王所建造的。其庄严程度和室内佛像与菩提树下的大精舍相同。它的东北方有座佛塔，从前如来曾在这里演说了七天精妙的佛法。西北面则有过去四佛打坐的地方。它南面的鍮石精舍，是戒日王所建造，当时工程虽然没有完成，但计划高度是十丈，后来才完成。再往东二百多步的围墙外，有一尊铜质的站立佛像，高八十多尺，楼阁六层，才能覆盖它，这是从前满胄王所建造的。

满胄王铜佛像以北二三里，一座砖砌的精舍中有多罗菩萨像，身量很高，灵验异常。每年的元旦，都举行盛大的供养法会。

邻国的国王、大臣、贵族，带着美妙的香花，拿着宝幡宝盖，金石乐器交替演奏，丝竹乐器互相应和，七天之中，举行法会。围墙的南门内有一口大井，从前佛陀在世时，有一群商人被炎热干渴所逼迫，来到佛陀住所，世尊以手指地，说可以得到水。商人头领于是以车轴搗地，地因此陷下去，水流如泉水般涌出。商人饮水后听讲佛法，都证得了圣果。

二十八、拘理迦邑及目连故里

伽蓝西南行八九里，至拘理迦邑[①]，中有窣堵波，无忧之所建也，是尊者没特伽罗子本生故里。傍有窣堵波，尊者于此入无余涅槃，其中则有遗身舍利。尊者，大婆罗门种，与舍利子少为亲友。舍利子以才明见贵，尊者以精鉴延誉，才智相比，动止必俱，结要终始，契同去就，相与厌俗，共求舍家，遂师珊阇耶焉[②]。舍利子遇马胜阿罗汉，闻法悟圣，还为尊者重述，闻而悟法，遂证初果[③]。与其徒二百五十人俱到佛所，世尊遥见，指告众曰："彼来者，我弟子中神足第一。"既至佛所，请入法中。世尊告曰："善来，比丘！净修梵行，得离苦际。"闻是语时，须发落，俗裳变，戒品净，威仪调顺。经七日，结漏尽，证罗汉果，得神通力。

〔译文〕

那烂陀寺院向西南方向前行八九里，到达拘理迦邑，邑中有座佛塔，是无忧王所建造的，这里是尊者没特伽罗子的出生地。

旁边有座佛塔，没特伽罗子尊者在这里进入无余涅槃，塔内有他的遗身舍利。没特伽罗子尊者是大婆罗门种姓，与舍利子是少年时代的亲密朋友。舍利子以聪明才智受到尊重，没特伽罗子尊者则以见识精到获得荣誉，二人才智相等，行动总在一起，相约要始终友好，出处去就相一致。他们两人互相都厌倦世俗生活，一起谋求出家，于是拜珊阇耶为师。舍利子遇到马胜阿罗汉，听闻佛法而悟得圣果，回去后为没特伽罗子尊者重述，尊者听讲后也领悟了佛法，于是证得初果。没特伽罗子和徒弟二百五十人一起到佛陀住所，世尊远远看见，指着他对众人说："那位前来的人，就是我弟子中的神足第一。"没特伽罗子尊者到了佛陀那里，请求加入佛教中，世尊对他说："来得好呀，比丘！清净地修习梵行，就能脱离苦海。"听到这话时，没特伽罗子尊者须发自然脱落了，世俗的衣裳改变了，戒行清静，威仪调顺。过了七天，没特伽罗子尊者烦恼断除，证得了罗汉果，获得了神通力。

〔注释〕

①拘理迦邑：拘理迦，又作拘离迦、俱利迦、俱律陀、拘隶多等，是目连，即没特伽罗子的名号之一。没特伽罗子的故乡用其名字命名，故称拘理迦邑。

②珊阇耶：全称为珊阇耶毗罗胝子，是六师外道之一。

③初果：即预流果，是声闻乘四果中的第一果，为刚脱离凡夫而初入圣道者所得。

二十九、频毗娑罗王迎佛遗迹

没特伽罗子故里东行三四里，有窣堵波，频毗娑罗王迎见佛处。如来初证佛果，知摩揭陀国人心渴仰，受频毗娑罗王请。于朝晨时，着衣持钵，与千比丘左右围绕，皆是着旧螺髻梵志，慕法染衣，前后羽从，入王舍城。时帝释天王变身为摩那婆①，首冠螺髻，左手执金瓶，右手执宝杖，足蹈虚空，离地四指，在大众中前导佛路。时摩揭陀国频毗娑罗王与其国内诸婆罗门、长者、居士百千万众，前后导从，出王舍城奉迎圣众。

〔译文〕

从没特伽罗子故里向东前行三四里，有一座佛塔，是频毗娑罗王迎接佛陀的地方。如来刚刚证得佛果，知道摩揭陀国人心中十分仰慕，便接受了频毗娑罗王的邀请。在一天早晨，穿着袈裟拿着钵，一千比丘在其左右围绕，都是年岁高、盘着螺髻的婆罗门，因仰慕佛法而出家，前后簇拥着，进入王舍城。这时帝释天王变化成少年模样，头上盘成螺髻，左手拿着金瓶，右手拿着宝杖，脚踏空中，离开地面四指高，在大众中为佛陀导引前路。这时，摩揭陀国频毗娑罗王和国内的婆罗门、长者、居士成千上万人，前导后拥，走出王舍城恭迎佛陀圣众。

〔注释〕

①摩那婆：又作摩纳婆，意为儒童、年轻的净行。

三十、迦罗臂拿迦邑及舍利子故里

频毗娑罗王迎佛东南行二十余里，至迦罗臂拿迦邑，中有窣堵波，无忧王之所建也，是尊者舍利子本生故里,并今尚在。傍有窣堵波,尊者于此寂灭,其中则有遗身舍利。

尊者,大婆罗门种,其父高才博识,深鉴精微,凡诸典籍,莫不究习。其妻感梦,具告夫曰:"吾昨宵寐,梦感异人,身披铠甲,手执金刚,摧破诸山,退立一山之下。"夫曰:"梦甚善。汝当生男,达学贯世,摧诸论师,破其宗致,唯不如一人,为作弟子。"果而有娠,母忽聪明,高谈剧论,言无屈滞。尊者年始八岁,名擅四方,其性淳质,其心慈悲,朽坏结缚,成就智慧。与没特伽罗子少而相友,深厌尘俗,未有所归,于是与没特伽罗子于珊阇耶外道所而修习焉。乃相谓曰:"斯非究竟之理,未能穷苦际也。各求明导,先尝甘露,必同其味。"时大阿罗汉马胜执持应器[①],入城乞食。舍利子见其威仪闲雅,即而问曰:"汝师是谁?"曰:"释种太子厌世出家,成等正觉,是我师也。"舍利子曰:"所说何法,可得闻乎?"曰:"我初受教,未达深义。"舍利子曰:"愿说所闻。"马胜乃随宜演说,舍利子闻已,即证初果。遂与其徒二百五十人往诣佛所。世尊遥见,指告众曰:"我弟子中智慧第一。"至已顶礼,愿从佛法。世尊告曰:"善来,比丘!"闻是语时,戒品具足[②]。过半月后,闻佛为长爪梵志说法[③],闻余论而感悟,遂证罗汉之果。其后阿难承佛告寂灭期,展转相语,各怀悲感,舍利子深增恋仰,不忍见佛入般涅槃,遂请世尊,先入寂灭。世尊告曰:"宜知是时。"告谢门人，至本生里，侍者沙弥遍告城邑。未生怨王及其国人莫不风驰，皆悉云会。舍利子广为说法，闻已而去。于后夜分，正意系心，入灭尽定，从定起已而寂焉。

迦罗臂拿迦邑东南四五里，有窣堵波，是尊者舍利子门人入涅槃处。或曰：迦叶波佛在世时，有三拘胝（拘胝者，唐言亿）大阿罗汉同于此地无余寂灭。

[译文]

从频毗娑罗王迎佛处的东南方向前行二十多里，到达迦罗臂拿迦邑，邑中有座佛塔，是无忧王建造的，这是尊者舍利子的出生地，水井现在还存在。旁边有座佛塔，尊者在这里寂灭，塔内有他的遗身舍利。

舍利子尊者是大婆罗门种姓人，他的父亲才能高强，学识渊博，洞察精微，各种典籍，无不深究研习。他妻子做了一个梦，详细告诉丈夫说："我昨天夜里睡着后，梦中遇见一个奇人，身上披着铠甲，手中拿着金刚，摧毁所有的山，退下来站在一座山下。"丈夫说："这个梦十分好。你将生下一个儿子，精通世间各种学问，挫败各派的论师，驳倒他们的观点，唯独不如一个人，只能成为那人的弟子。"他母亲果然怀孕了，忽然变得聪明，高谈阔论，论辩毫无滞碍。舍利子尊者刚八岁时，已经名传四方，他天性淳厚质朴，心地慈悲，断绝了烦恼，成就了智慧。舍利子尊者和没特伽罗子从小就互相友好，深深厌恶世俗生活，还没有找到归宿。于是和没特伽罗子在珊阇耶外道那里修行学习。后来互相说："这不是究竟的真理，不能彻底脱离苦海。我们可各自去寻找英明的导师,谁先品尝了甘露,一定要二人同享。"这时大阿罗汉马胜拿着食钵,进城乞讨。舍利子见他仪态清雅,就上去问他说:"您的老师是谁?"马胜罗汉说:"释迦太子厌倦世俗而出家,证成等正觉,正是我的老师。"舍利子说:"他讲说什么法,我能够听到吗?"马胜说:"我刚刚接受佛陀教导,还没通晓精深的义理。"舍利子说:"希望您谈一谈所听说的道理。"马胜于是根据具体情况演说了一些佛法,舍利子听后,当即证得了初果。于是和门徒二百五十人前往佛陀那里。世尊远远地看见,指着他对众人说:"这是我弟子中的智慧第一。"舍利子到达后顶礼膜拜佛陀,希望奉从佛法。世尊对他说:"来得好呀,比丘!"听到这句话时,舍利子的戒品便具足了。过了半个月,舍利子听到佛陀为长爪梵志说法,旁听后就感悟了,于是证得罗汉果。后来阿难在听佛预告了寂灭日期后,辗转相告,众人都怀着悲伤的感情。舍利子深深地眷恋、景仰佛陀,不忍心见到佛陀入涅槃,就请求世尊,让自己先行寂灭。世尊告诉他说:"你应知道现在正是时机。"舍利子告别门人,回到出生地,侍者沙弥把这一消息遍告城邑。未生怨王和国内的人无不如风一般赶来,汇集到一起。舍利子广泛地为他们说法,众人听讲后离去了。后半夜,舍利子端正心意,集中心力,进入灭尽定,出定之后就在那里寂灭。

迦罗臂拿迦邑东南方向四五里,有一座佛塔,是尊者舍利子的门人入涅槃的地方。有人说:迦叶波佛在世时,有三拘胝(拘胝,唐朝称作亿)大阿罗汉都在这个地方进入无余涅槃。

[注释]

①应器:又名应量器,即比丘乞食时所用的钵盂。

②戒品:戒的种类,如五戒、十善戒。

③长爪梵志:舍利子的舅父。本为外道,后皈依佛教。

三十一、帝释窟

舍利子门人窣堵波东行三十余里,至因陀罗势罗窭诃山(唐言帝释窟)。其山岩谷杳冥,花林蓊郁,岭有两峰,岌然特起。西峰南岩间有大石室,广而不高,昔如来尝于中止。时天帝释以四十二疑事画石请问,佛为演释,其迹犹在。今作此像,拟昔圣仪,入中礼敬者,莫不肃然敬惧。山岭上有过去四佛坐及经行遗迹之所。东峰上有伽蓝,闻诸土俗曰:其中僧众,或于夜分,望见西峰石室佛像前每有灯炬,常为照烛。

〔译文〕

舍利子门人佛塔向东前行三十多里,到达因陀罗势罗窭诃山(唐朝话称作帝释窟)。这座山岩谷幽深,花草树林繁茂郁葱,山岭上有两座高峰,巍然特立。西面山峰之南的岩谷间有个大石室,宽大而不高,从前如来曾在里面住过。当时天帝释把四十二件疑难的事情画在石头上,向佛陀请教,佛陀为他演说解释,遗迹还存在。现在制作了这尊像,模仿从前圣人的仪表,进去行礼致敬的人,无不肃然而心怀敬畏。山岩上有过去四佛打坐和经行的遗迹。东面山峰上有所寺院,听当地人说:寺院中的僧人,有时在半夜里,可以望见西峰石室的佛像前,常常有灯光火炬,照亮佛像。

(一)雁窣堵波

因陀罗势罗窭诃山东峰伽蓝前有窣堵波,谓亘(许
赠反)娑(唐言雁)。昔此伽蓝习玩小乘,小乘渐教也,
故开三净之食,而此伽蓝遵而不坠。其后三净求不时
获。有比丘经行,忽见群雁飞翔,戏言曰:"今日众僧中
食不充,摩诃萨埵宜知是时。"言声未绝,一雁退飞,当
其僧前,投身自殒。比丘见已,具白众僧,闻者悲感,咸
相谓曰:"如来设法,导诱随机。我等守愚,遵行渐教。
大乘者,正理也,宜改先执,务从圣旨。此雁垂诚,诚为
明导,宜旌厚德,传记终古。"于是建窣堵波,式昭遗烈,
以彼死雁瘗其下焉。

〔译文〕

因陀罗势罗窭诃山东峰的寺院前,有一座佛塔,叫作亘娑
(唐朝话称作雁)。从前这所寺院研习小乘佛教,小乘佛教是渐
教,所以允许吃三种净肉,这所寺院遵循这种戒律而不改变。后
来,三种净肉不能按时获得了。有一个比丘正在经行,忽然看到
一群雁在飞翔,就开玩笑说:"今天僧人中午饭不够吃,大菩萨
应该知道这正是时候。"话还没说完,一只雁就飞了回来,当着
僧人面,投地自己撞死。这位比丘看到后,详细地告诉僧人们,
听者悲伤感叹,都互相说:"如来设立法度,根据机缘引导众生,
我辈固守愚昧,遵行渐教。大乘佛教,是真正的道理,我们应改
变从前所执着的习惯,努力遵循佛陀的旨意。这只大雁垂下告
诫,实在是我们英明的导师,应该表彰它的厚德,把它的事迹永

远流传下去。"于是建造佛塔,记载昭示大雁的事迹,把那只死雁埋在塔下面。

(二)鸽伽蓝

因陀罗势罗窭诃山东北行百五六十里,至迦布德迦(唐言鸽)伽蓝。僧徒二百余人,学说一切有部。伽蓝东有窣堵波,无忧王之所建也。昔佛于此为诸大众一宿说法。时有罗者于此林中网捕羽族,经日不获,遂作是言:"我惟薄福,恒为弊事。"来至佛所,扬言唱曰:"今日如来于此说法,令我网捕都无所得,妻孥饥饿,其计安出?"如来告曰:"汝应蕰火,当与汝食。"如来是时化作大鸽,投火而死,罗者持归,妻孥共食。其后重往佛所,如来方便摄化,罗者闻法,悔过自新,舍家修学,便证圣果。因名所建为鸽伽蓝。

〔译文〕

从因陀罗势罗窭诃山向东北方向前行一百五六十里,到达迦布德迦(唐朝话称作鸽)寺院。住有僧徒二百多人,研习说一切有部学说。寺院东面有座佛塔,是无忧王建的。从前佛陀在这里为大众讲了一宿的佛法。当时有个捕鸟人在这个树林中用网捕捉鸟类,一整天一无所获,于是说道:"我的福分浅薄,总做这些下贱的事。"他来到佛陀之处,高声说道:"今天如来在这里说法,使我张网捕鸟什么都没得到,妻子儿女在家挨饿,该怎么办呢?"如来对他说:"你可以先生火,我将会给你食物。"如来这时化作一只大鸽,投身火中而死。捕鸟者将大鸽子带回去,妻子儿女一起食用。后来捕鸟者再度来到佛陀住所,如来因势利导,加以教化,他听闻佛法后,悔过自新,舍弃家庭而修学,就证得了圣果。因此把这里所建造的寺院称为鸽寺。

三十二、孤山观自在像

迦布德迦伽蓝南二三里,至孤山。其山崇峻,树林郁茂,名花清流,被崖缘壑。上多精舍灵庙,颇极剞劂之工。正中精舍有观自在菩萨像,躯量虽小,威神感肃,手执莲华,顶戴佛像。常有数人,断食要心,求见菩萨,七日、二七日,乃至一月,其有感者,见观自在菩萨妙相庄严,威光赫奕,从像中出,慰谕其人。昔南海僧伽罗国王清旦以镜照面,不见其身,乃睹赡部洲摩揭陀国多罗林中小山上有此菩萨像。王深感庆,图以营求。既至此山,实唯肖似,因建精舍,兴诸供养。自后诸王尚想遗风,遂于其侧建立精舍灵庙,香花伎乐供养不绝。

〔译文〕

从迦布德迦寺院往南前行二三里,到达一座孤山。这里崇山峻岭,树林郁葱茂密,名花和清流遍布山崖和沟壑。山上有很多精舍、神庙,极尽人工雕琢之能事。正中间的精舍有座观自在菩萨像,躯干尺寸虽然小,但威严灵验,手拿莲花,头顶上佩着佛像。经常有几个人,绝食而诚心求见菩萨,这样持续七天、十四天,以至一个月,有感应的人,会见到观自在菩萨妙相庄严,威神奕奕,从像中间走出来,安慰、教诲这个人。从前南海僧伽罗国王早晨用镜子照脸,没有看见自己,却看到赡部洲摩揭陀国多罗树林中的小山上有此菩萨像。僧伽罗国王深感庆幸,画了图像前去寻找。到了这座山上,发现此像酷似镜中所见,于是建造精舍,置办各种供养。此后各位国王仰慕遗风,就在旁边建造精舍、神庙,香花和音乐的供养没有断绝过。

三十三、其他佛说法遗迹

孤山观自在菩萨像东南行四十余里,至一伽蓝,僧徒五十余人,并学小乘法教。伽蓝前有大窣堵波,多有灵异,佛昔于此为梵天王等七日说法。其侧则有过去三佛坐及经行遗迹之所。

伽蓝东北行七十余里,殑伽河南,至大聚落,人民殷盛,有数天祠,并穷雕饰。东南不远有大窣堵波,佛昔于此一宿说法。

从此东入山林中,行百余里,至落般腻罗聚落。伽蓝前有大窣堵波,无忧王之所建,佛昔于此三月说法。此北二三里有大池,周三十余里,四色莲花四时开发。

从此东入大山林中,行二百余里,至伊烂拿钵伐多国(中印度境)①。

〔译文〕

从孤山观自在菩萨像往东南方向前行四十多里,到达一所寺院,住着僧徒五十多人,都学习小乘佛教。寺院前有座大佛塔,灵验奇迹颇多,从前佛陀曾在这里为梵天王演说佛法,历时七天。旁边有过去三佛打坐和经行遗迹的场所。

从寺院往东北方向前行七十多里,在殑伽河南岸,到达一个大村落,人口众多,有几座天祠,都极尽雕饰之巧。东南不远处有座大佛塔,佛陀曾在这里说法一宿。

从这里往东进入山林中,行走一百多里,到达落般腻罗村落。寺院前有座大佛塔,是无忧王所建造的,从前佛陀在这里演说过三个月的佛法。在这以北二三里的地方有个大池塘,方圆三十多里,四种颜色的莲花四季开放。

从这里向东进入大山林中,前行二百多里,就到达伊烂拿钵伐多国(在中印度境内)。

〔注释〕

①伊烂拿钵伐多国:简称伊烂拿国,都城在今印度北部的茫吉尔。

卷十 十七国

憍萨罗国

憍萨罗国周六千余里，山岭周境，林薮连接。国大都城周四十余里。土壤膏腴，地利滋盛。邑里相望，人户殷实。其形伟，其色黑。风俗刚猛，人性勇烈，邪正兼信，学艺高明。王，刹帝利也，崇敬佛教，仁慈深远。伽蓝百余所，僧徒减万人，并皆习学大乘法教。天祠七十余所，异道杂居。

〔译文〕

憍萨罗国方圆六千多里，山岭围绕着国境，森林草泽相互连接。该国都城方圆四十多里。土壤肥沃，物产丰富。城乡相望，人口民户多而富饶。人民体形魁梧，肤色黝黑。风俗刚强勇猛，居民性格勇敢暴烈，邪教佛教都信仰，学术技艺高明。憍萨罗国国王是刹帝利种姓，崇敬佛法，极其仁慈。佛教寺院有一百多所，僧徒将近一万人，都研习大乘佛教。天祠有七十多所，外道信徒混杂居住。

一、龙猛与提婆

城南不远有故伽蓝，傍有窣堵波，无忧王之所建也。昔者，如来曾于此处现大神通，摧伏外道。后龙猛菩萨止此伽蓝。时此国王号娑多婆诃（唐言引正），珍敬龙猛，周卫门庐。时提婆菩萨自执师子国来求论义，谓门者曰："幸为通谒。"时门者遂为白。龙猛雅知其名，盛满钵水，命弟子曰："汝持是水，示彼提婆。"提婆见水，默而投针。弟子持钵，怀疑而返。龙猛曰："彼何辞乎？"对曰："默无所说，但投针于水而已。"龙猛曰："智矣哉，若人也！知几其人，察微亚圣，盛德若此，宜速命入。"对曰："何谓也？无言妙辩，斯之是欤？"曰："夫水也者，随器方圆，逐物清浊，弥满无间，澄湛莫测。满而示之，比我学之智周也，彼乃投针，遂穷其极。此非常人，宜速召进。"而龙猛风范懔然肃物，言谈者皆伏抑首。提婆素挹风徽，久希请益，方欲受业，先骋机神，雅惧威严，升堂僻坐，谈玄永日，辞义清高。龙猛曰："后学冠世，妙辩光前，我惟衰耄，遇斯俊彦，诚乃写瓶有寄，传灯不绝，法教弘扬，伊人是赖。幸能前席，雅谈玄奥。"提婆闻命，心独自负，将开义府，先游辩囿，提振辞端，仰视质义。忽睹威颜，忘言杜口，避坐引责，遂请受业。龙猛曰："复坐，今将授子至真妙理，法王诚教。"提婆五体投地，一心归命，曰："而今而后，敢闻命矣。"

[译文]

憍萨罗国都城南面不远处有所旧寺院，旁边有座佛塔，是无忧王所建造的。从前如来曾在这里显现大神通，挫败降伏外道。后来龙猛菩萨居住在这所寺院。当时这个国家的君王号称娑多婆诃（唐朝话称为引正），珍视敬重龙猛菩萨，派人为他警卫门户。这时提婆菩萨从执师子国前来请求和龙猛辩论，对守门人说："烦请为我通报。"当时守门人就为他禀报了。龙猛菩萨原本知道提婆的名声，就盛满了一钵水，命令弟子说："你捧上这钵水，给提婆看一看。"提婆看见水后，默然不语，投进去一根针。弟子捧着钵，满怀疑惑地返回。龙猛说："他说了什么话？"弟子回答："他沉默没有说话，只是把针投进水里而已。"龙猛说："真聪明啊，这个人！这个人了解事情的机微，体察事物的精妙之处仅次于圣人，才德如此地高，应赶紧请他进来。"弟子回答说："这是什么说法？不说话就是精妙的辩论，是这样吗？"龙猛说："水这种物质，随着容器形状而有方圆，依周围物体而有清浊，弥漫空间而没有间隙，清澄深远而无法测定。装满水而给他看，是比喻我学问的博渊周遍。他却投进针，表明已经了解我学问的要旨。这不是一般人，应赶快召进来。"而龙猛的仪态高雅，令人肃然起敬，和他谈话的人都只能低着头。提婆一向敬佩龙猛的美德，早就盼望向他求教，正要接受龙猛的学业时，先显示了机智神妙，但畏惧龙猛的威严，上堂后在偏僻处坐下，整日谈论玄理，言辞与义理都很清纯高雅。龙猛说："你这位后辈学人才学冠于世人，精妙的论辩超越前贤，我在衰老之时，遇上这样的卓越人才，实在是泻瓶有寄，法灯能够不停相传，佛教的弘扬就靠你这样的人了。希望能往前坐一坐，好畅谈玄妙的教义。"提婆听到这段话，心中暗自高兴，将要开讲经论时，先与龙猛论辩，提起话头儿，仰视而质疑。忽然看到龙猛的威严相貌，忘记了内容，无法开口，于是退下座席责备自己，请求指教。龙猛说："请再坐下来。现在将传授给你最高的道理，如来真实的教导。"提婆行五体投地之礼，一心归向于龙猛，说："从今以后，愿听从您的教诲。"

二、龙猛自刎故事

龙猛菩萨善闲药术,餐饵养生,寿年数百,志貌不衰,引正王既得妙药,寿亦数百。王有稚子,谓其母曰:"如我何时得嗣王位?"母曰:"以今观之,未有期也。父王年寿已数百岁,子孙老终者盖亦多矣。斯皆龙猛福力所加,药术所致。菩萨寂灭,王必殂落。夫龙猛菩萨智慧弘远,慈悲深厚,周给群有,身命若遗。汝宜往彼,试从乞头,若遂此志,当果所愿。"王子恭承母命,来至伽蓝,门者惊惧,故得入焉。时龙猛菩萨方赞诵经行,忽见王子,伫而谓曰:"今夕何夕,降迹僧坊,若危若惧,疾驱而至?"对曰:"我承慈母余论,语及行舍之士,以为含生宝命,经语格言,未有轻舍报身,施诸求欲。我慈母曰:'不然。十方善逝、三世如来,在昔发心,逮乎证果,勤求佛道,修习戒忍,或投身饲兽,或割肌救鸽,月光王施婆罗门头①,慈力王饮饿药叉血②,诸若此类,羌难备举。求之先觉,何代无人?'今龙猛菩萨笃斯高志。我有所求,人头为用,招募累岁,未之有舍。欲行暴劫杀,则罪累尤多,虐害无辜,秽德彰显。唯菩萨修习圣道,远期佛果,慈沾有识,惠及无边,轻身若浮,贱身如朽,不违本愿,垂允所求!"龙猛曰:"俞,诚哉是言也!我求佛圣果,我学佛能舍,是身如响,是身如泡,流转四生,去来六趣,宿契弘誓,不违物欲。然王子,有一不可者,其将若何？我身既终,汝父亦丧,顾斯为意,谁能济之?"龙猛徘徊顾视,求所绝命,以干茅叶自刎其颈,若利剑断割,身首异处。王子见已,惊奔而去。门者上白,具陈始末,王闻哀感,果亦命终。

〔译文〕

　　龙猛菩萨精通药术,服食药饵养生,年龄几百岁,容貌毫不衰老。引正王得到龙猛菩萨的妙药后,年龄也有几百岁。引正王有个幼子,对他的母亲说:"像我这样,什么时候能继承王位呢?"母亲说:"从现在看来,还看不到日子。你父王年龄已有几百岁,子孙中老死的也不少了。这都是龙猛的福力所施予,药物法术所导致的。如果龙猛菩萨寂灭,你父王就会跟着去世。龙猛菩萨智慧无边,慈悲深厚,周济众生,以至愿意付出生命。你应前往他那里,试着向他乞讨他的头颅。如果这个要求达到了,你就能实现愿望。"王子恭敬地秉承母亲的命令,来到寺院,守门人感到又惊讶又害怕,王子因此得以入寺。这时龙猛菩萨正在赞诵经行,忽然见到王子,就停下来问道:"今天是什么日子,王子光临本寺,好像危急而畏惧的样子,匆匆忙忙地赶来?"王子回答说:"我听了母亲的话,谈到布施之人,我认为众生都珍爱生命,经典格言中也没有轻易捐弃生命,将其施舍给求取者的话。我的母亲说:'不是这样。十方善逝、三世如来,从前立下心愿,直到证得圣果,要勤勉地追求佛道,修习持戒与忍辱,有时以身体饲喂野兽,有时割截肌肉救赎鸽子,月光王把自己的头施舍给婆罗门,慈力王把自己的血给饥饿的药叉喝,诸如此类,难以一一列举。在先觉中寻求,哪一代没有这样的人?'现在龙猛菩萨就是这样志向高尚的人。我有所求,要用人头,募集了很多年,没有肯施舍的。想要使用暴力劫杀,那样就会罪恶深重,残害无辜,恶行昭著。只有菩萨您修习圣道,期望证得佛果,慈悲沾溉生灵,恩惠普及无边无际,看轻生命有如浮云,贱视身体如朽木,希望您不违背最初的本愿,慈悲答应我的请求!"龙猛说:"是啊,你说得对!我求证佛果,我学习佛陀能够舍身,这个身体如同回音,如同泡影,在四种生态中流转,在六趣中往来,我从前立下宏大誓愿,就是不违背别人的请求。然而王子,有一件事很为难,该怎么办呢?我死之后,你的父亲也会丧命,考虑到这一点,谁能救助他?"龙猛徘徊观看,寻找绝命的方式,最后用干茅叶自刎颈脖,如同用利剑割断,身首异处。王子见到后,惊慌逃奔而离去。守门人将此事报告上去,详细陈说经过。国王听说后哀伤感慨,果然也去世了。

〔注释〕

①月光王:传说中释迦牟尼的前身之一。
②慈力王:传说中释迦牟尼的前身之一。

三、跋逻末罗耆厘山

国西南三百余里至跋逻末罗耆厘山(唐言黑蜂),岌然特起,峰岩峭险,既无崖谷,宛如全石。引正王为龙猛菩萨凿此山中,建立伽蓝。去山十数里,凿开孔道,当其山下,仰凿疏石。其中则长廊步檐,崇台重阁。阁有五层,层有四院,并建精舍,各铸金像,量等佛身,妙穷工思。自余庄严,唯饰金宝。从山高峰临注飞泉,周流重阁，交带廊庑，疏寮外穴，明烛中宇。初，引正王建此伽蓝也，人力疲竭，府库空虚，功犹未半，心甚忧戚。龙猛谓曰："大王何故若有忧负？"王曰："辄运大心，敢树胜福，期之永固，待至慈氏。功绩未成，财用已竭，每怀此恨，坐而待旦。"龙猛曰："勿忧。崇福胜善，其利不穷，有兴弘愿，无忧不济。今日还宫，当极欢乐，后晨出游，历览山野，已而至此，平议营建。"王既受诲，奉以周旋。龙猛菩萨以神妙药，滴诸大石，并变为金。王游见金，心口相贺，回驾至龙猛所曰："今日畋游，神鬼所惑，山林之中，时见金聚。"龙猛曰："非鬼惑也，至诚所感，故有此金。宜时取用，济成胜业。"遂以营建，功毕有余。于是五层之中，各铸四大金像，余尚盈积，充诸帑藏。招集千僧，居中礼诵。龙猛菩萨以释迦佛所宣教法及诸菩萨所演述论，鸠集部别，藏在其中。故上第一层惟置佛像及诸经论，下第五层居止净人、资产、什物，中间三层僧徒所舍。闻诸先志曰：引正王营建已毕，计工人所食盐价，用九拘胝（拘胝者，唐言亿）金钱。其后僧徒忿净，就王平议。时诸净人更相谓曰："僧徒净起，言议相乖，凶人伺隙，毁坏伽蓝。"于是重关反拒，以摈僧徒。自尔以来，无复僧众。远瞩山岩，莫知门径。时引善医方者入中疗疾，蒙面入出，不识其路。

从此大林中南行九百余里，至案达罗国（南印度境）①。

〔译文〕

从憍萨罗国向西南方向前行三百多里，到达跋逻末罗耆厘山(唐朝话称为黑蜂)，山峰巍然特立，峰岩陡峭险峻，没有山谷，如同完整的巨石。引正王为龙猛菩萨开凿这座山，建立寺院。离山十多里的地方，开凿通道，在山脚下，向上凿开石头。里面有长廊步檐，高台楼阁。楼阁共五层，每层四个院落，都建有精舍，每个精舍中都铸有佛陀金像，尺寸等同于佛身，穷尽了工艺构思。其余的装饰，都只用黄金珠宝。从山的顶峰，泉水飞注而下，环绕楼阁周围，交错于长廊楼阁之间，疏朗的窗户开向洞外，明亮的光线照耀屋宇。当初，引正王建立这所寺院时，人力疲惫，府库积蓄用尽，工程还不到一半，心中十分忧愁。龙猛问他说："大王为什么好像很忧虑？"引正王说："我发下宏大心愿，想树立福德，期望永世坚固，等待慈氏菩萨降临。现在工程还未完成，财产已经用光，每每想到这件憾事就睡不着，坐着等待天明。"龙猛说："大王不用担忧。树立大福大善，利益无穷，只要立下宏愿，就不要忧愁不能解决。今天回宫后，大王当尽情欢乐。明天早晨出游，遍览山野，然后再到这里，我们商议营建寺院的事情。"引正王接受教诲后，照着去办。龙猛菩萨运用神妙的药物，滴在山中的那些大石头上，将它们全部变成了金子。引正王出游见到金子，心里高兴，口中称贺，返回龙猛住所，说："今天打猎出游，为鬼神所迷惑，在山林中，时时见到黄金堆聚。"龙猛说："这不是鬼神迷惑，是大王至诚所感动，所以有这些金子。应该及时取用，以完成建设大业。"于是引正王用这些黄金营建寺院，工程完成后还有剩余的。就在五层楼阁中，各铸四座大金像，还有多余的黄金，便储存在府库中。引正王召集一千名僧人,住在里面礼佛诵经。龙猛菩萨把释迦佛所宣讲的佛法以及各位菩萨演述的论著,聚集到一起分门别类,收藏在寺院中。所以五层楼阁中上面第一层只放置佛像和各种经论,下面第五层居住净人,存储财产、杂物,中间三层为僧徒所居住。据古代典籍记载:引正王营建寺院完毕,计算工匠吃盐的价钱,用去了九拘胝(拘胝,唐朝话称作亿)金钱。后来僧徒发生争吵,到引正王那里去评论是非。这时净人们互相说:"僧徒发生争吵,议论相互矛盾。恶人趁这个机会,会毁坏寺院。"于是反锁层层大门,屏退僧徒。从那以后,这里不再有僧人居住。远望山岩,不知道门径。净人有时带着擅长医术的人进入寺内治病,蒙着脸进出,医生因此也不认识道路。

从大树林中向南前行九百多里,到达案达罗国(在南印度境内)。

〔注释〕

①案达罗国:又作安陀罗,在今印度哥达瓦尔河流域。

卷十一　二十三国

僧伽罗国

　　僧伽罗国周七千余里,国大都城周四十余里。土地沃壤,气序温暑,稼穑时播,花果具繁。人户殷盛,家产富饶。其形卑黑,其性犷烈。好学尚德,崇善勤福。

〔译文〕

　　僧伽罗国方圆七千多里,国家的都城方圆四十多里。土壤肥沃,气候炎热,庄稼适时播种,花果具足繁茂。人口户数众多,家庭殷实富裕。居民身体矮小,肤色黝黑,性格粗犷刚烈。喜爱学习,崇尚德行和善举,勤植福德。

一、执师子传说

　　此国本宝渚也,多有珍宝,栖止鬼神。其后南印度有一国王,女娉邻国,吉日送归,路逢师子,侍卫之徒弃女逃难,女在舆中,心甘丧命。时师子王负女而去,入深山,处幽谷,捕鹿采果,以时资给。既积岁月,遂孕男女,形貌同人,性种畜也。男渐长大,力格猛兽。年方弱冠,人智斯发,谓其母曰:"我何谓乎?父则野兽,母乃是人,既非族类,如何配偶?"母乃述昔事以告其子。子曰："人畜殊途，宜速逃逝。"母曰："我先已逃，不能自济。"其子于后逐师子父，登山逾岭，察其游止，可以逃难。伺父去已，遂担负母妹，下趋人里。母曰："宜各慎密，勿说事源，人或知闻，轻鄙我等。"于是至父本国，国非家族，宗祀已灭。投寄邑人，人谓之曰："尔曹何国人也？"曰："我本此国，流离异域，子母相携，来归故里。"人皆哀愍，更共资给。其师子王还无所见，追恋男女，愤恚既发，便出山谷，往来村邑，咆哮震吼，暴害人物，残毒生类，邑人辄出，遂取而杀。击鼓吹贝，负弩持矛，群从成旅，然后免害。其王惧仁化之不洽也，乃纵猎者，期于擒获。王躬率四兵，众以万计，掩薄林薮，弥跨山谷。师子震吼，人畜辟易。既不擒获，寻复招募，其有擒执师子除国患者，当酬重赏，式旌茂绩。其子闻王之令，乃谓母曰："饥寒已甚，宜可应募，或有所得，以相抚育。"母曰："言不可若是！彼虽畜也，犹谓父焉，岂以艰辛，而兴逆害？"子曰："人畜异类，礼义安在？既以违阻，此心何冀？"乃袖小刀，出应招募。是时千众万骑，云屯雾合，师子踞在林中，人莫敢近。子即其前，父遂驯伏，于是乎亲爱忘怒，乃剚刃于腹中①，尚怀慈爱，犹无忿毒，乃至刳腹，含苦而死。王曰："斯何人哉，若此之异也？"诱之以福利，震之以威祸，然后具陈始末，备述情事。王曰："逆哉！父而尚害，况非亲乎？畜种难驯，凶情易动。除民之害，其功大矣；断父之命，其心逆矣。重赏以酬其功,远放以诛其逆,则国典不亏,王言不贰。"于是装二大船,多储粮糗②。母留在国,周给赏功,子女各从一舟,随波飘荡。其男船泛海至此宝渚,见丰珍玉,便于中止。其后商人采宝,复至渚中,乃杀其商主,留其子女。如是繁息,子孙众多,遂立君臣,以位上下,建都筑邑,据有疆域。以其先祖擒执师子,因举元功,而为国号。其女船者,泛至波剌斯西,神鬼所魅,产育群女,故今西大女国是也。故师子国人形貌卑黑,方颐大颡,情性犷烈,安忍鸩毒,斯亦猛兽遗种,故其人多勇健。斯一说也。

〔译文〕

　　僧伽罗国原本是个宝岛,有很多珍宝,居住着各种鬼神。后来南印度有一个国王,把女儿许配给邻国,选定吉日出嫁时,路上遇到了一头狮子,侍卫们抛下王女逃难。王女坐在车中,甘心丧命。当时狮子王背负着王女而去,进入深山,把她安置在幽深的谷地,捕捉野鹿,采摘树果,按时供给各种饮食。过了几年,王女便生下一男一女,形体相貌与人一样,性情却同于野兽。男孩逐渐长大,力量能格杀猛兽。年到二十,人的智慧才开始萌发,问他的母亲说:"我是什么呢? 父亲是野兽,母亲却是人。既然不是同类,你们为什么婚配?"他的母亲就追述旧事而告诉了儿子,儿子说:"人和牲畜不同类,我们应该赶快逃走。"母亲说:"我先前已经逃过,没能成功。"儿子于是在后面跟随狮子父亲,翻山越岭,观察它的活动,以便今后逃难。有一天等到狮子父亲走远了,男子就背着母亲和妹妹,下山跑到人类居住的村子。母亲说:"应该各自谨慎保密,不要说出事情的根源。人们如果得知，会轻视我们。"于是女子回到了父王所在的国家，国家已不是本家族统治，宗族已灭绝。他们投奔乡间居民，人们问他们说："你们是哪个国家的人？"女子说："我本来是这个国家的人，流落到了外国。现在子母相携，回到故乡。"人们都可怜他们，更相资助供给。那个狮子王回来后没见人，追恋儿女，大发愤怒怨恨，就跑出了山谷，来往于村镇，咆哮怒吼，残暴地伤害人群，残杀各种生灵。人们一出门，就被扑过去杀死。人们只有击鼓吹贝，拿着弓弩长矛，成群结队出行，才能免遭伤害。国王担心社会不能安宁，就派遣猎人，期望能够擒获狮子。国王亲自率领四种兵卒，数以万计，掩袭森林水泽，布满山谷。狮子大声吼叫，人畜都吓得避开。由于不能擒获，国王便又招募勇士，下令有擒住狮子为国家除去患难的，当给予重赏，表彰他伟大的功绩。狮子的儿子听到国王的命令后，就对母亲说："我们饥寒交迫，我应该响应招募，如果得到赏赐，可以抚养母亲和养育妹妹。"母亲说："话不可这样说，它虽是牲畜，仍然是你的父亲。怎么能够因为艰辛，就做出大逆不道之事而加以杀害呢？"儿子说："人和野兽不同类，礼义在哪里？现在已经与它分离了，心里还期望什么？"于是在衣袖中暗藏小刀，出去响应招募。这时国王的军队千军万马，如云雾般集合。狮子蹲踞在树林中，没有人敢去接近。儿子当即上前，他的狮子父亲就驯服了，它只顾亲爱自己的儿子而忘记了发怒，儿子于是将刀刺向它腹中，狮子还怀着慈爱，没有愤恨伤害之意，以至于被剖腹，含着痛苦而死去。国王说："这是什么人，竟如此奇异？"国王以利益加以引诱，以祸难加以震慑，男子于是陈说了事情始末，把全部事情都告诉了国王。国王说："大逆不道啊！对父亲尚且伤害，对待那些不是亲属的人更会是如何呢？牲畜难以驯服，凶恶的性情容易冲动。

除去民众的祸害,功绩巨大;断绝父亲的性命,心地却是悖逆的。我要重赏以报答他的功绩,远远地流放以惩罚他的大逆不道,这样既不损伤国法,又不食言。"于是装备两条大船,储存了很多粮食。将母亲留在国中,多方周给以为赏赐。儿子和女儿各乘一条船,随波逐流而去。儿子的船从海上漂流到了这座宝岛,见到丰盛的珍珠宝玉,就停留下来。后来有商人采集宝货,又来到这座岛上,儿子便杀了商主,留下他们的子女。像这样世代繁衍,子孙众多,于是设立君臣,以分别上下尊卑,建设国都,建筑城市,占有疆土。因为他们的先祖擒获过狮子,便举此开国之功而作为国号。女儿所乘的船,从海上漂到波剌斯西面,受鬼神迷惑,生下一群女儿,就是现在的西大女国。所以狮子国的人身材矮小而肤色黝黑,方面大额,性情粗犷暴烈,残忍毒辣,这也是因为他们是猛兽后代的缘故,所以这个国家的人大多勇敢健壮。这是一种说法。

〔注释〕

①剚(zì):用刀刺进去。

②糗(qiǔ):干粮。

二、僧伽罗传说

佛法所记则曰①:昔此宝洲大铁城中,五百罗刹女之所居也②。城楼之上竖二高幢,表吉凶之相,有吉事吉幢动,有凶事凶幢动。恒伺商人至宝洲者,便变为美女,持香花,奏音乐,出迎慰问,诱入铁城,乐谦会已,而置铁牢中,渐取食之。时赡部洲有大商主僧伽者,其子字僧伽罗。父既年老，代知家务，与五百商人入海采宝，风波飘荡，遇至宝洲。时罗刹女望吉幢动，便赍香花，鼓奏音乐，相携迎候，诱入铁城。商主于是对罗刹女王欢娱乐会，自余商侣，各相配合，弥历岁时，皆生一子。诸罗刹女情疏故人，欲幽之铁牢，更伺商侣。时僧伽罗夜感恶梦，知非吉祥，窃求归路，遇至铁牢，乃闻悲号之声。遂升高树，问曰："谁相拘絷，而此怨伤？"曰："尔不知耶？城中诸女，并是罗刹，昔诱我曹入城娱乐。君既将至，幽牢我曹，渐充所食，今已太半，君等不久亦遭此祸。"僧伽罗曰："当图何计，可免危难？"对曰："我闻海滨有一天马，至诚祈请，必相济渡。"僧伽罗闻已，窃告商侣，共往海滨，专精求救。是时天马来告人曰："尔辈各执我毛鬣，不回顾者，我济汝曹，越海免难，至赡部洲，吉达乡国。"诸商人奉指告，专一无贰，执其髦鬣。天马乃腾骧云路，越济海岸。诸罗刹女忽觉夫逃，遂相告语，异其所去，各携稚子凌虚往来。知诸商人将出海滨，遂相召命，飞行远访。尝未逾时，遇诸商侣，悲喜俱至，涕泪交流，各掩泣而言曰："我惟感遇，幸会良人，室家有庆，恩爱已久，而今远弃，妻子孤遗，悠悠此心，谁其能忍？幸愿留顾，相与还城。"商人之心未肯回虑，诸罗刹女策说无功，遂纵妖媚，备行娇惑。商侣爱恋，情难堪忍，心疑去留，身皆退堕。罗刹诸女更相拜贺，与彼商人携持而去。僧伽罗者，智慧深固，心无滞累，得越大海，免斯危难。

时罗刹女王空还铁城，诸女谓曰："汝无智略，为夫所弃，既寡艺能，宜勿居此。"时罗刹女王持所生子，飞至僧伽罗前，纵极媚惑，诱请令还。僧伽罗口诵神咒，手挥利剑，叱而告曰："汝是罗刹，我乃是人，人鬼异路，非其匹合。若苦相逼，当断汝命。"罗刹女知诱惑之不遂也，凌虚而去，至僧伽罗家，谓其父僧伽曰："我是某国王女，僧伽娶我为妻，生一子矣，赍持宝货，来还乡国。泛海遭风，舟楫漂没，惟我子母及僧伽罗，仅而获济。山川道阻，冻馁艰辛，一言忤意，遂见弃遗，詈言不逊，骂为罗刹。归则家国辽远，止则孤遗羁旅。进退无依，敢陈情事。"僧伽曰："诚如所言，宜时即入室。"居未久，僧伽罗至。父谓之曰："何重财宝，而轻妻子？"僧伽罗曰："此罗刹女也。"则以先事具白父母，而亲宗戚属咸事驱逐。时罗刹女遂以诉王，王欲罪僧伽罗。僧伽罗曰："罗刹之女，情多妖惑。"王以为不诚也，而情悦其淑美，谓僧伽罗曰："必弃此女，今留后宫。"僧伽罗曰："恐为灾祸。斯既罗刹，食唯血肉。"王不听僧伽罗之言，遂纳为妻。其后夜分，飞还宝渚，召余五百罗刹鬼女共至王宫，以毒咒术残害宫中，凡诸人畜，食肉饮血，持其余尸，还归宝渚。

旦日群臣朝集，王门闭而不开，候听久之，不闻人语。于是排其户，辟其门，相从趋进，遂至宫庭，阒其无人，惟有骸骨。群官僚佐相顾失图，悲号恸哭，莫测祸源。僧伽罗具告始末，臣庶信然，祸自招矣。于是国辅、老臣、群官、宿将，历问明德，推据崇高，咸仰僧伽罗之福智也，乃相议曰："夫君人者，岂苟且哉？先资福智，次体明哲，非福智无以享宝位，非明哲何以理机务？僧伽罗者，斯其人矣。梦察祸机，感应天马，忠以谏主，智足谋身。历运在兹，惟新成咏。"众庶乐推，尊立为王。僧伽罗辞不获免，允执其中，恭揖群官，遂即王位。于是沿革前弊，表式贤良。乃下令曰："吾先商侣在罗刹国，死生莫测，善恶不分。今将救难，宜整兵甲，拯危恤患，国之福也；收珍藏宝，国之利也。"于是治兵，浮海而往。时铁城上凶幢遂动，诸罗刹女睹而惶怖，便纵妖媚，出迎诱诳。王素知其诈，令诸兵士口诵神咒，身奋武威。诸罗刹女踬坠退败，或逃隐孤岛，或沉溺洪流。于是毁铁城，破铁牢，救得商人，多获珍宝。招募黎庶，迁居宝洲，建都筑邑，遂有国焉。因以王名而为国号。僧伽罗者，即释迦如来本生之事也。

[译文]

　　佛教典籍的记载则是这样说：从前这个宝岛的大铁城中，居住着五百个罗刹女。城楼上竖着两面高大的旗帜，显示吉凶的征兆。有吉事出现吉幢就会飘动，有凶事出现凶幢就会飘动。罗刹女在侦察到商人来到宝洲时，就变化为美女，拿着香花，奏着音乐，出来迎接慰问，引诱商人进入铁城。在欢乐宴饮之后，把他们关进铁牢中,慢慢地取出来食用。这时赡部洲有个大商主,名叫僧伽,他的儿子叫僧伽罗。父亲年老之后,儿子代管家中事务,和五百个商人入海采集珍宝,在风浪中漂泊,来到了宝洲。这时罗刹女望见吉幢飘动,就拿着鲜花,吹奏音乐,相率出来迎接等候,引诱这些商人进入铁城。商主于是和罗刹女王欢乐相会,其余的商人,也各自和罗刹女相配,过了一年,都生下一个儿子。这些罗刹女对旧情人的感情逐渐疏远,想把他们囚禁到铁牢中,再等待别的商人。这时僧伽罗夜晚做了一个噩梦,知道不吉祥,暗自寻找回去的路,碰巧到了铁牢,就听到悲痛号哭的声音。他爬上高大的树木,问道:"是谁囚禁你们,而如此地怨恨悲伤?"被囚禁的商人回答说:"你不知道吗?城中的那些女子,都是罗刹鬼怪,从前引诱我们进入城内娱乐。你们将要到来时,就把我们囚禁起来,不断地充当她们的食物,现在已经吃了一大半,你们不久也要遭受这种祸患。"僧伽罗说:"该想什么办法,才可避免这种危难?"对方回答说:"我听说海边有一匹天马,如果真诚地祈求,必定会帮助你们渡过难关。"僧伽罗听说后,暗中告诉商人们,共同前往海滨,专心精诚地求救。这时天马飞来告诉商人们说:"你们各自抓住我的鬃毛,不要回头张望,我来救助你们,越过海洋避免祸难,到达赡部洲,平安地回到故乡。"商人们听从天马的吩咐,专心致志,抓住天马的鬃毛。天马于是飞身腾入云端,向海岸飞去。罗刹女们忽然察觉丈夫逃跑,相互告诉,惊异于他们的离去,各自携带幼小的孩子凌空来往寻找。知道商人们将要离开海滨,这些罗刹女就互相召唤,飞奔着来寻找。还没过多长时间,就赶上了商人,罗刹女们悲喜交集,鼻涕眼泪一起流,各自掩面哭泣着说:"我是因缘巧遇所感应,幸运地遇上夫君,家庭幸福,恩爱已久,现在你们却远远地抛弃我们，让妻子小儿孤单地留在这里，悠悠悲愁，谁能忍心如此？希望夫君留下来，一起回到城中。"商人的心意不肯回转，罗刹女们见劝说无效，就施展妖冶媚术，极尽诱惑之能事。有些商人心生爱意，情欲难以控制，心中怀疑着去留，就从天马身上坠落下来。罗刹女们互相礼拜庆贺，和那些商人相携而去。只有僧伽罗智慧深固，心中没有牵挂，得以越过大海，免除了这场危难。

这时罗刹女王独自一人空手回到铁城，众多罗刹女对她说："你没有智谋，被丈夫抛弃，既然缺乏能力，不应该再住在这里。"这时罗刹女王就带着所生的儿子，飞到僧伽罗面前，用尽媚术诱惑，诱使他回去。僧伽罗口中诵起神咒，手里挥动利剑，呵斥她说："你是罗刹，我是人。人和鬼不同类，不可以匹配结合。你若苦苦相逼，我将断绝你的性命。"罗刹女知道诱惑不能成功，凌空而去，来到僧伽罗的家，对他的父亲僧伽说："我是某国国王的女儿，僧伽罗娶我为妻，已生下一个儿子。他带着宝货，返回故国，渡海时遭遇风暴，船只沉没。只有我们母子和僧伽罗，勉强得以生还。山川阻隔，历尽饥寒艰辛，却因为一句话不称他的心，就被遗弃了。僧伽罗出言不逊，骂我是罗刹。现在我若返回故国则路途遥远，留在这里又孤身一人带着孩子流落他乡。进退都无所依靠，所以斗胆向你禀报事情的经过！"僧伽说："果真如你所言，应该马上住进来。"住下不久，僧伽罗就到家了。父亲问他说："你为什么看重财宝，而轻视妻子儿女？"僧伽罗说："这是个罗刹女。"就把先前的事全部禀告父母，他的亲属本族也都一起驱逐罗刹女。这时罗刹女就去国王那里控告，国王想加罪于僧伽罗，僧伽罗说："罗刹女子虚情假意，惯用妖术迷惑人。"国王认为僧伽罗所言不真实，而心中喜爱罗刹女的美貌，就对僧伽罗说："你一定要抛弃这个女子的话，就留她在后宫。"僧伽罗说："我担心她将造成灾祸。她既是罗刹，就只能喝血吃肉。"国王不听僧伽罗的话，娶罗刹女为妻。后来的一天半夜里，罗刹女飞回宝岛，召集其余的五百罗刹鬼女一起来到王宫中，用毒咒法术残害宫中的生灵，凡是人畜就吃其肉而喝其血，还带着其余的尸体，回到宝岛上。

第二天早晨，群臣上朝集会，王宫大门紧闭不开，等待倾听了很久，没听到有人说话。于是群臣打开窗户，推开大门，跟随着一起跑进去，到了内宫庭院，静静地空无一人，只看见残留的骨骸。群臣僚属互相看着，不知怎么办好，悲痛地哭泣，不知道祸患从何而起。僧伽罗详细地告诉大家事情的始末，大臣百姓们都相信，祸患是国王自己招致的。这时国家的宰辅、旧臣属、众官员、老将领都遍访贤明有德之人，推举德行高尚的人来继承国家王位，他们都敬仰僧伽罗的福德智慧，就互相议论说："统治民众的人，岂可随随便便？先要有福德智慧，其次要通晓事理。没有福德智慧便无法享有王位，不明察事理如何能处理机要事务？僧伽罗，就是这样的人。他梦中察觉到祸患的征兆，感应了天马，忠诚地规劝国君，智谋足以保全自身。国家的命运在此，新的朝廷值得歌颂。"众官百姓都乐于推举，尊立僧伽罗为国王。僧伽罗无法推辞，只好中道行事，恭敬从命，向群官作揖，登上王位。于是僧伽罗革除前朝弊政，表彰贤良之士。随之下令说："我先前的商人们在罗刹国中，是死是生还不知道，是善是恶还不清楚。现在将要救援他们脱离危难，应该整顿军队。拯救受难同胞，是国家的福祉；收集珍珠宝货，是国家的利益。"于是僧伽罗整顿军队，浮海前往宝岛。这时铁城上的凶幢飘动，罗刹女们看到后惶恐不安，便施展妖法媚术，出城迎接，引诱诳骗。僧伽罗王一向知道她们的奸诈，就下令兵士口诵神咒，奋身冲杀，施展武威。罗刹女们跌倒败退，有的逃到孤岛上躲起来，有的淹死在汪洋大海中。僧伽罗王于是毁坏铁城，打破铁牢，救出商人，得到很多的珠宝。随后招募黎民百姓，迁居到宝岛上，建设都城，建筑城镇，便有了这个国家。因此用僧伽罗王的名字来作为国号。这位僧伽罗的事情，就是释迦如来本生的故事。

〔注释〕

①佛法所记：佛典中的记载。僧伽罗建国传说，佛典之中最早是巴利文《本生经》里的《云马本生》。

②罗刹女：吃人的鬼女，相貌绝美。罗刹为恶鬼的总称，男称罗刹婆、罗叉婆等，女称罗刹私。

三、佛教二部

僧伽罗国先时惟宗淫祀。佛去世后第一百年，无忧王弟摩醯因陀罗舍离欲爱，志求圣果，得六神通，具八解脱，足步虚空，来游此国，弘宣正法，流布遗教。自兹已降，风俗淳信。伽蓝数百所，僧徒二万余人，遵行大乘上座部法。佛教至后二百余年，各擅专门，分成二部：一曰摩诃毗诃罗住部①，斥大乘，习小教。二曰阿跋耶祇厘住部②，学兼二乘，弘演三藏。僧徒乃戒行贞洁，定慧凝明，仪范可师，济济如也。

〔译文〕

僧伽罗国从前只信奉邪教。在佛陀去世后第一百年间，无忧王的弟弟摩醯因陀罗抛舍世俗的物欲情爱,志在求取圣果,获得六神通,具备八解脱,脚踏虚空,游历到这个国家,弘扬宣讲佛法,传布佛陀教义。从此之后,僧伽罗国风俗淳厚信实。佛教寺院有几百所,僧徒二万多人,遵循大乘佛教的上座部理论。佛教传到这里二百多年后,僧人们各擅专长,分成两部。一部称摩诃毗诃罗住部,排斥大乘,传习小乘。第二部称阿跋耶祇厘住部,兼学大乘与小乘,弘传演习佛教三藏。僧徒戒行贞洁,专心修习定慧之学,仪表风范可作师表,这样的僧徒甚多。

〔注释〕

①摩诃毗诃罗住部:意译为大寺住部。大寺在僧伽罗国都城之南,是该国佛教中心。由于上座部的一个分支以此寺为本部,所以这一部派以"大寺"为名。相传公元前三世纪由阿育王之子摩哂陀长老所创建。公元前一世纪顷,佛教僧团发生分裂,主张摩哂陀长老正统之僧团称大寺派,另一派则称无畏山寺派。大寺派坚持上座部教义与仪轨,传入今之缅甸、泰国、柬埔寨、老挝等国,被奉为上座部佛教之正统。公元一一六五年,锡兰王波洛卡摩婆诃一世定大寺派为国教,至十六世纪渐趋衰微。

②阿跋耶祇厘住部:意译为无畏山住部。无畏山在僧伽罗国都城北,是上座部一个分支的本部,因此作为部派名号。

四、佛牙精舍

王宫侧有佛牙精舍,高数百尺,莹以珍珠,饰之奇宝。精舍上建表柱,置钵县摩罗伽大宝①,宝光赫奕联晖,照曜昼夜,远望烂若明星。王以佛牙日三灌洗,香水香末,或灌或焚,务极珍奇,式修供养。

　　僧伽罗国王宫旁边有座佛牙精舍,高几百尺,镶嵌着珍珠,装饰着奇宝。精舍上建有表柱,放置着钵昙摩罗伽大宝石,宝石熠熠生辉,与太阳相互辉映,日夜照耀,远远望去如明星般灿烂。国王把佛牙每天清洗三次,有时用香水浇洗,有时则焚烧香末,都务必用尽珍奇,恭敬地供养。

〔注释〕

　　①钵昙摩罗伽:钵昙摩意为红莲花,罗伽意为颜色,二者合起来为宝石的名称。

五、俯首佛像传说

　　佛牙精舍侧有小精舍,亦以众宝而为莹饰。中有金佛像,此国先王等身而铸,肉髻则贵宝饰焉。其后有盗伺欲窃取,而重门周槛,卫守清切。盗乃凿通孔道,入精舍而穴之,遂欲取宝,像渐高远。其盗既不果求,退而叹曰:"如来在昔修菩萨行,起广大心,发弘誓愿,上自身命,下至国城,悲愍四生,周给一切。今者,如何遗像吝宝?静言于此①,不明昔行。"佛乃俯首而授宝焉。是盗得已,寻持货卖,人或见者,咸谓之曰:"此宝乃先王金佛像顶髻宝也,尔从何获,来此鬻卖?"遂擒以白王。王问所从得,盗曰:"佛自与我,我非盗也。"王以为不诚,命使观验,像犹俯首。王睹圣灵,信心淳固,不罪其人,重赎其宝,庄严像髻,重置顶焉。像因俯首,以至于今。

〔译文〕

　　佛牙精舍旁有座小精舍,也用众多宝物加以装饰。其中有座金佛像,是这个国家前代君王根据自己的身高铸造,肉髻用贵重的宝石装饰。后来有个盗贼伺机想盗窃宝石,而门户重重,栅栏环绕,守卫严密。盗贼于是凿挖地道,进入精舍中,正要盗取宝石,佛像渐渐升高。盗贼盗宝不成,退下来叹息说:"如来从前修菩萨行,生起广大心,发下宏大誓愿,上自身家性命,下至国家城邑,悲悯一切众生,周济一切东西。现在为什么他的遗像都吝啬宝物? 在这里仔细地思量,真是不明白他从前的作为。"佛像于是低下头来,把宝石给了盗贼。这个盗贼得到宝石,拿去卖掉。有人见到后,对他说:"这宝石是先代君主金佛像头顶肉髻上的宝物,你是从哪里得到的,到这里来贩卖?"就擒拿了他去禀报国王。国王问盗贼从何处得到的宝物,盗贼说:"佛自己给我的,不是我偷的。"国王认为他不诚实,派人去察看,佛像还低着头。国王看到这一灵验,对佛教的信心更加醇正坚固,不加罪于这个人,用重金赎回宝石,装饰佛像肉髻,重新放回头顶。佛像因此俯下脑袋,直到现在。

〔注释〕

　　①静言:安静地,仔细地,言为词缀。出自《诗经·邶风·柏舟》:"静言思之,不能奋飞。"后世用以形容思考的样子。

六、斋僧及采宝

　　王宫侧建大厨,日营万八千僧食。食时既至,僧徒持钵受馔,既得食已,各还其居。自佛教流被,建斯供养,子孙承统,继业至今。十数年来,国中政乱,未有定主,乃废斯业。

国滨海隅,地产珍宝,王亲祠祭,神呈奇货。都人士子,往来求采,称其福报,所获不同。随得珠玑,赋税有科。

〔译文〕

僧伽罗国王宫旁边建有一个大厨房,每天可以制作一万八千僧人的斋食。一到吃饭时间,僧徒拿着饭钵接受食物,得到食物后,各自回到住处。自从佛教流传到这里,设立这种供养,子孙继承传统,继续善业直到现在。最近十几年来,国中政事繁乱,没有固定的君王,就荒废了这一事业。

僧伽罗国国家靠近海边,国家出产珍珠宝贝,国王亲自祭祀,神灵献出奇货。城中的各种人士,来往寻求采宝,随着各人的福德不同,获取的多少各有不同。根据所得的珠宝多少,科取相应的赋税。

七、骏迦山与那罗稽罗洲

国东南隅有骏(勒邓反)迦山[①],岩谷幽峻,神鬼游舍,在昔如来于此说《骏迦经》(旧曰《楞伽经》,讹也)。

国南浮海数千里,至那罗稽罗洲[②]。洲人卑小,长余三尺,人身鸟喙。既无谷稼,唯食椰子。

那罗稽罗洲西浮海数千里,孤岛东崖有石佛像,高百余尺,东面坐,以月爱珠为肉髻[③]。月将回照,水即悬流,滂霈崖岭,临注溪壑。时有商侣,遭风飘浪,随波泛滥，遂至孤岛。海咸不可以饮，渴乏者久之。是时月十五日也，像顶流水，众皆获济。以为至诚所感，灵圣拯之，于即留停，遂经数日。每月隐高岩，其水不流。时商主曰："未必为济我曹而流水也。尝闻月爱珠月光照即水流注耳，将非佛像顶上有此宝耶？"遂登崖而视之，乃以月爱珠为像肉髻。当见其人④，说其始末。

国西浮海数千里，至大宝洲，无人居止，唯神栖宅。静夜遥望，光烛山水。商人往之者多矣，咸无所得。

自达罗毗荼国北入林野中，历孤城，过小邑，凶人结党，作害羁旅。行二千余里，至恭建那补罗国（南印度境）⑤。

[译文]

僧伽罗国的东南角有座骏迦山，山谷幽深高峻，鬼神在这里游玩居住，从前如来曾在这里讲说《骏迦经》（过去称《楞伽经》，错了）。

僧伽罗国向南航海几千里，到达那罗稽罗洲。这个洲上的人身材矮小，长三尺多，长着人的身体，鸟的嘴巴。岛上因为没有庄稼，就只吃椰子。

那罗稽罗洲向西航海几千里，在一座孤岛的东面山崖上有座石佛像，高一百多尺，面向东而坐，以月爱珠作为肉髻。月亮将要回照的时候，山泉就如瀑布般奔流，猛烈地冲击悬崖山岭，注满溪谷沟壑。当时有一群商人，遭遇到风暴，随着海浪漂流，就到了这座孤岛上。海水咸不可以饮用，口渴了很长时间。这时是某月的十五日，佛像头顶流出水来，众人都获得救助。他们认为是至诚的感应，神灵才拯救他们，于是就停留下来，又住了些时日。每当月亮隐入高岩之后，水就不流了。这时商主说："恐怕不是为了拯救我们而流出泉水。我曾听说过月爱珠在月光照耀时就有泉水流出。该不是佛像顶上有这种珠宝吧？"于是登上山崖观看，果然是以月爱珠做佛像的肉髻。我曾见到过这个人，他讲说了事情的始末。

僧伽罗国向西航海几千里，到达一处大宝洲，无人居住，只有神灵栖息。深夜远望过去，宝物的光芒照耀着山水。商人到那里的不少，都一无所获。

从达罗毗荼国向北进入丛林旷野中，经过孤城，穿越小乡镇，途中有恶人结成团伙，危害来往的旅客。前行二千多里，到达恭建那补罗国(在南印度境内)。

〔注释〕

①骏迦山：骏迦，又作倰迦、楞迦等，意为难入、不可到。或以为此山即今斯里兰卡南部的亚当峰，至今仍是印度教、佛教、伊斯兰教的圣地。

②那罗稽罗洲：传闻中的岛屿。或疑即今马尔代夫群岛。

③月爱珠：传说中的珠宝。据说是由月光凝结而成，只有月光照射才会发光。

④当：疑为"尝"字。

⑤恭建那补罗国：又作恭达那补罗、建那补罗等，其地在今印度西海岸自果阿地区至通加巴德腊河流域一带。

卷十二　二十二国

瞿萨旦那国

瞿萨旦那国周四千余里，沙碛太半，壤土陿狭。宜谷稼，多众果。出氍毹细毡，工纺绩絁纣，又产白玉、黳玉。气序和畅，飘风飞埃。俗知礼义，人性温恭。好学典艺，博达伎能。众庶富乐，编户安业。国尚乐音，人好歌舞。少服毛褐毡裘，多衣絁纣白氎。仪形有体，风则有纪。文字宪章，聿遵印度，微改体势，粗有沿革，语异诸国。崇尚佛法，伽蓝百有余所，僧徒五千余人，并多习学大乘法教。

〔译文〕

瞿萨旦那国方圆四千多里，沙石地带占了一大半，农田土地狭小，但适宜种植谷物，盛产各类水果。瞿萨旦那国出产毛毯细毡，擅长纺织粗绸，又出产白玉、黑玉。气候温和舒畅，刮风时尘土飞扬。人们懂得礼义，性情温和恭顺，喜爱学习典籍，博通各种技能。民众富足快乐，居民安于本业。国家崇尚音乐，人民喜好歌舞。很少穿皮毛毡裘，多穿粗绸棉布。他们仪态得体，风范合于纲纪。瞿萨旦那国文字及其法则，遵照印度，略微改变体势，粗略地有所沿袭和变革，而语言与各国不同。瞿萨旦那国崇敬佛法，佛教寺院有一百多所，住着僧徒五千多人，大多修习研学大乘佛教。

一、建国传说

王甚骁武，敬重佛法，自云毗沙门天之祚胤也。昔者，此国虚旷无人，毗沙门天子此栖止。无忧王太子在呾叉始罗国被抉目已，无忧王怒谴辅佐，迁其豪族，出雪山北，居荒谷间。迁人逐牧，至此西界，推举酋豪，尊立为王。当是时也，东土帝子蒙谴流徙，居此东界，群下劝进，又自称王。岁月已积，风教不通。各因田猎，遇会荒泽，便问宗绪，因而争长。忿形辞语，便欲交兵。或有谏曰："今可遽乎？因猎决战，未尽兵锋。宜归治兵，期而后集。"

于是回驾而返，各归其国，校习戎马，督励士卒。至期兵会，旗鼓相望。旦日合战，西主不利，因而逐北，遂斩其首。东主乘胜，抚集亡国。迁都中地，方建城郭，忧其无土，恐难成功，宣告远近，谁识地理。时有涂炭外道，负大瓠，盛满水而自进曰："我知地理。"遂以其水屈曲遗流，周而复始，因即疾驱，忽而不见。依彼水迹，峙其基堵，遂得兴工，即斯国治，今王所都于此城也。城非崇峻，攻击难克，自古已来，未能有胜。

其王迁都作邑，建国安人，功绩已成，齿耋云暮，未有胤嗣，恐绝宗绪。乃往毗沙门天神所，祈祷请嗣。神像额上，剖出婴孩，捧以回驾，国人称庆。既不饮乳，恐其不寿，寻诣神祠，重请育养。神前之地忽然隆起，其状如乳,神童饮吮,遂至成立。智勇光前,风教遐被,遂营神祠,宗先祖也。自兹已降,奕世相承,传国君临,不失其绪。故今神庙多诸珍宝,拜祠享祭,无替于时。地乳所育,因为国号。

〔译文〕

瞿萨旦那国国王十分骁勇,崇敬重视佛法,自称是毗沙门天的后裔。从前这片国土空旷无人,毗沙门天在这里栖息。无忧王的太子在呾叉始罗国被挖去眼睛后,无忧王愤怒地谴责辅佐官员,把贵族迁徙流放到雪山以北,住在荒谷之中。这些被贬谪的人逐水草放牧,到了瞿萨旦那国的西部地区,推举首领,拥立为国王。在这个时候,东方帝国皇帝的一个儿子被贬斥流徙,住在这个国家的东部地区,他的属下劝他登基,又自称为王。岁月流逝,两国政教风俗互不相通。各自因为狩猎,在荒野中相逢,互问世系,因而争执谁为尊长。愤怒见于言辞,就要交手打起来。有人规劝说:"现在何必匆忙动手呢?因为打猎而决战,无法施展全部武力。应该回去训练军队,定下日期而后会战。"

于是各自驾马而返,回到本国,操练兵马,督促训练士卒。到了期限,两国兵马会合,旗鼓相望。第二天交战,西方君主出师不利,东方军队乘势追击,斩下他的首级。东方君主乘胜而安抚收拢被灭之国的百姓。他把首都迁到中部地区,正要建造城郭,忧心那里没有黏土,恐怕难以成功,就宣告远近之人,征召识得地理的贤人。这时有个涂灰外道,背着一个大葫芦,里面装满了水,自我推荐来见国王说:"我懂得地理。"于是把葫芦中的水弯弯曲曲地倒出来,倒完一次又重新开始,随后就急速跑开,忽然不见了。人们依照他留下的水迹,在上面建立墙基,得以动工,便成为国都,当今国王就是以它为都城。城池并不高大险峻,但是很难攻克,自古以来,没有人能战胜它。

那位东方国王迁都建城,建立国家安抚民众,功业成功后,已到老年,却没有子嗣,担心宗绪断绝。于是前往毗沙门天神那里,祈求赐予子嗣。天神像的前额上,分离出一个婴儿来,国王抱着他回来,全国人民都欢庆。婴儿不吃人奶,国王担心他寿命不长,赶紧前往神祠,又请天神哺育。神像前的地面忽然隆起,形状像乳房,神童吮吸,于是这样一直到成人。这位神童做了国王,智慧勇武超过前人,声威教化远传,于是建造神祠,奉天神为祖先。从此以后,世代相递,国家得以传承,统治国土,没有间断。所以现在神庙中有很多珍宝,跪拜祭祀,从不误时。由于这个国家的先王是地乳哺育成人,因此便用"地乳"作为国号。

二、毗卢折那伽蓝

王城南十余里有大伽蓝,此国先王为毗卢折那(唐言遍照)阿罗汉建也[①]。昔者,此国佛法未被,而阿罗汉自迦湿弥罗国至此林中,宴坐习定。时有见者,骇其容服,具以其状上白于王。王遂躬往,观其容止,曰:"尔何人乎,独在幽林?"罗汉曰:"我,如来弟子,闲居习定。王宜树福,弘赞佛教,建伽蓝,召僧众。"王曰:"如来者,有何德?有何神?而汝鸟栖,勤苦奉教?"曰:"如来慈愍四生,诱导三界,或显或隐,示生示灭。遵其法者,出离生死;迷其教者,羁缠爱网。"王曰:"诚如所说,事高言议。既云大圣,为我现形。若得瞻仰,当为建立,馨心归信,弘扬教法。"罗汉曰:"王建伽蓝,功成感应。"王苟从其请,建僧伽蓝,远近咸集,法会称庆,而未有揵椎扣击召集。王谓罗汉曰:"伽蓝已成,佛在何所?"罗汉曰:"王当至诚,圣鉴不远。"王遂礼请,忽见空中佛像下降,授王揵椎,因即诚信,弘扬佛教。

[译文]

瞿萨旦那国都城以南十多里有所大寺院,是这个国家的前代君王为毗卢折那(唐朝话称为遍照)阿罗汉所建造的。从前,佛法还没有传播到这个国家时,遍照阿罗汉从迦湿弥罗国来到这里的树林中,打坐修习禅定。当时见到他的人,惊讶于他的容貌、服饰,便把这个情况详细禀报给国王。国王亲自前往,观察他的举止,问:"你是什么人,独自坐在幽深的树林中?"遍照罗汉说:"我是如来的弟子,在这里闲居修习禅定。大王应该树植福田,弘扬佛教,建立寺院,召集僧人。"国王说:"如来有什么德行?有什么神通?能让你如鸟儿般栖息在树林,殷勤辛苦地遵奉他的教化呢?"遍照罗汉说:"如来慈悲怜悯一切众生,诱化导引三界中的生灵,或明或暗,向他们展示生与灭的道理。遵循佛法的人,脱离生死轮回。怀疑佛法的人,则羁缠于欲爱之网。"国王说:"果真如你所说,事实应该高于谈论之上。既然说如来是大圣人,请为我现身。如果能够瞻仰他的容貌,将为他建立寺院,尽心归依信仰,弘扬佛陀的教法。"遍照罗汉说:"大王建立寺院,建成后就会感召神明。"国王姑且听从他的请求,建立了寺院，远近的人都汇聚而来，举行法会庆祝，却没有捷椎用来敲击召集大众。国王对遍照罗汉说："寺院已建成，佛在哪里？"遍照罗汉说："国王应当诚心诚意，圣人显灵就不远了。"国王于是行礼邀请，忽然看见佛像从空中下降，把捷椎授予国王。国王于是诚心信仰，弘扬佛教。

〔注释〕

　　①毗卢折那阿罗汉：罗汉名，又称毗卢遮那、毗卢舍等，意译为遍照。他曾引导于阗王信奉佛教。参见《洛阳伽蓝记》及《北史》的记载。

三、瞿室馁伽山

　　王城西南二十余里，有瞿室馁伽山（唐言牛角）。山峰两起，岩陈四绝。于崖谷间建一伽蓝，其中佛像时烛光明。昔如来曾至此处，为诸天人略说法要，悬记此地当建国土，敬崇遗法，遵习大乘。

　　牛角山岩有大石室，中有阿罗汉，入灭心定，待慈氏佛，数百年间，供养无替。近者崖崩，掩塞门径。国王兴兵欲除崩石，即黑蜂群飞，毒螫人众，以故至今石门不开。

〔译文〕

　　瞿萨旦那国都城西南方向二十多里有座瞿室馁伽山（唐朝话称作牛角）。山顶有两座山峰耸起，四周被重叠的岩石隔绝。在山崖峡谷中建造有一所寺院，里面的佛像时常放出光明。从前如来曾到过这里，为天神大众讲说佛法要旨，预言这里将建立国家,敬仰尊崇佛法,遵循研习大乘佛教。

牛角山的山崖上有个大石室,里面有位阿罗汉,入灭心定,等待慈氏菩萨的出世,几百年间,人们的供养没有间断。近年山崖崩塌,掩盖堵塞了入门的通道。国王派军队准备清除崩塌下来的石头,立刻就有黑蜂成群飞舞,用毒针螫伤众人,因此到现在石门仍没有打开。

四、地迦婆缚那伽蓝

王城西南十余里,有地迦婆缚那伽蓝,中有夹纻立佛像①,本从屈支国而来至止。昔此国中有臣被谴,寓居屈支,恒礼此像。后蒙还国,倾心遥敬,夜分之后,像忽自至,其人舍宅,建此伽蓝。

〔译文〕

瞿萨旦那国都城西南方向十多里的地方有所地迦婆缚那寺院。里面有用夹纻方法制成的站立佛像,本来是从屈支国来到这里而留下来的。从前这个国家中有位大臣被流放,寄居在屈支国,时常礼拜这尊佛像。后来获赦免回国,这位大臣依然诚心地遥遥致敬。一天半夜之后,佛像忽然自行到来,这位大臣于是施舍住宅,建立起这所寺院。

〔注释〕

①夹纻(zhù):又称夹纾、挟纻,是一种古老的中国传统手工技艺。这种方法先用泥塑成胎,后用漆把麻布贴在泥胎外面;待漆干后,反复再涂多次;最后把泥胎取空,因此又有"脱空像"之称。

五、勃伽夷城

王城西行三百余里,至勃伽夷城①。中有佛坐像,高七尺余,相好允备,威肃巍然,首戴宝冠,光明时照。闻诸土俗曰:本在迦湿弥罗国,请移至此。昔有罗汉,其沙弥弟子临命终时,求酢米饼。罗汉以天眼观,见瞿萨旦那国有此味焉,运神通力,至此求获。沙弥啖已,愿生其国。果遂宿心,得为王子。既嗣位已,威摄遐迩,遂逾雪山,伐迦湿弥罗国。迦湿弥罗国王整集戎马,欲御边寇。时阿罗汉谏王:"勿斗兵也,我能退之。"寻为瞿萨旦那王说诸法要。王初未信,尚欲兴兵。罗汉遂取此王先身沙弥时衣,而以示之。王既见衣,得宿命智,与迦湿弥罗王谢咎交欢,释兵而返。奉迎沙弥时所供养佛像,随军礼请。像至此地,不可转移。环建伽蓝,式招僧侣,舍宝冠置像顶。今所冠者,即先王所施也。

〔译文〕

瞿萨旦那国都城向西前行三百多里,到达勃伽夷城。里面有尊佛陀坐像,高七尺多,相貌佳妙,威武肃穆,端正而坐,头上戴着宝冠,时时放出光芒。听当地人讲:这尊佛像本在迦湿弥罗国,是被礼请而移到这里的。从前有位罗汉,他的一位沙弥弟子将要去世时,索求酢米饼。罗汉用天眼观看,见到瞿萨旦那国有这种食品,就运起神通力,到这里来求取觅获。沙弥吃过酢米

饼,发愿生到这个国家。后果然实现夙愿,成为瞿萨旦那国的
王子。继位之后,声威慑服远近,于是翻越雪山,征伐迦湿弥
罗国。迦湿弥罗国王整顿调集军队,准备抵御外敌。这时那
位阿罗汉规劝国王:"不要让军队交战,我能使他们退兵。"旋
即为瞿萨旦那王演说佛法要旨。瞿萨旦那王起初不相信,还
要发动军队。罗汉于是取出这位国王前世当沙弥时的衣服,
给他看。这位瞿萨旦那国王见到衣服后,就证得了宿命智,向
迦湿弥罗王谢罪,两相和好,罢兵返回。他还奉迎做沙弥时所
供养的佛像,随军行礼祈祷。佛像到了这里,不能再移动,瞿
萨旦那国王就围绕着佛像建造寺院,召集僧徒,并且施舍自己
的宝冠安放在佛像头顶。现在佛顶的宝冠,便是瞿萨旦那国
先王所施舍的。

〔注释〕

①勃伽夷城:约在今新疆皮山县东南的藏桂乡附近。

六、鼠壤坟传说

王城西百五六十里,大沙碛正路中,有堆阜,并鼠壤
坟也。闻之土俗曰:此沙碛中,鼠大如猬,其毛则金银异
色,为其群之酋长,每出穴游止,则群鼠为从。昔者,匈
奴率数十万众,寇略边城,至鼠坟侧屯军。时瞿萨旦那
王率数万兵,恐力不敌,素知碛中鼠奇,而未神也,洎乎
寇至,无所求救,君臣震恐,莫知图计,苟复设祭,焚香请
鼠,冀其有灵,少加军力。其夜瞿萨旦那王梦见大鼠曰:
"敬欲相助,愿早治兵。旦日合战,必当克胜。"瞿萨旦

那王知有灵祐,遂整戎马,申令将士,未明而行,长驱掩袭。匈奴之闻也,莫不惧焉,方欲驾乘被铠,而诸马鞍、人服、弓弦、甲缝,凡厥带系,鼠皆啮断。兵寇既临,面缚受戮。于是杀其将,虏其兵,匈奴震慑,以为神灵所祐也。瞿萨旦那王感鼠厚恩,建祠设祭,奕世遵敬,特深珍异。故上自君王,下至黎庶,咸修祀祭,以求福祐。行次其穴,下乘而趋,拜以致敬,祭以祈福。或衣服弓矢,或香花肴膳,亦既输诚,多蒙福利。若无享祭,则逢灾变。

[译文]

瞿萨旦那国都城以西一百五六十里外,大沙漠的正路上,有一些土丘,都是鼠壤坟。听当地人讲:在这片沙漠中,有一只老鼠大如刺猬,它的毛色金银相间,是鼠群的首领。每当出洞游走时,都有老鼠成群伴随着。从前,匈奴率领几十万兵马,侵掠瞿萨旦那国边境,到了鼠坟旁驻扎下来。这时瞿萨旦那王率领着几万军队,担心兵力不足敌,一向知道沙漠中的老鼠很神奇,却未视为神物。等到敌寇到来,没有地方求救,君王大臣都很震惊害怕,不知怎么办才好,就姑且设立祭坛,烧香祈请老鼠,希望它们有灵,以稍增兵力。这天夜里,瞿萨旦那王梦见大老鼠说:"我们要恭敬地相助,希望你及早整顿兵马。明日早晨交战,一定会取胜。"瞿萨旦那王知道有神灵佑助,就整顿兵马,命令将士,天不亮就出发,长驱奔袭。匈奴人听说敌人到来,没有不害怕的,正要驾起兵车,披上铠甲,而那些马鞍、衣服、弓弦、甲缝,凡是那些系带,都已被老鼠咬断了。兵马已经到来,匈奴人只能束手就擒，遭人杀戮。瞿萨旦那王于是下令杀死匈奴的将领，俘虏匈奴兵士，匈奴人震惊害怕，都以为是神灵庇佑对方。瞿萨旦那王感激老鼠的大恩，建立祠堂设立祭祀，历代遵循崇敬，特别地珍视。所以上自君王，下到黎民百姓，都修祠祭祀，以祈求降福保佑。人们路过鼠洞时，要下马步行，叩拜致敬，祭祀以祈求赐福。有时献上衣服弓箭，有时献上香花佳肴，在诚心祭祀后，多能得到福佑利益。如果不奉献祭祀，就会遭到灾患。

七、沙摩若僧伽蓝

王城西五六里，有娑摩若僧伽蓝。中有窣堵波，高百余尺，甚多灵瑞，时烛神光。昔有罗汉自远方来，止此林中，以神通力，放大光明。时王夜在重阁，遥见林中光明照曜，于是历问，佥曰："有一沙门自远而至，宴坐林中，示现神通。"王遂命驾，躬往观察。既睹明贤，心乃祇敬，钦风不已，请至中宫。沙门曰："物有所宜，志有所在。幽林薮泽，情之所赏，嵩堂邃宇，非我攸闻。"王益敬仰，深加宗重，为建伽蓝，起窣堵波。沙门受请，遂止其中。顷之，王感获舍利数百粒，甚庆悦，窃自念曰："舍利来应，何其晚欤？早得置之窣堵波下，岂非胜迹？"寻诣伽蓝，具白沙门。罗汉曰："王无忧也，今为置之。宜以金银铜铁大石函等，以次周盛。"王命匠人，不日功毕，载诸宝舆，送至伽蓝。是时也，王宫导从，庶僚凡百，观送舍利者，动以万计。罗汉乃以右手举窣堵波，置诸掌中,谓王曰:"可以藏下也。"遂坎地安函,其功斯毕,于是下窣堵波,无所倾损。观睹之徒,叹未曾有,信佛之心弥笃,敬法之志斯坚。王谓群官曰:"我尝闻佛力难思,神通难究。或分身百亿,或应迹人天。举世界于掌内,众生无动静之想;演法性于常音,众生有随类之悟。斯则神力不共,智慧绝言。其灵已隐,其教犹传。餐和饮泽,味道钦风,尚获斯灵,深赖其福。勉哉凡百,宜深崇敬,佛法幽深,于是明矣。"

〔译文〕

瞿萨旦那国都城以西五六里处有所娑摩若寺院。寺内有座佛塔,高一百多尺,有很多灵验、瑞祥事迹,时常放射神光。从前有位罗汉从远方而来,暂时居住在这里的树林中,以其神通力,放射出大光明。当时国王夜晚正在楼阁中,远远地看见树林中光芒照耀,就一一询问臣属,都说:"有一位沙门从远方而来,静坐在树林中,显示神通。"国王于是命令驾车,亲自前往观察。看到这位贤人后,心中产生敬意,钦慕不已,请他到宫中去。沙门说:"万物各有其适宜之处,每人志向各有所在。幽深的山林和草泽,是我心中所欣赏的,高大深邃的屋宇,不是我所爱听到的。"国王更加敬仰他,深深地加以尊崇,为他建立寺院,修建佛塔。沙门接受邀请,就居住在寺院中。不久,国王因感应而获得几百粒舍利子,十分欢庆喜悦,暗自思量:"舍利子感应而来,为何这么晚呢?如果能够早日放在佛塔下,岂不是一处胜迹?"赶紧前往寺院,将想法告诉了沙门。罗汉说:"大王不必忧虑,现在就为您安放。应该用金银铜铁和大石头做成匣子,依次地盛上舍利。"国王命令工匠，没几天就做成匣子，用宝车装上，送到寺院。这时，王宫的前导随从、官吏百姓，观看护送舍利的人，数以万计。罗汉便用右手举起佛塔，放在手掌中，对国王说："可以藏放舍利了。"于是掘地安放舍利匣，在这些事情结束后，罗汉放下佛塔，没有丝毫倾斜、损坏。观看的人，赞叹从来没有这种事，信仰佛法的心愿更加笃诚，崇敬佛法的志向更加坚定。国王对官员们说："我曾听说佛的力量不可思议，神通难以推究。有时分身成百亿人，有时感应现身于人天世界。他能把世界举在掌内，使众生没有动与静的感觉，用平常言辞演说佛法本性，使众生随其不同根性而觉悟。这说明神力无可比拟，智慧无法言说。佛陀的圣灵已经退隐，但他的教化却传下来。我们受到佛陀的教化，沐浴他的恩泽，品味他的大道，钦慕他的风范，获得这些灵物，全仗佛陀赐福。各位努力吧，应该深深地信仰佛法。佛法本是幽深的，在这里却分明了。"

八、麻射僧伽蓝及蚕种之传入

王城东南五六里，有麻射僧伽蓝，此国先王妃所立也。昔者，此国未知桑蚕，闻东国有之，命使以求。时东国君秘而不赐，严敕关防，无令桑蚕种出也。瞿萨旦那王乃卑辞下礼，求婚东国。国君有怀远之志，遂允其请。瞿萨旦那王命使迎妇，而诫曰："尔致辞东国君女，我国素无丝绵桑蚕之种，可以持来，自为裳服。"女闻其言，密求其种，以桑蚕之子置帽絮中。既至关防，主者遍索，唯王女帽不敢以检。遂入瞿萨旦那国，止麻射伽蓝故地，方备仪礼，奉迎入宫，以桑蚕种留于此地。阳春告

始,乃植其桑,蚕月既临,复事采养。初至也,尚以杂叶
饲之,自时厥后,桑树连阴。王妃乃刻石为制,不令伤
杀,蚕蛾飞尽,乃得治茧,敢有犯违,明神不祐。遂为先
蚕建此伽蓝①。数株枯桑,云是本种之树也。故今此国
有蚕不杀,窃有取丝者,来年辄不宜蚕。

〔译文〕

　　瞿萨旦那国都城东南五六里处有所麻射寺院,是这个国家
先代君王的妃子所建造的。从前,这个国家不知道如何种桑养
蚕,听说东方的国家有,就命令使者去索求。当时东国之君保守
秘密,不肯赐予使臣,还严令边关,不让桑蚕种子出境。瞿萨旦
那王于是以谦卑的言辞和礼仪,向东方的国家求婚。东国之君
有怀柔远方的志向,于是答应了他的请求。瞿萨旦那王命令使
者迎娶新妇,告诫他说:"你告诉东国君主的女儿,我国向来没
有丝绵桑蚕的种子,请她带过来,以便为自己做衣裳。"东国君
主的女儿听说后,秘密地求取桑蚕的种子,并藏在帽子的絮中。
到了边防关卡处,官员到处检查,只有国王女儿的帽子不敢检
验。于是进入瞿萨旦那国,停留在麻射寺院旧地,这才准备礼
仪,迎接新妇入宫,而把桑蚕种子留在了这里。春天开始,便种
植桑树。到了养蚕之月,又开始采叶养蚕。公主等人刚到时,还
用杂叶饲养蚕。经过一段时间后,桑树茂密成荫。王妃于是在
石头上刻下制令,不准杀伤蚕蛾,等蚕蛾飞尽之后,才可以缲丝,
胆敢违犯者,神明不会保佑。随之为蚕神建立这所寺院。有几
株已枯萎的桑树,据说是最初栽种的树。所以现在这个国家不
杀有蛾的茧,有偷偷缲丝的,来年就不宜养蚕了。

①先蚕:传说中教民育蚕之神。相传周代规定王后祭祀先蚕,以后历代封建王朝都由王后主祭先蚕。

九、龙鼓传说

城东南百余里有大河,西北流,国人利之,以用溉田。其后断流,王深怪异。于是命驾问罗汉僧曰:"大河之水,国人取给,今忽断流,其咎安在?为政有不平,德有不洽乎?不然,垂谴何重也?"罗汉曰:"大王治国,政化清和。河水断流,龙所为耳。宜速祠求,当复昔利。"王因回驾,祠祭河龙。忽有一女凌波而至,曰:"我夫早丧,主命无从。所以河水绝流,农人失利。王于国内选一贵臣,配我为夫,水流如昔。"王曰:"敬闻,任所欲耳。"龙遂目悦国之大臣。王既回驾,谓群下曰:"大臣者,国之重镇;农务者,人之命食。国失镇则危,人绝食则死。危、死之事,何所宜行?"大臣越席,跪而对曰:"久已虚薄,谬当重任。常思报国,未遇其时。今而预选,敢塞深责?苟利万姓,何吝一臣?臣者国之佐,人者国之本,愿大王不再思也。幸为修福,建僧伽蓝。"王允所求,功成不日,其臣又请早入龙宫。于是举国僚庶,鼓乐饮饯。其臣乃衣素服,乘白马,与王辞诀,敬谢国人。驱马入河,履水不溺,济乎中流,麾鞭画水,水为中开,自兹没矣。顷之,白马浮出,负一旃檀大鼓,封一函书。其书大略曰："大王不遗细微，谬参神选，愿多营福，益国滋臣。以此大鼓，悬城东南，若有寇至，鼓先声震。"河水遂流，至今利用。岁月浸远，龙鼓久无。旧悬之处，今仍有鼓。池侧伽蓝，荒圮无僧。

〔译文〕

    瞿萨旦那国都城东南方向一百多里的地方有一条大河，流向西北方，这个国家的百姓利用河水来灌溉农田。后来河水断流，国王深感怪异。于是驾车前去询问一位罗汉僧，说："大河里的水，国人取而用之，现在忽然断流，过失在哪里呢？是我施政不够公正，还是仁德没有周遍？不然的话，上天给与的谴责怎么这样严厉呢？"罗汉说："大王治国，政治清明，教化协和。河水断流，是龙王所为。应赶紧去祭祀祈求，便可恢复以前的利益。"国王于是回去，到祠中祭祀河龙。忽然有一位女子踏着波浪而来，说："我的丈夫早死，使我没有夫主之命可以听从。所以河水断流，农民失去灌溉之利。大王可在国内选择一个显贵的臣属，配给我做丈夫，河水就会像从前一样流动了。"国王说："恭敬地听到了您的旨意，任凭您的意愿挑选。"龙女于是观察，喜欢上了国王的一位大臣。国王回宫后，对群臣说："大臣是国家的栋梁，农业是人民的生命粮食。国家失去栋梁就会危险，人民断绝粮食就会死亡。遇上危险、死亡的事，应该做哪件事呢？"那位大臣走出座位，跪着回答说："我尸位素餐已经很久了，忝居重要地位。常常思考着要报效国家，没有遇到时机。现在被龙女选上，我哪敢推托这重大的责任。如果有利于广大百姓，何必吝惜一个臣子？臣子是国君的辅佐，人民是国家的根本,希望大王不要再考虑了。唯愿大王为我修福,建立一所寺院。"国王答应了他的请求。寺院建成没多久,大臣又请求早日进入龙宫。于是全国的官吏百姓,击鼓奏乐,设宴为他饯行。这位大臣穿上素色服装,骑着白马,和国王告别,向国人致谢。他驱马进入河流,踩水而不沉溺,到了河流中央,挥着皮鞭划水,河水为之分开,他便从中间沉下去。过了一会儿,白马浮出水面,驮着一个檀木大鼓,还有一封信。信的大意说:"大王不遗弃细微的人物,使我有幸被河神选中,希望陛下多积福德,利益国家,滋养群臣。请把这个大鼓悬挂在都城东南,如果有敌寇到来,大鼓就会事先发声震响。"河水于是重新流淌,至今为百姓利用。岁月渐渐远去,龙鼓很长时间都没有了。过去悬挂龙鼓的地方,现在仍有一个鼓。池水旁边的寺院,则已荒芜倒塌,没有僧人了。

十、古战场

王城东三百余里大荒泽中,数十顷地,绝无蘖草,其土赤黑。闻诸耆旧曰:败军之地也。昔者,东国军师百万西伐,此时瞿萨旦那王亦整齐戎马数十万众,东御强敌,至于此地,两军相遇,因即合战。西兵失利,乘胜残杀,虏其王,杀其将,诛戮士卒,无复孑遗。流血染地,其迹斯在。

〔译文〕

瞿萨旦那国都城以东三百多里的大荒泽之中,有几十顷土地,一点杂草也没有,土质呈赤黑色。听老年人讲:这是军队战败的地方。从前，东方的国家百万军队西征，其时瞿萨旦那王也整顿兵马几十万人，往东抵御强大的敌人。到了这里，两军相遇，便立即交战。西方的军队失利，东方的军队乘胜追杀，俘虏了西方的国王，斩杀他的将领，屠杀士兵，未留一个活口。鲜血染红了大地，这个遗迹就在这里。

十一、媲摩城雕檀佛像

战地东行三十余里，至媲摩城①。有雕檀立佛像，高二丈余，甚多灵应，时烛光明。凡有疾病，随其痛处，金薄贴像，即时痊复。虚心请愿，多亦遂求。闻之土俗曰：此像昔佛在世㤭赏弥国邬陀衍那王所作也；佛去世后，自彼凌空至此国北曷劳落迦城中。初，此城人安乐富饶，深著邪见，而不珍敬，传其自来，神而不贵。后有罗汉礼拜此像，国人惊骇，异其容服，驰以白王。王乃下令，宜以沙土坌此异人。时阿罗汉身蒙沙土，糊口绝粮。时有一人，心甚不忍，昔常恭敬尊礼此像，及见罗汉，密以馈之。罗汉将去，谓其人曰："却后七天，当雨沙土，填满此城，略无遗类。尔宜知之，早图出计。由其坌我，获斯殃耳。"语已便去，忽然不见。其人入城，具告亲故，或有闻者，莫不嗤笑。至第二日，大风忽发，吹去秽壤，雨杂宝满衢路。人更骂所告者。此人心知必然，窃开孔道，出城外而穴之。第七日夜，宵分之后，雨沙土满城中。其人从孔道出，东趣此国，止媲摩城。其人才至，其像亦来，即此供养，不敢迁移。闻诸先记曰：释迦法尽，像入龙宫。今曷劳落迦城为大堆阜，诸国君王，异方豪右，多欲发掘，取其宝物。适至其侧，猛风暴发，烟云四合，道路迷失。

〔译文〕

  战场之地向东前行三十多里，到达媲摩城。城中有檀木所雕的站立佛像，高二丈多，有很多灵验，时常放射光明。凡是有疾病的人，按照自己的疼痛部位，用金箔贴到佛像的相应位置，马上就可痊愈。诚心祈求愿望的，多能满足要求。听当地人讲：这座佛像是从前佛陀在世时憍赏弥国邬陀衍那王所制作的。佛陀去世后，佛像从那里腾空飞到这个国家北部的曷劳落迦城中。起初，这座城中的居民生活安乐，家庭富裕，深深地执着于邪道学说，不珍重尊敬佛法，听说佛像自动飞来，只是感到神奇而不敬重。后来有位罗汉礼拜这尊佛像，人们十分惊讶，觉得他的容貌服饰很奇怪，跑去报告国王。国王于是下令，用沙土堆埋这个怪人。当时阿罗汉身上蒙着沙土，没有糊口的粮食。这时有一个人心中十分不忍，他从前常常恭敬地礼拜这尊佛像，当看到罗汉后，就暗中送饭给他。罗汉将要离去时，对这个人说："七天之后，将要降下沙土，填满这座城市，不留一个活物。你应知道这件事，早作打算。这是因为他们掩埋我，才遭到这个灾祸。"说完就离开，忽然不见了。这位好心人进城后，把消息告诉了亲戚朋友。那些听到的人，无不讽刺讥笑他。第二天，大风忽然刮起来，吹走脏土，降下各种珍宝，堆满街道。人们更加咒骂告诉他们消息的人。这个人心中知道必定会有灾祸到来，暗自挖了一条地下通道，通到城外一个洞穴内。到了第七天夜晚，半夜之后,天上降下的沙土填满城中。这个人从通道中出来,往东来到这个国家,住在媲摩城。这个人刚到,佛像也来了,于是就在这里供养,不再迁移。听先前的记载说:释迦佛法灭尽后,这座佛像将进入龙宫。现在的曷劳落迦城已经成为大土丘,各国君王、各地豪强,大多想要发掘此城,取走宝物。刚到曷劳落迦城土丘旁,便狂风大作,烟云会合,使人迷失了道路。

〔注释〕

①媲摩城:故址约在今新疆策勒县以北。

十二、尼壤城

媲摩川东入沙碛,行二百余里,至尼壤城①,周三四里,在大泽中。泽地热湿,难以履涉。芦草荒茂,无复途径,唯趣城路,仅得通行,故往来者莫不由此城焉。而瞿萨旦那以为东境之关防也。

〔译文〕

从媲摩川向东进入沙漠,前行二百多里,到达尼壤城。这座城市方圆三四里,处在一片大沼泽中。沼泽地闷热潮湿,难以行走。芦苇草长得十分茂盛,不再有其他路径可寻,只有取道这座城,才可以通行,所以来往的人无不经过这个城池。而瞿萨旦那国也就把这座城作为东部边境的关口了。

〔注释〕

①尼壤城:故址在今新疆民丰县城以北一百多公里的沙漠中。

记　赞

　　记赞曰:大矣哉,法王之应世也! 灵化潜运,神道虚通。尽形识于沙界①,绝起谢于尘劫②。形识尽,虽应生而不生;起谢绝,示寂灭而无灭。岂实迦维降神,娑罗潜化而已? 固知应物效灵,感缘垂迹,嗣种刹利,绍胤释迦,继域中之尊,擅方外之道。于是舍金轮而临制法界,摛玉毫而光抚含生。道洽十方,智周万物,虽出希夷之外③,将庇视听之中。三转法轮于大千,一音振辩于群有,八万门之区别,十二部之综要。是以声教之所沾被,驰骛福林;风轨之所鼓扇,载驱寿域。圣贤之业盛矣,天人之义备矣! 然忘动寂于坚固之林,遗去来于幻化之境,莫继乎有待,匪遂乎无物。尊者迦叶妙选应真,将报佛恩,集斯法宝。四含总其源流,三藏括其枢要。虽部执兹兴,而大宝斯在。越自降生,洎乎潜化,圣迹千变,神瑞万殊。不尽之灵逾显,无为之教弥新,备存经诰,详著记传。然尚群言纷纠,异议舛驰,原始要终,罕能正说。此指事之实录,尚众论之若斯。况正法幽玄,至理冲邈,研核奥旨,文多阙焉。是以前修令德,继轨逸经之学;后进英彦,躧武缺简之文。大义郁而未彰,微言阙而无问。法教流渐,多历年所,始自炎汉,迄于圣代。传译盛业,流美联晖;玄道未摅,真宗犹昧。匪圣教之行藏,固王化之由致。我大唐临训天下,作孚海外,考圣人之遗则,正先王之旧典。阐兹像教,郁为大训,道不虚行,弘在明德。遂使三乘奥义,郁于千载之下;十力遗灵,闶于万里之外。神道无方,圣教有寄,待缘斯显,其言信矣。

〔译文〕

记赞说:真是伟大啊,佛陀法王的应化于世!圣灵的教化暗暗运行,神妙的大道谦虚地流通。穷尽恒河沙数世界中的形色和心识,断绝尘世劫难中的生起与灭谢。形色心识一旦穷尽,虽然应该产生的也不再产生;生起灭谢既然断绝,示现寂灭而实际上没有事物消灭。佛陀难道只是在迦维罗卫城降生,在娑罗树下入灭而已?本来就知道佛陀顺应世人,显示灵验,感应因缘,垂留圣迹,续嗣刹帝利种姓,绍继释迦之族,继承域内的至尊之位,擅长方外的道术。于是舍弃金轮法王之位而掌握法界,佛光普照而抚育一切众生。佛法沾润十方,智慧周给万物,虽然出于希夷之外,却又包含于视听之中。佛陀三转法轮于大千世界之中,用唯一的雄辩声音震撼世人,他的学说有八万法门的区别,用十二部类来综括要旨。所以佛陀教义所沾溉广被的范围,遍及福德之林;他的风范仪轨所鼓励宣扬的内容,盛行于长寿的地域。圣贤的事业盛大啊,天人的大义完备了!然而,他在坚固的双林中忘却了动与静,在幻化之境中遗弃了去与来。不再有什么需要依赖,不再追求什么无物。迦叶尊者精妙地挑选罗汉,将要报答佛恩,汇集这些法宝。四部《阿含》总括佛学源流,三藏概括佛学枢要。虽然各部派相继兴起,而佛法就在这里。自从佛陀降生,一直到他寂灭,虽然圣迹千变万化,祥瑞千差万别,但无尽的灵验更加明显,无为的教法更加新颖。这些内容都完备地见于经诰,详细地记载在记传中。然而仍然众说纷纭,不同议论互较短长,探究事物的起源和结果,很少能正确叙说。这是事件的如实记录,尚且有这么多的不同议论,何况佛法幽深,真理邈远,研讨深奥的意旨,文字记载大多缺略呢?所以前代有德之人,相继钻研逸经的学问;后世的杰出之士,继承前人探讨缺略的简文。佛法大义隐晦而未能彰明,圣人微言缺失而无人问津。佛法在东土流传,经历了很多年月,开始于汉代,直到当代。翻译佛经的盛大事业,美誉流衍如日月联辉。但玄妙的道理仍未能抒发,真理仍在蒙昧之中,这并不是因为圣教本身隐晦,而是政治教化所导致。我大唐君临天下,声威播于海外,考究圣人的遗训,修正先王的旧典。阐扬佛法教化,尊为最大训诫,大道从不虚行,昌明德行才能得以弘扬。这样才能使三乘的深奥道理,大明于千年之后;十种智慧力的灵验,幽深于万里之外。神圣的大道没有定例,圣人的教化有所寄托,等待因缘才能显现,这话是真实的。

[注释]

①形识:形,形色,是物质存在的形态。识,心识,这里应指与物质相对的一切精神现象。

②起谢:即生灭。事物因缘和合则生起,因缘离散则灭谢。

③希夷:视听之外,幽而不显。语本《老子》第十四章:"视之不见名曰夷,听之不闻名曰希。"

　　夫玄奘法师者,疏清流于雷泽①,派洪源于娲川②。体上德之祯祥,蕴中和之淳粹,履道合德,居贞茸行。福树曩因,命偶昌运。拔迹尘俗,闲居学肆,奉先师之雅训,仰前哲之令德。负笈从学,游方请业,周流燕赵之地,历览鲁卫之郊,背三河而入秦中,步三蜀而抵吴会。达学髦彦,遍效请益之勤;冠世英贤,屡申求法之志。侧闻余论,考厥众谋,竞党专门之义,俱嫉异道之学。情发讨源,志存详考。属四海之有截③,会八表之无虞,以贞观三年仲秋朔旦④,褰裳遵路,杖锡遐征。资皇化而问道,乘冥祐而孤游,出铁门、石门之厄,逾凌山、雪山之险。聚移灰管⑤,达于印度。宣国风于殊俗,喻大化于异域。亲乘梵学,询谋哲人。宿疑则览文明发,奥旨则博问高才,启灵府而究理,廓神衷而体道,闻所未闻,得所未得,为道场之益友,诚法门之匠人者也。是知道风昭著,德行高明,学蕴三冬,声驰万里。印度学人,咸仰盛德,既曰经笥,亦称法将。小乘学徒,号木叉提婆(唐言解脱天);大乘法众,号摩诃耶那提婆(唐言大乘天)。斯乃高其德而传徽号,敬其人而议嘉名。至若三轮奥义,三请微言,深究源流,妙穷枝叶,奂然慧悟,怡然理顺,质疑之义,详诸别录。既而精义通玄,清风载扇,学已博矣,德已盛矣。于是乎历览山川,徘徊郊邑。出茅城而入鹿苑,游杖林而憩鸡园,回眺迦维之国,流目拘尸之城。降生故基,与川原而臕臕⑥;潜灵旧趾,对郊阜而茫茫。览神迹而增怀,仰玄风而永叹,匪唯麦秀悲殷⑦,黍离愍周而已⑧。是用详释迦之故事,举印度之茂实,颇采风壤,存记异说。岁月遒迈,寒暑屡迁,有怀乐土,无忘返迹。请得如来肉舍利一百五十粒;金佛像一躯,通光座高尺有六寸,拟摩揭陀国前正觉山龙窟影像;金佛像一躯,通光座高三尺三寸,拟婆罗痆斯国鹿野苑初转法轮像;刻檀佛像一躯,通光座高尺有五寸,拟憍赏弥国出爱王思慕如来刻檀写真像;刻檀佛像一躯,通光座高二尺九寸,拟劫比他国如来自天宫降履宝阶像;银佛像一躯,通光座高四尺,拟摩揭陀国鹫峰山说《法花》等经像;金佛像一躯,通光座高三尺五寸,拟那揭罗曷国伏毒龙所留影像;刻檀佛像一躯,通光座高尺有三寸,拟吠舍厘国巡城行化像⑨;大乘经二百二十四部;大乘论一百九十二部;上座部经律论一十四部;大众部经律论一十五部;三弥底部经律论一十五部;弥沙塞部经律论二十二部;迦叶臂耶部经律论一十七部;法密部经律论四十二部;说一切有部经律论六十七部;因论三十六部;声论一十三部,凡五百二十夹,总六百五十七部。将弘至教,越践畏途,薄言旋轸,载驰归驾。出舍卫之故国,背伽耶之旧郊,逾葱岭之危蹬,越沙碛之险路。十九年春正月,达于京邑,谒帝洛阳。肃承明诏,载令宣译,爰召学人,共成胜业。法云再荫,慧日重明,黄图流鹫山之化⑩,赤县演龙宫之教。像运之兴,斯为盛矣。法师妙穷梵学,式赞深经,览文如已,转音犹响。敬顺圣旨,不加文饰。方言不通,梵语无译,务存陶冶,取正典谟,推而考之，恐乖实矣。

　　玄奘法师，他的先世可以追溯到虞舜的渔于雷泽，其宗族流派源于舜娶尧女的妫川。法师体现了至德的祯祥，蕴含着中和的淳粹，遵循正道，合乎道德，操守坚贞，行为端正。树植福田在先世之因，命运遇上当今昌明时代。行迹超脱尘俗，久住于佛学场所，遵奉先师的谆谆教诲，仰慕前贤的美好德行。背着书箱游学，到各地请教受业，周游燕赵故地，遍览鲁卫城郊，越过三河地带，进入秦中，走遍三蜀之地而抵达吴会。对于博通的杰出人士，都勤奋地求教请益；对于当代英武贤士，多次表达求法的志向。他从旁听到议论，考察众人的见解，都是竞相党护一家的学说，而忌恨别派的学问。法师于是发愿探讨源头，立志详细考查佛学本旨。正好遇上四海统一，八方没有祸乱，贞观三年仲秋的初一早晨，撩起衣裳上路，手持锡杖远征了。他凭借皇帝的教化而询问道路，依靠神灵的保佑而孤身出游，走出了铁门、石门的关隘，翻越了凌山、雪山的险阻。岁月流逝，终于抵达印度。法师宣扬大唐国家的风尚于异域，传播宏大的教化于他国。他亲自接受印度佛学，咨询求教于贤明哲人。往日的疑难在阅览梵典后发明，深奥的旨意则广泛请教高明之人，启发心智而推究佛理，开阔胸襟而体悟佛道，听到了前所未闻的事情，得到了从未得到的知识，成为道场的益友，法门的巨匠。所以知道法师道德风范昭著于世，道德品行高明过人，学习经过三个冬天，声名驰扬万里之外。印度的学者，都仰慕他的盛德，既说他是装满佛经的箱子，又称他是宣扬佛法的大将。小乘佛教信徒称他为木叉提婆(唐朝话称为解脱天)，大乘佛教信徒称他为摩诃耶那提婆

（唐朝话称作大乘天）。这是他们高赞法师的德行而传播他的尊号，敬重法师的为人而讨论他的美名。至于佛陀宣讲的身、口、意三轮要义，舍利弗等人三次请求方可听到的微言密义，法师都深入探索其源流，巧妙地领悟所有的分支，很快地领悟，轻快地贯通，至于质疑的文字则详细地记载在别处。法师精通佛学的奥义之后，美名犹如清风传遍各地，学问已经渊博，德业已经盛大，于是游历遍览印度山川，流连访问天竺城乡。他从上茅宫出来后又去了鹿野苑，游过杖林山又在鸡园歇息，回望迦维国，瞻望拘尸城。佛陀降生的故地，已成为丰腴的平原，佛陀寂灭的旧址，已成为茫茫的土丘。瞻仰圣迹之后更增添了怀想，因为仰慕玄风而更加赞叹，不仅仅像古人作《麦秀》而悲伤殷朝，歌咏《黍离》而感叹西周那样而已。所以法师详细记载释迦的故事，列举印度的史实，采集了很多风土人情，记载了很多不同传说。岁月流逝，寒暑变迁，虽然喜欢这片乐土，但是未忘返回故国。法师请得如来肉身舍利一百五十粒；金佛像一尊，通光座高一尺六寸，模拟摩揭陀国前正觉山龙窟影像；金佛像一尊，通光座高三尺三寸，模拟婆罗疤斯国鹿野苑初转法轮像；雕刻檀木佛像一尊，通光座高一尺五寸，模拟憍赏弥国出爱王思慕如来所刻檀写真像；雕刻檀木佛像一尊，通光座高二尺九寸，模拟劫比他国如来自天宫降履宝阶像；银佛像一尊，通光座高四尺，模拟摩揭陀国鹫峰山说《法花》等经像；金佛像一尊，通光座高三尺五寸，模拟那揭罗曷国伏毒龙所留影像；雕刻檀木佛像一尊，通光座高一尺三寸，模仿吠舍厘国巡城行化像；大乘经典二百二十四部；大乘论典一百九十二部；上座部经律论一十四部；大众部经律论一十五部；三弥底部经律论一十五部；弥沙塞部经律论二十二部；迦叶臂耶部经律论一十七部；法密部经律论四十二部；

说一切有部经律论六十七部;因论三十六部;声论一十三部,共五百二十夹,六百五十七部。为了弘扬至上的佛教,踏上艰难的归途,调转车头,乘上车辆奔驰而回。离开舍卫故国,离开伽耶城的旧郊,跨过葱岭高峻的石阶,越过沙漠中的险路。贞观十九年春正月,到达京城,在洛阳拜见皇帝。法师恭敬地接受皇帝诏命,令他翻译佛典,于是召集学者,共同完成这一胜业。佛法之云再次庇荫,智慧之日重放光明,长安流传鹫山的教化,神州演说龙宫的佛法。佛教的兴盛,这真是顶峰了。法师精通佛学,赞扬深奥的经典,看到佛典原文,转读之音就唱了出来。他敬顺圣人的旨意,不加以文饰。有些方言不相通,在梵文中没有对应的词汇,务必经过一番陶冶,依据典籍加以纠正,推导考证,唯恐乖误失实。

[注释]

①雷泽:传说中舜的故乡,其地在今山东菏泽东北。

②妫(guī)川:传说中陈姓的发源地,而陈姓为舜的后裔。妫川在今山西永济南,源出历山,西入黄河。

③有截:齐一,整齐,形容天下统一。如《诗·商颂·长发》:"苞有三蘖,莫遂莫达,九有有截。"

④贞观三年:"三年",据史实当作"元年"。

⑤灰管:古代占气候的器具,以葭莩之灰置于律管中,故名。代指岁月。

⑥膴膴:土地肥美。

⑦麦秀悲殷:据《史记·宋微子世家》,箕子朝周,过殷墟,感宫室毁坏,生禾黍,心伤之,因作《麦秀》之诗以抒发悲伤的情怀。

⑧黍离愍周:"黍离"为《诗经》篇名,据《诗序》,西周亡后,周大夫过故宗庙宫室,尽为禾黍,彷徨不忍去,乃作此诗。

⑨"拟摩揭陀国前正觉山龙窟影像……拟吠舍厘国巡城行化像":此段断句或有不同,比如"拟摩揭陀国前正觉山龙窟影像;金佛像一躯,通光座高三尺三寸",或断为"拟摩揭陀国前正觉山龙窟影像金佛像一躯,通光座高三尺三寸",等等。这里参照范祥雍先生的断句。

⑩黄图:魏晋以来有部书,名为《三辅黄图》,专门记载秦汉长安地理状况与人文景象,后人因以黄图代指长安都城与皇宫。

有搢绅先生动色相趋,俨然而进曰:"夫印度之为国也,灵圣之所降集,贤懿之所挺生。书称天书,语为天语,文辞婉密,音韵循环,或一言贯多义,或一义综多言,声有抑扬,调裁清浊。梵文深致,译寄明人;经旨冲玄,义资盛德。若其裁以笔削,调以宫商,实所未安,诚非说论①。传经深旨,务从易晓,苟不违本,斯则为善。文过则艳,质甚则野;说而不文,辩而不质,则可无大过矣,始可与言译也。李老曰:'美言者则不信,信言者则不美。'韩子曰:'理正者直其言,言饰者昧其理。'是知垂训范物,义本玄同,庶祛蒙滞,将存利喜;违本从文,所害滋甚。率由旧章,法王之至诚也。"缁素佥曰:"俞乎,斯言说矣! 昔孔子在位听讼,文辞有与人共者,弗独有也。至于修《春秋》,笔则笔,削则削,游、夏之徒②,孔门文学,尝不能赞一辞焉。法师之译经,亦犹是也,非如童寿逍遥之集文③,任生、肇、融、睿之笔削④。况乎园方为圆之世⑤,斫雕从朴之时,其可增损圣旨,绮缛经文者欤?"

〔译文〕

有一位官员动情地前来,严肃庄重地说:"印度这个国家,是圣人降临、贤哲诞生的地方。文字称为天书，语言称为天语，文辞婉转周密，音韵循环往复，有时一字包含多层意思，有时一个意思包含了多个字，发声有高低不同，语调有清浊区别。梵文深远而有理致，翻译依靠贤明之人，经典旨意冲虚玄妙，义理仰仗盛德之士。如果要加以裁剪删削，配以高低声调，实在不妥当，真不是正确的议论。传播经典中深奥的意旨，务必要简易通俗。如能不违背本义，这才是好的。文饰过了就会浮华，质朴过了就会粗俗。文义正确而不文饰，意思清楚而不粗俗，就可以没有大的失误，才可以与他谈论翻译。老子说：'美言者则不信，信言者则不美。'韩非子说：'理正者直其言，言饰者昧其理。'所以知道圣贤留下训诫而规范事物，义理本是相同的，去掉含混滞碍之处，利益欢喜才能保存。违背本义而顺从文辞，危害就产生了。一切遵循古老的章法，这是法王的最高告诫。"僧俗之众都说："对啊，这话是正确的。从前孔子在位时听取诉讼，言辞也有和大家相同的地方，并不另外弄一套。但到修撰《春秋》时，该记的就记，该删的就删，子游、子夏等人，在孔门中以文学见长，也不能改动一个字。法师翻译佛经，也像这样，不像童寿在逍遥园中汇集大家的文章，任凭道生、僧肇、道融、僧睿等人笔削。何况是在当今将方木削圆之世，弃除雕饰返归淳朴之时，怎么能增添或损害圣人意旨，让经文绮丽华美呢？"

〔注释〕

①谠（dǎng）论：正直的言论。欧阳修《为君难论》："忠言谠论，皆沮屈而去。"

②游夏：指孔子的学生子游、子夏。

③童寿：是北朝时著名僧人鸠摩罗什之名的意译。后秦弘始三年

（401），后秦君主姚兴将他从西域迎至长安，在逍遥园集其弟子八百人翻译佛经。

④生、肇、融、睿：指鸠摩罗什的四个著名弟子道生、僧肇、道融、僧睿。

⑤园方为圆：削方木为圆。园通"刓"，语出《楚辞·九章》："刓以为圆兮，常度未替。"

　　辩机远承轻举之胤，少怀高蹈之节，年方志学，抽簪革服，为大总持寺萨婆多部道岳法师弟子。虽遇匠石，朽木难雕；幸入法流，脂膏不润。徒饱食而终日，诚面墙而卒岁。幸藉时来，属斯嘉会。负燕雀之资，厕鹓鸿之末。爰命庸才，撰斯方志。学非博古，文无丽藻，磨钝励朽，力疲曳塞。恭承志记，伦次其文，尚书给笔札而撰录焉。浅智褊能，多所阙漏；或有盈辞，尚无刊落。昔司马子长，良史之才也，序《太史公书》，仍父子继业，或名而不字，或县而不郡。故曰一人之精，思繁文重，盖不暇也。其况下愚之智，而能详备哉？若其风土习俗之差，封疆物产之记，性智区品，炎凉节候，则备写优薄，审存根实。至于胡戎姓氏，颇称其国；印度风化，清浊群分，略书梗概，备如前序。宾仪、嘉礼、户口、胜兵、染衣之士，非所详记。然佛以神通接物，灵化垂训，故曰神道洞玄，则礼绝人区；灵化幽显，则事出天外。是以诸佛降祥之域，先圣流美之墟，略举遗灵，粗申记注。境路盘纡，疆埸回互，行次即书，不存编比。故诸印度无分境壤，散书国末，略指封域。书行者，亲游践也；举至者，传闻记也。或直书其事,或曲畅其文。优而柔之,推而述之,务从实录,进诚皇极。二十年秋七月,绝笔杀青。文成油素,尘黩圣鉴,讵称天规?然则冒远穷遐,实资朝化;怀奇纂异,诚赖皇灵。逐日八荒,匪专夸父之力;凿空千里,徒闻博望之功。鹫山徙于中州,鹿苑掩于外圃,想千载如目击,览万里若躬游,复古之所不闻,前载之所未记。至德焘覆,殊俗来王,淳风遐扇,幽荒无外。庶斯地志,补阙《山经》,颁左史之书事,备职方之遍举。

〔译文〕

辩机我作为继承祖辈修仙的后代,从年幼时就怀有远游避世的志向,年龄刚到十五岁,便抽簪削发,出家换上僧服,成为大总持寺萨婆多部道岳法师的弟子。虽然遇到了巨匠,却如朽木一般难以雕琢,有幸进入佛门,却如同在脂膏中不能自润。徒然地饱食终日,只是面墙般度日。很幸运地逢此时机,遇上了这样的美好盛会,凭借燕雀般的资质,追随在鹓雏鸿鹄之后。圣上命令我这样的庸才,撰述这部方志。学识不能博通古今,文笔没有华丽辞藻,如同磨着钝刀雕刻朽木,精力疲乏如拖着拐杖的瘸腿之人。只能恭敬地依照志记,编排文字次第,尚书供给纸笔而撰述抄录而已。可惜我智能浅薄,有很多遗漏的地方;有些地方多余的文辞,还没有删去。从前的司马迁,是位撰写良史的才子,撰写《太史公书》,父子相继成文,尚且有的称名而不表字,有的记县名而不载郡名。所以说凭一个人的精力,思虑繁复而文字冗长,大概是无暇顾及罢了。何况是像我这样下等智力的人,还能详尽周备吗?至于风土习俗的差别,疆域物产的记载,性格智慧的不同，寒暑节令的变迁，都详细地描述优劣，审慎地核查实情。至于胡人戎人的姓氏，多称他们所在的国家。印度的风俗教化，有清浊的分别，只是大略记下梗概，都完全记在前面的序文中。而宾仪、嘉礼、户口、兵力、僧徒，不在详细记载之列。然而佛陀以神通接引万物，显示灵验而垂示训诫，所以说神道深邃玄妙，常理无法流通人世，灵验时隐时现，事情出自天外。所以诸佛显示祥瑞的地域，先代圣人留下美名的胜迹，都略举遗留下来的灵迹，粗略地加以记录。疆域道路盘绕迂回，国界互相交错，按行程记录，不再另加编排。所以五印度之地不再划分疆域，散记于各国之末，大略指出它的疆界。凡是书写有"行"的，是亲身游历过的；书写带"至"的，则是根据传闻记载的。有的直接描述事实，有的曲折表述其文。从容地加以斟酌，推究后加以撰述，务必依据实录，把可靠的材料献给皇上。贞观二十年秋七月，杀青完稿。文章抄写在白绢上，亵渎圣主明鉴，哪敢说符合圣主旨意？然而冒着危险到达远方，实在是依赖朝廷的教化；心怀好奇而编纂异事，确是仰仗皇上威灵。追逐太阳到八荒之地，不是单靠夸父的力量；开通西域至千里以外，哪里只是博望侯张骞一人的功劳？把鹫峰山迁徙到中原，将鹿野苑作为皇室的外苑，遥想千年的事情如亲眼所见，浏览万里外的景色如亲身游历。这是自古以来没有听说过，前代典籍所没有记载的。至高的德行遍布天下，不同风俗的国家前来朝贡，淳朴的风尚吹拂远方，幽远荒芜的地区也不再是外地。希望这部方志，可以补充《山海经》的阙略，供记载史实的史官和掌管物产财用的职方氏参考。